세상쉬운 우리아이 진로 진학

초등학교부터 대학입시까지 진로 진학 미래교육 전략서

세상 쉬운 우리 아이 진로 진학

초판 1쇄 인쇄 2020년 3월 16일
초판 1쇄 발행 2020년 3월 20일

지은이 차현정

발행인 백유미 조영석
발행처 (주)라온아시아
주소 서울특별시 서초구 효령로 34길 4, 프린스효령빌딩 5F

등록 2016년 7월 5일 제 2016-000141호
전화 070-7600-8230 **팩스** 070-4754-2473

값 16,000**원**
ISBN 979-11-90233-78-1 (04370)
979-11-90233-77-4 (세트)

※ 라온북은 (주)라온아시아의 퍼스널 브랜드입니다.

초등학교부터 대학입시까지 진로 진학 미래교육 전략서

세상쉬운 우리아이 진로 진학

차현정 지음

RAON BOOK

– 프롤로그 –

이 책은 교육 전문가들조차 무엇을 어떻게 해야 할지 모르는 4차 산업혁명 시대에 부모가 물려줄 수 있는 가장 위대한 유산은 자녀의 '재능 키우기'라는 시각으로 접근한다.

우리 아이만의 '재능 포트폴리오'를 통해 재능의 씨앗을 발견하고 키우는 과정에서 일어날 수 있는 문제점과 해결 방법을 제시하고자 노력했다.

17년간 사교육 현장에서 느낀 점은 진로와 진학, 시대 변화에 대한 가이드라인을 함께 제시하는 책이 없다는 것이었다. 진로 관련 책은 대부분 직업과 학과, 진로 검사 및 성향에 대한 정보를 제공하지만 우리 아이가 무엇을 해야 하는지, 어떤 것부터 시작해야 하는지는 알려주지 않는다. 또한 진학에 대한 구체적인 가이드라인을 제시할 수 없기 때문에 진로에 대한 탐색이 실행으로 이어지기 어렵다.

진학 관련 책은 수많은 전문가들이 입시 정보와 전략을 제시하고 있지만 결과를 중요시하는 입시에서 아이들의 진로를 고려한 선택은 찾아보기 어렵다.

따라서 초등학교부터 대학입시까지 단편적으로 흩어져 있는 진로와 진학 정보를 하나로 묶고 시대 흐름을 반영하고자 노력했다. 초등학교 때 발견한 재능은 꾸준한 탐색을 통해 단단히 뿌리내려야 한다. 이렇게 뿌리내린 재능은 '재능 포트폴리오'를 통해 고등학교와 대학까지 이어질 수 있다.

또한 진로 진학 전문가의 경험을 토대로 4차 산업혁명 시대 온라인과 오프라인에 단단히 뿌리내릴 수 있는 재능 키우기에 대한 가이드라인을 제시한다. 이해를 돕기 위해 최소한 부모가 알아야 하는 4차 산업혁명 용어와 흐름, 그리고 교육의 변화에 대해 쉽게 풀어내고자 노력했다.

첫째, 아이들의 재능을 키우는 것을 나무 심는 과정에 빗대어 설명했다. 재능을 키운다는 추상적인 개념을 씨앗을 심고 나무가 자라는 과정으로 이해하기 쉽게 구성했다.

또한 4차 산업혁명 시대를 새로운 기후로 정의하고, 부모로서 새로운 기후 변화를 인식하고 있는지 살펴본다. 자녀교육에 대한 관심에 따라 부모 유형을 모래땅과 늪지로 구분하고, 교육 정보력에 따라 평지와 경사지로 구분했다.

이러한 과정을 통해 4차 산업혁명 시대 교육의 변화와 교육 투자 및 방법에 대해 점검해볼 수 있다. 더불어 재능 교육과 학습 능력 향상을 위한 적절한 시기와 알맞은 교육 방법에 대한 가이드라인을 제시한다.

둘째, 진로와 진학을 학년으로 구분하고 그때마다 필요한 정보를 담았다. 먼저 초등학교를 씨앗을 심는 시기로 규정하고, 우리 아이의 재능을 발견하는 과정과 전문적인 교육을 해야 할 시기에 대해 언급했다. 또한 유능감과 작은 성공 경험의 중요성을 이해하고, 다양한 경험을 통해 진로 대안을 확장할 수 있도록 구성했다. 중학교는 묘목을 만드는 시기로 정의하고, 머지않아 다가올 대학입시의 흐름에 맞춰 4차 산업혁명 시대 학습법과 융합교육의 필요성에 대해 언급했다. 고등학교는 묘목을 옮겨 심는 시기로 규정하고 4차 산업혁명 시대의 국내외 교육 환경과 대입 과정을 비교함으로써 가장 현명한 선택이 무엇인지에 관한 가이드라인을 제시한다.

셋째, 고교입시와 대학입시에 대한 진학 정보를 제공한다. 2025년 폐지를 앞두고 있는 특목고와 자사고 입시를 준비하는 부모에게는 고교 경쟁력과 계열별 체크리스트를 제공한다. 기술을 배우고 싶어 하는 학생들에게는 단단히 뿌리내린 재능 나무가 될 수 있도록 특성화고등학교나 대안교육에 대한 정보를 제공한다.

넷째, 각 단원마다 체크리스트를 제공한다. 체크리스트를 통해 우리 아이의 성향과 환경을 탐색하고 초등학교부터 쌓여가는 나만의 데이터를 통해 진로 의사 결정력을 높이고 급격히 변화하는 시대에 온·오프라인에 단단히 뿌리내릴 수 있는 전문가가 되기 위한 토대를 제공한다.

상담을 받는 대부분의 사람들이 4.0 교육은 언제부터 시작하는 게 좋은지 묻는다. 진로 진학 전문가로서 단언컨대 바로 지금이라고 말한다. 이 책을 통해 많은 사람들이 4차 산업혁명에 대한 경각심을 갖고 자녀의 재능을 키우는 일에 한 걸음 나아가길 바란다.

1 PART 재능 포트폴리오가 있는 아이의 미래는 밝다

1장 4차 산업혁명 시대, 무엇이 변할까?

2장 미래형 인재의 조건

3장 내 아이의 재능을 발견하고 키우는 법

4장 부모로서 나는 내 아이에게 어떤 땅이 될 것인가?

2 PART 내 아이 재능 포트폴리오 만드는 법

1장 초등학교 1~3학년, 재능의 씨앗을 심어라

2장 초등학교 4학년~중학생, 묘목으로 키워라

3장 고교입시, 재능 나무의 묘목을 옮겨 심어라

| 한 눈에 보는 재능 포트폴리오 체크리스트 |

한 눈에 보는 재능 포트폴리오는 학년에 따라 필요한 체크리스트와 관련 단원에 관한 정보를 제공합니다. 체크리스트에 따라 순서대로 재능 포트폴리오를 진행하다 보면 어느새 4차 산업혁명 시대 흔들리지 않는 우리 아이만의 단단한 재능이 완성되어 있을 것입니다.

<table>
<tr><th>구분</th><th>체크 항목</th><th colspan="2">관련 단원 및 체크리스트</th><th>체크</th></tr>
<tr><td rowspan="23">4차 산업혁명 시대와 교육의 흐름 이해하기</td><td>4차 산업혁명 시대에 대해 인식하기</td><td colspan="2">4차 산업혁명의 기후변화(62~67p, 85~92p, 105~109p)</td><td></td></tr>
<tr><td rowspan="2">미래 교육의 방향과 흐름 읽기</td><td colspan="2">교육의 변화(40~44p, 93~100p)</td><td></td></tr>
<tr><td colspan="2">대학의 변화(36~39p)</td><td></td></tr>
<tr><td rowspan="12">미래 인재의 조건 파악하기</td><td>미래 인재상</td><td>창의적이고 융합적인 인재를 바라다(34~44p)</td><td></td></tr>
<tr><td>직무역량</td><td>미래 인재의 직업기초능력(101p)</td><td></td></tr>
<tr><td>관계역량</td><td>협업역량(102~104p)</td><td></td></tr>
<tr><td rowspan="4">개인의 역량</td><td>하드 스킬과 소프트 스킬(103~104p)</td><td></td></tr>
<tr><td>문해력(110~112p), 디지털 문해력(142~144p)</td><td></td></tr>
<tr><td>과학적 사고(112~113p)</td><td></td></tr>
<tr><td>수학적 사고(114~115p)</td><td></td></tr>
<tr><td rowspan="3">소프트웨어 역량</td><td>디자인 싱킹(200~202p)</td><td></td></tr>
<tr><td>컴퓨팅 사고력(202~203p)</td><td></td></tr>
<tr><td>메이커 역량(206~207p)</td><td></td></tr>
<tr><td rowspan="2">세계시민 역량</td><td>세계시민 역량을 통해 열매맺기(312~314p)</td><td></td></tr>
<tr><td>세계시민 역량 체크리스트(319p)</td><td></td></tr>
<tr><td rowspan="4">학습 방법에 대한 변화 이해하기</td><td colspan="2">프로젝트 중심수업(208~210p)</td><td></td></tr>
<tr><td colspan="2">거꾸로 학습(211p)</td><td></td></tr>
<tr><td colspan="2">K-MOOC(94~95p)</td><td></td></tr>
<tr><td colspan="2">스팀 교육과 에듀테크(98~100p)</td><td></td></tr>
<tr><td rowspan="2">입시에 대해 이해하기</td><td colspan="2">고교입시(225~263p)</td><td></td></tr>
<tr><td colspan="2">대학입시(267~297p)</td><td></td></tr>
<tr><td>학제의 변화에 대해 이해하기</td><td colspan="2">고교학점제(226~235p)</td><td></td></tr>
<tr><td>대입 제도의 변화 읽기</td><td colspan="2">끊임없이 변하는 입시제도(30~33p, 283~285p)</td><td></td></tr>
</table>

부모유형 및 교육환경 점검하기	부모 양육태도 유형 알아보기		재능의 씨앗을 뿌리기 전에 묘목을 바라지 마라(171~174p)	
			부모 양육 태도 검사(180p)	
	교육 유형 알기		나는 모래땅인가, 늪지인가?(127~128p)	
			모래땅인가, 늪지인가 체크리스트(145p)	
	교육 정보력 알아보기		경사지인가 평지인가?(129~133p)	
			경사지인가, 평지인가 체크리스트(146p)	
	창의적 환경 유형 알아보기		척박한 땅을 옥토로 바꾸자(134~136p)	
			창의적 환경 체크리스트(147p)	
초1~초3	초1~초3 교육방향 정하기		학교별 교육 특색 방향 체크하기	학교 홈페이지 및 학교 알리미
			방과 후 활동 체크하기	
			영재학급 및 거점학교 확인하기	
	학습습관 형성하기	국어	문해력은 국어에서 출발한다(156~158p)	
		수학	수학은 영역별 학습이 중요하다(154~156p)	
		과학	현상에 대한 호기심과 탐구 활동은 과학적 사고의 시작이다(158~159p)	
	영재교육과정 알아보기		해당 교육청 홈페이지(교육청 영재과정)	
	학습자 유형 파악하기		학습자 유형에 따른 진로 체험 방법(177~178p)	
			우리 아이 학습 유형 검사(184p)	
	기질 파악하기		재능 발달 속도는 기질에 따라 다르다(164~166p)	
			우리 아이 기질 체크리스트(180p)	
	우리 아이 재능의 씨앗 찾기	재능 찾기	단단히 뿌리내릴 재능 씨앗 찾기(54~56p)	
			다중지능 검사 체크리스트(79p)	
		재능발달 적기 파악하기	재능 발달에도 적기가 있다(161~164p)	
		동기유형 파악하기	재능은 욕구에 의해 발달한다(76~77p)	
			동기 유형 체크리스트(77p)	
	재능 발달을 위한 경험 제공하기		초등 영재 선도학교 현황(136~140p)	
			작은 성공 경험을 쌓아라(167~169p)	
			진로 대안 영역을 확장하라(175~179p, 333~340p)	
	소프트웨어 기초역량 키우기		언플러그드 활동(203~205p)	
			피지컬 컴퓨팅(205~206p)	
			컴퓨팅 사고력(202~203p)	

초4~초6	학생자치 및 동아리 활동 체크하기		해당학교 홈페이지 및 학교 알리미
	중학교 준비하기		서울시 연구·시범학교 현황(195~198p)
			예술·체육중학교 현황(199p)
			대안교육 특성화 중학교 현황(243~245p)
			희망 중학교 성취도 현황 (학교 알리미)
	실패에 대한 태도 점검하기		씨앗 발아에는 상처 내기가 필요하다(212~216p)
			낙관성 테스트(216~221p)
	심화학습 (수준별 학습하기)	국어	언어는 생성·소멸의 과정을 거친다(191~193p)
		수학	비어 있는 수학의 계단을 채워라(189~191p)
		과학	과학을 가장 쉽게 공부할 수 있는 책은 교과서다(193~194p)
	소프트웨어 역량 강화하기		혁신을 만들어내는 디자인 싱킹(200~202p)
			컴퓨터처럼 생각하는 컴퓨팅 사고력(202~203p)
			생각을 물리적 세계로 가져오는 피지컬 컴퓨팅(205~206p)
			소비자이자 생산자가 되는 메이커 교육(206~207p)
중학생	학교별 교육 특색 및 학업성취도 체크하기		학교 홈페이지 및 학교 알리미
	학생자치 및 동아리 활동 체크하기		
	고등학교 진학목표 설정하기 (고등학교 유형 파악)	영재고	고교선택 유형 및 필요역량(237~238p) – 고입정보포털 학교목록 참고
		과학고	
		외고/국제고	
		자율형 사립고	
		자율형 공립고	
		일반고	
		예고/체고	예술·체육고등학교(249~250p)
			전국 단위 예술·체육고등학교 현황(250p)
		특성화고	실습 위주 교육을 실시하는 특성화고(248~249p)
		마이스터고	기술 직업인을 양성하는 마이스터고(246~247p)
		대안학교	삶의 가치를 삶의 지침으로 체화(242~243p)
			대안학교 및 대안교육 특성화고등학교 현황(243~246p)
	일반고 특성 파악하기	중점학교	일반고 슬럼화를 극복하다(255~258p)
			교과중점학교 현황(323~332p)
		고교학점제 연구·선도학교	고등학교가 대학처럼 학점제로 변하다(226~227p)
			연구·선도학교 현황(229p, 232~235p)
		거점학교 및 연합형 학교	학교 홈페이지 및 해당 교육청 홈페이지

	우리 아이에게 맞는 고등학교 선택하기	고교 정보력 체크하기		묘목을 옮기기 전 해야 할 일 체크리스트(258p)
		우리 아이에게 맞는 학교 찾기		우리 아이 성향은 일반고인가, 특목고인가?(239p)
				일반고인가 특목고인가 체크리스트(255~260p)
		우리 아이 경쟁력 평가		우리 아이 고교 경쟁력은 어떠한가?(237p)
				우리 아이 경쟁력 평가 체크리스트(260~261p)
		계열 성향 파악하기		우리 아이의 계열 성향은 어떠한가?(239p)
				우리 아이 계열 성향 체크리스트(262~263p)
	수준별 맞춤학습 (기초- 유형- 심화)	수학	상위권(심화 및 선행)	중학수학 개념 도서(190~191p)
			중위권(6개월 선행 및 복습)	
			하위권(복습 및 개념학습)	
		국어	수사법, 문법, 독해	국어 개념서 및 추천 문제집(192p)
		과학	개념(교과서+참고서)	과학 개념 및 원리 도서(194p)
			암기(노트)	
			탐구보고서 및 심화활동	
	진로대안 넓히기 (자유학년제 및 진로집중 학기제)	동아리 활동, 교내대회, 대학 및 고등학교 연계 수상활동(해당 학교 홈페이지)		
		교육청 영재(해당 교육청 홈페이지)		
		대학 영재(해당 대학 홈페이지)		
고등학생	대학전공 알아보기	대학의 전공계열(267~270p)		
	교과 & 비교과 점검하기	교과 (내신)	월별 체크 항목(272~275p)	
			교과 체크리스트(281p)	
			국어 : 비문학 하루 2개부터 시작하자(279~280p)	
			수학 : 자신의 난이도에 맞는 수학 학습(276~278p)	
			통합사회, 과학, 한국사 교과서부터 시작하자(278~279p)	
		비교과	비교과 체크리스트(285p)	
			독서활동(286p)	
			진로활동(291p)	
			봉사활동 내용 및 인정 기준(286~288p)	
			자율활동 종류 및 내용(289p)	
			동아리 활동 종류 및 내용(289~290p)	
	자기소개서 및 면접	자기소개서(292~294p)		
		면접(295~297p)		
진로검사	삶의 가치 알아보기	내 삶의 중요 가치 알아보기(303~304p)		
	청소년 직업발달검사, 청소년 흥미검사, 중·고등학생용 적성검사, 초등학생용 진로인식검사, 대학전공 흥미검사			적성과 수준에 맞는 학교 탐색(271~272p) 워크넷 http://www.work.go.kr
	직업적성 검사, 직업 흥미검사, 직업 가치관 검사, 진로 성숙도 검사			적성과 수준에 맞는 학교 탐색(271~272p) 커리어넷 http://www.career.go.kr

PART 1

재능 포트폴리오가 있는 아이의 미래는 밝다

1장

4차 산업혁명 시대,
무엇이 변할까?

공부만 열심히 하면 되는 줄 알았다

스펙 쌓기로 전락한 대학의 자화상

2010년 3월 10일, 고려대학교 교정에 붙은 세 장의 대자보는 당시 한국 사회에 작은 파문을 일으켰다. 고려대학교 경영학과 3학년 김예슬 양이 "오늘 나는 대학을 그만둔다. 아니, 거부한다"며 자퇴를 선언한 것이다.

대학에서 배움의 의미와 삶의 성찰에 대한 화두를 던진 '김예슬 선언'은 '스펙 쌓기'로 전락한 대학의 어두운 자화상과 상품이 아닌 인간이길 원하는, 해도 안 된다는 것을 너무 일찍 알아버린 세대의 모습을 여실히 반영한다. 공부만 열심히 하면 될 줄 알았던 우리 아이들이 설 곳이 점차 사라지고 있다.

세계적인 미래학자 앨빈 토플러는 "한국 학생들은 미래에 필요하지 않는 지식과 존재하지도 않을 직업을 위해 하루 15시간을 낭비하고 있다"며 시대를 역행하는 한국 교육에 일침을 놓았다. 하버드 대학교 의대 존 레이티 교수는 창의성이 필요한 4차 산업혁명 시대에 오랜 시간 학교와 학원에 앉아서 공부하는 한국식 교육 방법은 오히려 학습 능률을 떨어트리고, 뇌 기능 저하를 가져올 수 있다고 말했다.

과학영재가 9급 공무원이 되는 나라, 미래에 사라질 직업을 위해 한 줄 서기를 하는 나라에 살고 있는 우리 아이들은 4차 산업혁명 시대를 맞아 어디에 뿌리내려야 할까?

수학적 사고를 길러주기 위해 사고 또 사는 엄마

수빈이네 식탁에는 오늘도 수학, 연산, 과학, 영어 문제집이 산더미처럼 쌓여 있다. 이미 식탁은 밥상의 기능을 잃은 지 오래다. 식탁에 쌓여 있는 문제집이 홍해처럼 갈라지는 때는 아이들 식사 시간뿐이다. 오늘도 수빈이 엄마는 꼬박 1시간을 들여 채점을 했다.

채점할 때마다 반복되는 연산 실수를 더 이상 참을 수 없었던 수빈이 엄마는 서점에 들러 아이 레벨에 맞는 연산 책을 고르고, 이번 달에 학습할 문제집을 3권에서 4권으로 늘린다. 덕분에 엄마의 채점 시간은 10분 더 늘어났고, 반복해서 틀리는 유형은 오답 노트를 작성해 실수를 줄이라고 주의를 준다. 하지만 요즘 들어 점점 공부를 안 하려는 수빈이 때문에 하루에도 열두 번씩 화가 치밀어 오른다.

고등학생이 된 수빈이는 스트레스가 극에 달했다. 노력해도 잘 안 나오는 수능 점수 때문에 원하는 학교에 지원할 가능성이 점점 낮아지기 때문이다. 융합적 사고와 응용력이 부족하다는 선생님 말씀에 문제집은 거의 다 풀었는데도 성적이 나아질 기미가 없어 답답하기만 하다.

스팀(STEAM) 교육하다 스팀(steam) 오르는 엄마

지후 엄마는 영재교육원을 보내면 아이의 친구 수준이 달라질 뿐 아니라 선행학습을 해두면 고등학교에 올라가서 훨씬 편하다는 선배의 말을 듣고, 사고력 수학, 과학, 논술, 선행 학원까지 안 보내는 학원이 없다. 오늘도 지후 엄마는 스팀(STEAM : 과학, 기술, 공학, 예술, 수학) 교육이 중요하다는 말을 듣고 코딩과 로봇 학원을 알아보는 중이다.

좀 더 많은 입시 정보와 노하우를 얻기 위해 영재교육원에 아이를 합격시킨 선배 맘을 찾아가 조언을 구하고 인천에서 목동까지 학원에 데려다주느라 다크서클이 목까지 내려올 지경이다. '이러다 내가 죽겠다' 싶지만 이 정도는 해야 합격할 수 있다고 하니 어쩌겠는가? '똑똑한 자식을 둔 죄이거니' 생각할 뿐이다.

특목고에 들어간 지후는 엄마가 설계한 대로 동아리 활동 및 교내 수상을 준비하지만, 난다 긴다 하는 아이들 틈에 위축되는 자신을 견디기 힘들다. 자율동아리 활동은 생각보다 많은 시간을 할애

해야 하고, 내신 준비 기간에 봉사활동은 부담으로 다가온다.

중학교 때 나보다 공부를 못했던 친구들이 고등학교에서 전교 1등을 한다는 소식을 들은 지후는 시험을 치를 때마다 특목고 입학을 밀어붙인 엄마와 자주 다툰다. 특목고에서 일반고로 전학하는 것이 입시에 얼마나 불리하게 작용하는지 잘 알고 있는 지후 엄마는 이러지도 저러지도 못하고 있다.

족집게 선생을 콕콕 집어내는 족집게 엄마

지민이 엄마는 아이가 커갈수록 마음에 드는 학원 선생을 찾기가 어렵다. 잘 가르친다는 데를 찾아다니는 학원 쇼핑이 엄마의 주된 일상이 되었다. 직접 검증하지 않고는 선생님의 수준을 믿을 수 없는 지민이 엄마는 잘나가는 족집게 강사를 찾느라 고군분투 중이다.

상황이 여의치 않으면 초·중학교 과정은 직접 가르칠 수 있지만, 고등학교 과정은 쉽지 않아 엄마의 공부 양이 갈수록 늘어난다. 집 안은 엄마가 수험생인지 아이가 수험생인지 구분할 수 없을 정도이고, 수행평가라도 있는 날이면 지민이를 도와 정보를 찾고 준비하느라 밤을 지새우곤 한다.

상자 밖에서 생각하라

진로 진학 강의를 다니다보면 자녀의 진로를 고민하는 수많은 엄마들을 만난다. 4차 산업혁명에 관심을 갖고 적극적으로 아이의 진로와 진학을 위해 발 빠르게 움직이는 엄마들도 있지만, 대부분의 엄마들은 교육 목표와 교육과정이 변했는데도 여전히 주입식 교육의 끈을 놓지 못하고 있다.

스마트 교과서가 등장하고, 모르는 문제를 사진으로 찍어서 보내면 바로 답변해주는 앱, 학습을 관리해주는 디지털 학습 플래너가 있는데도 여전히 대부분의 엄마들은 경험에 근거한 교육에 치우친 모습이다.

4차 산업혁명 시대가 원하는 인재는 비판적 사고를 토대로 정보와 지식을 재구성할 수 있는 문제 해결 능력을 가진 사람이다. 앨빈 토플러는 "20세기가 '틀을 만드는' 교육의 시기였다면, 21세기는 '틀을 깨는' 창조적 학습의 시대"라고 말했다.

'상자 밖에서 생각하라'는 말은 지금까지와 전혀 다른 방식으로 정해진 틀을 벗어나 생각하라는 뜻이다. 얼마나 많이 알고 있느냐보다 필요한 정보를 선별하고 구성해 새로운 결과를 도출해내는 능력이 더 중요한 시대이다.

흩어져 있는 재능의 연결 고리가 필요하다

우리는 집을 매매하거나 주식에 투자할 때, 예금을 가입할 때, 부동산 전망과 기업의 재무구조, 원료 가격과 상품 가격, 금리 비교 등을 할 때 끊임없이 정보를 업데이트하고 분석한다. 4차 산업혁명 시대에 우리는 아이의 미래에 얼마나 투자하고 있을까? 우리는 과연 아이의 재능이 무엇이고, 꿈꾸는 미래는 어떤 모습인가에 대한 정보를 끊임없이 업데이트하고 분석하고 있는가?

우리 아이들은 스스로 무엇을 하고 싶은지, 무엇을 잘하는지 생각해볼 겨를도 없이, 대학 입학을 목표로 공부하고 상황과 성적에 맞춰 진로를 결정한다. 자신이 어떤 길을 걸어왔는지 알 수 없는 아이들은, 그 길이 아니라고 생각했을 때 돌아가는 방법을 몰라 그 자리에 머물러 있을 수밖에 없다.

공부만 열심히 하면 되는 줄 알았던, 꿈과 미래를 대학에 모두 걸었던 또 다른 김예슬이 더 이상 생기지 않도록 주입식 교육의 상자 밖으로 나와 더 넓은 시각으로 미래를 바라봐야 한다.

더불어 재능에 대한 꾸준한 탐색과 분석 데이터를 제공하는 '재능 포트폴리오'를 통해, 그동안 미처 발견하지 못한 재능과 흩어져 있는 재능들의 연결 고리를 찾아야 한다. 이러한 초·중·고등학교 과정의 '재능 포트폴리오'는 4차 산업혁명 시대에 우리 아이가 설 곳을 마련해줄 것이다.

4차 산업혁명 시대,
대학입시와 대학 교육의 변화

서울대 입시전설 '관악 마운틴 노루점핑'

서울대 법대의 유명한 입시전설이 있다. 1981년 본고사 폐지와 졸업정원제 등의 급격한 입시변화로 불안해진 300점 이상의 고득점자들이 서울대보다 합격 가능한 학교로 안정지원을 했고, 치열한 눈치작전 끝에 원서마감 직전 200점 이하의 지원자 5명이 서울대 법대에 원서를 내 합격한 일이다.

당시 형식뿐이던 면접에서 '관악산에 노루가 뛰어 논다'를 영어로 답변하라는 교수의 질문에 '관악마운틴 노루점핑', 법대교수를 '티쳐 오브 법대', '너는 참아다오'를 '유 니드 노우 에너지' 라고 대답하고도 5명 모두 합격해 서울대 법대의 전설로 남았다. 3년 내내 교과(내신)는 물론 비교과 관리와, 자신의 잠재력과 전공적합성을 입증하고도 수능최저학력을 못 맞추면 불합격인 서울대의 현 입시제도와는 사뭇 다른 모습이다.

수시 마감 5일 전 발등에 불 떨어지다

수시 원서 접수 마감 5일 전 정원이 엄마는 발등에 불이 떨어졌다. 담임선생님께서 서울대와 연세대, 고려대 자기소개서를 다시 작성하는 게 좋겠다고 말씀하셨기 때문이다. 유명한 컨설팅의 첨삭을 받아 며칠 밤을 새워 작성한 자기소개서인데 마감을 5일 앞두고 수정하라니 마른 하늘에 날벼락이 따로 없다.

정원이 엄마는 인맥을 총동원해 어렵사리 SKY 전문 컨설팅을 찾았고 평소 비용의 두 배를 지불하고서야 겨우 자기소개서 컨설팅을 받을 수 있었다. 학교장 추천을 받을 정도로 교과뿐 아니라 비교과 활동도 열심히 한 정원이는 어떤 것을 자기소개서의 소재로 채택해야 지원하는 학과의 전공 적합성을 잘 반영하는 것인지 알 수가 없었다. 결국 난생처음 만나는 입시 컨설턴트를 통해 자기주도성과 전공 적합성, 준비된 인재임을 보여줄 수 있는 소재를 찾아 3년 동안의 교과·비교과 활동과 전공을 연계한 자기소개서를 완성했다.

전교 1등인데 서울대를 갈 수 없다니?

수시 원서 접수 마감을 앞두고 하율이 엄마는 머리를 싸매고 누웠다. 엄마가 수험생인지 아이가 수험생인지 모를 정도로 열심히 가르쳐 전교 1등을 놓치지 않았는데, 서울대에 지원할 수 없다는 청천벽력 같은 담임선생님의 말씀을 들었기 때문이다.

한 번도 전교 1등을 놓친 적이 없는데 왜 서울대에 지원할 수 없다는 것인가? 불행하게도 서울대는 교과전형으로 학생을 선발하지 않는다. 2020년 기준 서울대 수시모집은 모두 학생부종합전형으로 선발하며 지역균형 선발전형이 23.8%, 일반전형이 54.7%, 정시모집이 21.3%이다.

하율이의 교과 성적은 너무 우수하지만 특별한 비교과 활동이 없고, 그나마 있는 수상실적은 교과 수상 몇 개뿐이다. 학교장 추천도 어려운 데다 수능까지 준비하기에는 하율이의 역량이 부족하고, 지금부터 공부한들 수능 최저를 맞추기 어려운 노릇이다.

이럴 줄 알았으면 입시에 대해 공부해야 한다는 정아 엄마의 말을 들을걸 그랬다. 일단 공부만 잘하면 대학은 얼마든지 선택할 수 있다고 생각했던 하율이 엄마는 그동안의 시간이 억울하고, 미리 준비를 못해준 것이 미안할 따름이다. 반수를 한들 학생부종합전형은 이미 물 건너갔고 정시에 도전하자니 어디서부터 시작해야 할지 막막하기만 하다.

일단 공부라도 하면 뭐라도 되겠지

소예 엄마는 요즘 뉴스 때문에 머리가 지끈지끈 아프다. 정원이,

하율이 엄마를 보며 전략적으로 아이를 교육하기 위해 전문직 일자리를 그만둔 지 올해로 1년째다. 올해 중학교 1학년이 된 소예는 스스로 공부를 잘하는 편이라 그만둔 보람이 없지 않다. 그런데 고교학점제니, 자사고와 특목고 폐지니, 대학은 또 융합전공으로 바뀌고 있다고 하니 특목고를 준비해서 막차를 타는 것이 대입에 유리할지, 과학고를 가야 할지 물어볼 곳이 없어 답답할 따름이다.

입학설명회와 전문학원을 찾아다녀 보지만 어렵고 복잡한 입시제도는 이해하기도 힘들뿐더러, 전문가들이 말하는 대로 아이를 선행으로 몰아붙이면 그나마 잘하던 공부에 흥미를 잃고 평범해질까 봐 두렵다.

입시제도의 흐름과 미래 직업 전망을 한눈에 알 수 있다면 아이 교육을 위해 망설임 없이 투자하겠지만, 변화하는 입시제도와 정책에 뭘 어떻게 준비해야 할지 막막할 따름이다. 결국 무엇을 준비해야 하는지 알 수 없는 소예 엄마의 선택은 교과목에 최선을 다하는 방법뿐이다.

끊임없이 변하는 입시제도

입시제도는 끊임없이 변한다. 1994년 200점 만점이었던 수능은 여러 단계를 거쳐 변경됐고, 문·이과 통합에 따라 2022년 수능의 과목 구조 및 출제 범위가 변경되었다. 국어와 수학, 직업 탐구가 공통과 선택 과목으로 구분되고, 공통과목에서 75% 내외, 선택과목에

| 대학수학능력시험 주요 변천사 |

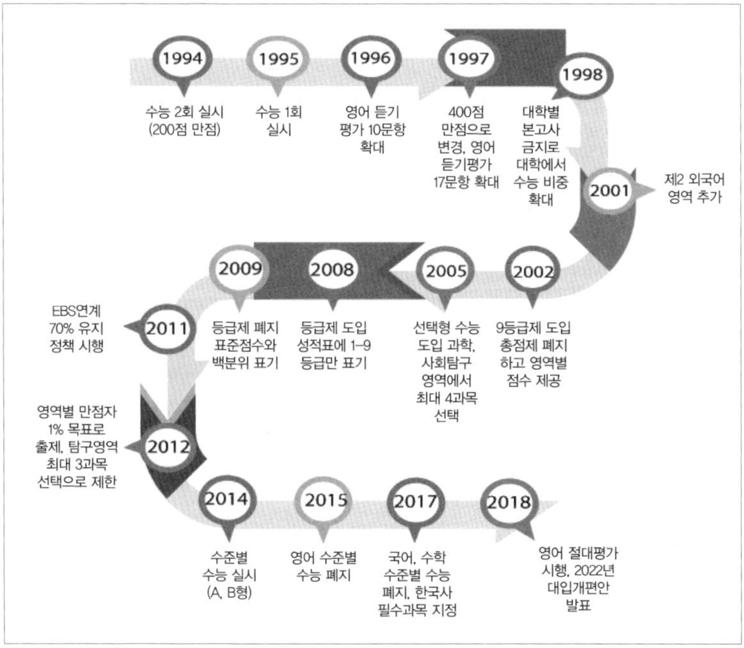

서 25% 내외로 문항이 출제된다.

탐구과목에서는 계열이 폐지됐다. 사회와 과학 탐구는 계열과 관계없이 최대 두 과목 선택이 가능하며, 수학과 과학 선택과목에 기하와 과학Ⅱ가 포함된다. 영어와 한국사 외에 제2외국어와 한문이 절대평가로 실시되며, EBS 연계율이 70%에서 50%로 축소된다.

1955년 시작된 문과와 이과의 구분은 50년의 세월 동안 수많은 변경을 거치며 논란을 불러일으켰고, 결국 2018년 문·이과 통합으로 변경되기에 이르렀다. 50년의 세월을 돌고 돌아 결국 제자리다.

선택형 수능 '물알못'을 만들어내다

2007년 7월 미국의 과학저널 《사이언스》에는 미분과 적분 기호를 모르는 우리나라 대학생들의 이야기가 실렸다. 계속되는 입시제도 변경은 이공계 학력 저하를 가져왔고, 급기야 서울대는 2019년부터 물리Ⅱ를 이수하지 않은 신입생들을 대상으로 '물리의 기본'을 의무적으로 이수하도록 했다. 선택형 수능과 교차 지원의 결과 물리학과인데도 이른바 물알못(물리를 알지 못하는) 공대생이 나온 것이다.

대입제도 변경과 문·이과 통합에도 불구하고 앞으로도 이공계는 수학적 사고력과 비판적 시각을 가진 학생을 선발하기 위해 노력할 것이다. 인문·사회계열은 창의적 사고와 인간에 대한 이해가 깊은 학생을 선별하기 위한 방안을 마련할 것이다.

2022년 대입 개편안을 살펴보면 연세대와 고려대는 자연계열 전형에 한해 수학과 과학에 선택과목을 두기로 결정했다. 사실상 문·이과 통합 개정 교육의 취지가 무색하다고 볼 수 있다.

자사고 폐지가 거론되자 강남 8학군 지역의 땅값이 들썩거리고 있다. 서울 지역 자사고 22곳 중 평가에서 탈락한 8개 학교가 모두 강북 지역에 위치하고 있기 때문이다. 교육의 목표는 인간의 성장 가능성을 믿고 재능의 실현을 돕는 것이다. 시대가 아무리 바뀌고 입시제도가 바뀌어도 교육의 근본과 본질적 목표는 바뀌지 않는다. 달라지는 것은 우리 아이들이 아니라 강남 부동산 가격이 아니겠는가?

변화하는 입시제도에 관심을 갖기에 앞서 큰 틀에서 이 변화를 이끄는 초·중·고등학교의 변화와 미래 교육에 대한 이해가 우선되어야 한다. 학생들의 학력 저하 논란이 일고 있는 자유학기제 시행과 자사고 및 특목고 폐지, 고교입시의 변화, 문·이과 통합, 그리고 2025년 시행될 고교학점제에 대한 통찰과 연결고리를 찾을 수 없었다면 우리 아이 '재능 포트폴리오' 만들기에서 그 답을 찾을 수 있다.

창의적이고 융합적인 인재를 바라다

기술은 있으나 콘텐츠가 없다

교육 애플리케이션 개발 회사를 운영하는 정우 아빠는 요즘 프로그램 기획자를 찾아 백방으로 뛰어다니는 중이다. 자본과 기술은 있으나 콘텐츠가 없기 때문이다. 좋은 아이템만 있으면 언제든지 아이디어를 실현할 준비가 되어 있는데 프로그램을 기획할 사람이 없다.

사내 아이디어 공모와 회의를 통해 창의적인 아이디어를 발굴하기 위해 노력하지만, 창의적인 아이디어는 엔지니어의 영역 밖의 일이다. 헤드헌터를 통해 어렵게 채용한 프로그램 기획자는 구현 불가능한 아이템을 구상하는 터에 부서 간 회의는 늘 소득 없이 끝난다.

기술에 대한 이해 부족으로 기술 영업은 더욱 어렵다. 결국 정우 아빠는 불필요한 인력을 줄이고 각 분야 전문가들과 함께 프로젝트형 사업을 진행하는 쪽으로 재구상하고 있다.

4차 산업혁명의 인재상

2011년 구글은 6천 명의 직원 중 5천 명을 인문학 전공자로 채용했다. 사용자 환경을 개발하는 기술도 중요하지만, 무엇보다 사람을 이해하고 관찰하는 것이 중요하다는 판단이었다. 스티브 잡스는 "우리가 창의적 제품을 만든 비결은 항상 기술과 인문학의 교차점에 있고자 했기 때문"이라고 말했다.

4차 산업혁명의 바탕이 되는 지능정보 사회는 획일적이고 단편적인 지식의 소유자보다 창의적 사고와 집단 지성을 활용해 새로운 지식을 창출하는 융합형 인재를 필요로 한다. 공학이 무언가를 만드는 방법을 제공한다면, 인문학과 사회학적 사고는 공학의 토대를 제공한다. 학제 간 연구나 학문 간 융합을 통해 쌓은 인문 지식과 아이디어는 공학적 기술에 의해 게임, 영화, 테마파크 등의 콘텐츠로 구현될 수 있다.

쿨잼컴퍼니의 작곡 앱 '험온(hum on)'은 사용자가 노래나 허밍을 입력하면 록이나 R&B 같은 반주가 저절로 만들어진다. 다양한 장르 중 원하는 반주를 선택하면 누구나 작곡자가 될 수 있다.

험온은 삼성전자의 음악과 공학 융합 프로젝트에서 탄생했다. 작곡을 위해 종이와 펜, 녹음기를 들고 다니던 번거로움을 기술로 해결해 새로운 가치를 창출한 것이다. 우리가 잘 알고 있는 <니모를 찾아서>, <토이 스토리>, <몬스터 주식회사>는 기술과 예술의 융합, 과학과 인문학의 융합으로 만들어진 대표적인 사례이다.

학문 간의 경계를 허물다

미국 프랭클린 W. 올린 공과대학교의 융합 과목인 '역사적 물건'은 수업 첫날 플라스틱 컵과 고무줄, 책가방 같은 평범한 물건들을 하나씩 고르는 것부터 시작한다. 같은 물건을 선택한 학생들이 한 팀을 이뤄 물건의 특징을 정의하고 앞으로 어떻게 공부할 것인지를 구상한다.

경제학적 관점으로 플라스틱을 '싸다'라고 정의한 경우, 경제학 교수는 '싸다'는 것의 의미와 '가격'이라는 개념에 대한 질문을 계속 던지고, 학생들은 다양한 관점에서 개념의 의미를 고민한다. 재료공학적으로 플라스틱을 '견고하다'고 했을 경우, 실험실에서 플라스틱의 강도를 실험해보며 주제를 깊이 연구한다. 마지막 5주는 플라스틱과 비슷한 과거의 물건을 찾고, 그것이 어떻게 변화했는지 연구하며, 과거의 재료와 현재의 재료를 구해서 직접 만들어본다.

하나의 현상이나 구체물을 다양한 영역과 관점으로 바라보고 분석하는 과정을 통해 인간의 삶의 문제를 해결하는 것이 바로 융합형 인재 양성의 목표이다.

최근 국내 대학에서도 학문 간 경계를 허물기 위한 시도들이 진행되고 있다. 수원대학교는 2017년 미래혁신관을 신축하여 신입생 전원을 대상으로 스팀(STEAM) 교육을 실시하고 있다.

학생들은 인문학과 기업가 정신, 기초과학, 수학, 코딩 과정으로 구성된 핵심 교양과목과 메이커 소양 과목을 10학점 이수해야 하며, 6학점 이상 캡스톤 디자인(capstone design) 과목을 의무적으로 수강해야 한다. 캡스톤 디자인은 학생들이 분야별로 습득한 지식을 토대로 산업체에 실제 필요한 제품을 직접 설계·제작·평가하는 교육과정이다.

이처럼 4차 산업혁명 시대를 맞이해 융합 인재 양성을 위한 대학의 '학문 간 경계 허물기'는 인문, 사회, 공학, 예체능 등 다양한 분야에서 시도되고 있다. 문제는 융합적·협력적 사고가 준비되어 있지 않은 우리 아이들이다.

융합적 사고로 융합이 안 되는 아이들

성균관대학교를 다니고 있는 재화의 대학 생활은 평탄하지 않다. 학교에서 시작한 'C-school 융합기초 프로젝트의 협동 학습'은 혼자 과제를 수행하는 것에 익숙한 재화에게는 부담이다. 더구나 성별, 학년, 사전 학습 경험이 모두 다른 구성원들과 프로젝트를 위해 관계를 맺어야 한다는 것이 재화에게는 프로젝트보다 더 당황스럽다. 늘 혼자 공부하고 생각하기를 좋아하는 재화는 낯선 사람들과 관계를 맺는 것이 어색할 뿐만 아니라 생각을 공유하는 게 너무 어렵기만 하다.

문제는 그뿐만이 아니다. 프로젝트 주제라도 주면 팀원들과 역할을 나눠 수행하겠는데, 문제를 스스로 발견해야 하는 과정은 주입식 교육에 익숙한 재화에게 너무도 어려운 일이다.

오메, 이 길이 아닌가벼

한양대학교의 '파이낸스 경영학과'라는 단어가 미래 지향적인 느낌이 들어 전공으로 선택한 성현이는 요즘 반수를 고민 중이다. 이 모든 것이 다 수학 때문이다. 고등학교만 졸업하면 수학은 안 할 줄 알았는데 수리경제, 투자, 재무, 금융수학 등 수학 능력을 요구하는 과목 때문에 앞으로 어떻게 공부해야 할지 모르겠다.

설상가상으로 한 학기 동안 교수님과 함께 프로젝트에 참여해 15학점을 얻어야 하는 '프로젝트 학기'의 주제는 재무제표 분석이다. 반수를 해서 수학을 배우지 않는 심리학과를 가보려고 했더니 심리통계라는 과목이 떡하니 전공과목으로 자리 잡고 있다. 사람의 마음을 연구하는 학문인데 왜 통계를 배워야 하는지 알 수 없는 성현이는 그나마 받고 있는 장학금 때문에 오늘도 수학책을 붙잡고 있다.

융합적 인재는 오랜 시간의 경험과 학습에 의해 만들어진다

우리 아이가 과연 재화와 성현이의 모습과 다르다고 할 수 있는가? 입시 위주의 획일화된 교육과 경쟁을 통해 한 줄 서기로 대학에 들어온 우리 아이들에게 이제 대학은 4차 산업혁명에 대비해 창의적 사고와 협업 능력을 가진 융합 인재를 양성하겠다고 말한다. 12년간 누군가를 뛰어넘어야 원하는 걸 얻을 수 있다고 교육했던 사회가 이제 또다시 원하는 걸 얻기 위해 그들과 손을 잡으라 말하고 있다.

한 사람이 여러 영역에 대해 완벽한 지식을 갖추기란 사실상 불가능하다. 그렇기 때문에 인문·사회학자들은 과학기술에 대한 기본 지식을 습득하고, 공학자들은 사회와 인간에 대한 이해를 통해 각 영역의 벽을 허물고, 그 속에서 각자의 재능을 발휘할 수 있는 관계 역량을 갖추는 것이 중요하다. 그 토대를 마련하는 것이 다양한 학문에 대한 이해이다.

2015년 교육과정의 주요 방향은 '창의융합형 인재 양성'이었다. 창의융합형 인재란 인문학적인 상상력과 과학적 창조력, 바른 인성을 갖추고, 새로운 지식을 창조하며, 다양한 지식을 융합해 새로운 가치를 창출하는 사람이다. 융합형 인재는 오랜 시간 경험과 학습에 의해 만들어진다.

이제 우리 아이가 융합형 인재로 거듭날 수 있는 장기적 플랜이 필요하다. 우리 아이만의 '재능 포트폴리오'는 4차 산업혁명 시대 융합형 인재로 성장하는 데 필요한 기초 플랜을 마련해줄 것이다.

과거의 프로세스로는 미래형 인재를 만들 수 없다

10년의 시간을 15개월의 속도로 써 내려가다

앨빈 토플러는 《부의 미래》에서 시속 10마일로 기어가는 학교 교육체계가 시속 100마일로 달리는 기업에 취업하려는 학생을 준비시킬 수 있는가라는 질문을 던진 바 있다.

1억 명을 기준으로 전화기가 사람들에게 보급되는 데까지는 75년, 인터넷은 10년, 페이스북은 5년이 채 안 되는 시간이 걸렸으며, 모바일 게임 '캔디크러쉬'가 사람들에게 보급되는 데는 단 15개월이 걸렸다. 기술의 변화가 100년의 시간을 15개월의 속도로 써 내려가고 있는 것이다.

증강현실로 공부했는데 그림으로 공부하라면

은수는 요즘 사회, 과학시간이 그 어느 때보다 기다려진다. 집에서도 잘 사용할 수 없었던 패드를 학교 수업시간에 맘껏 만져볼 수 있기 때문이다. 스마트 교과서를 통해 배우는 가상현실(VR)은 지진 현장에 직접 가보지 않아도 실감나게 지진을 느낄 수 있을 뿐만 아니라, 지진발생 시 행동 요령과 안전수칙을 간접 체험하게 함으로써 실제 재난상황을 대비할 수 있게 해준다. 심장의 움직임과 내·외부 구조를 조작하여 살펴보고 심장과 온몸의 혈액순환을 보여주는 증강현실(AR)은 심장의 입체적인 움직임과 구조를 파악하는데 도움을 줄 뿐 아니라 온몸의 혈액순환 과정을 관찰할 수 있게 해준다. 은수는 과학이 재미없는 과목이라고 생각했는데 스마트 교과서 덕택에 과학에 대한 편견이 사라졌다.

은수 엄마는 학교에서 스마트 교과서를 사용하는 것이 영 마땅치가 않다. TV와 핸드폰, 컴퓨터 사용에 제한을 두고 있는 은수 엄마의 교육방식과 너무 차이가 나기 때문이다. 학교에서 아이들 핸드폰 사용을 자제시켜도 될까 말까 한 상황에 패드로 수업을 하다니, 도대체 아이들 교육을 생각이나 하는 건지 답답하기만 하다. 오늘도 은수 엄마는 과학고 입학을 위해 과학 문제집을 풀린다. 실감나는 3차원 영상으로 공부한 은수에게 문제풀이 위주의 학습은 재미도 없을뿐더러, 과학에 대한 부담과 불편함만 가중시킬 뿐이다.

스마트 교과서의 장점에 대해 말해보지만 스마트 기기에 부정적 인식을 가진 엄마와의 대화는 항상 평행선을 달린다.

기둥뿌리 뽑아서라도 가르칠 수 있지만

하루 엄마는 좀 더 일찍 재능을 찾아 공부를 열심히 했다면 지금보다 훨씬 더 나은 삶을 살 수 있었을 거란 생각에 교육 투자만큼은 아낌이 없다. 아이가 잘한다는 것에 아낌없이 투자하고 재능을 키워주기 위해 노력하지만, 음악 학원에 가면 예술적 재능이 중요하다고 하고, 수학을 보내면 4차 산업혁명 시대에는 수학은 필수라 하고, 컴퓨터를 보내면 코딩 교육이 가장 기본이라고 하니 도대체 뭐가 중요한 건지 알 수가 없다.

보내는 학원마다 가능성은 충분하고 조금 더 시키면 탁월해질 거라는데 투자를 안 할 수 없는 노릇이고, 투자를 하면서도 잘하고 있는 건지, 언제까지 교육을 시켜야 하는 지 알 수가 없다. 정년퇴직이 바로 코앞인데 아무리 모아둔 돈이 있다지만 이제 대학도 안 들어간 아이의 대학 학비와 자신의 노후를 생각하면 눈앞이 캄캄하다.

꿈은 합격 가능한 성적 내에서

하늘이 엄마는 고입을 앞두고 마음이 급하다. 하늘이의 꿈을 아직 정하지 못했기 때문이다. 진로선생님은 중학생 대부분이 겪는 자연스러운 현상이라 하시며 시간을 두고 지켜보자고 하시지만 진로를 정해야 학교생활기록부의 활동 방향을 잡고 각종 대회를 준비를 해야 하는 하늘이 엄마는 한시가 급하다.

하늘이 엄마는 학교에서 실시한 진로검사 결과를 가지고 입시컨설팅을 찾아갔다. 입시컨설팅에서는 재능과 흥미보다는 합격 가능한 자료를 토대로 진로를 설정해야 합격률을 높아진다며 지원 가능한 학교범위 내에서 꿈을 정하라고 한다.

하늘이 엄마는 학교 진로상담에서는 진학의 뚜렷한 방향을 제공하지 못하고, 입시상담에서는 진로를 성적에만 맞추는 상황이 답답하기만 하다.

우리는 과연 우리 아이를 어떤 방식으로 교육하고 있는가? 스마트 교과서로 실감나는 심장의 모습과 혈액순환 과정을 학습한 아이들에게, 한 장의 사진으로 심장의 구조를 외우도록 강요하고 있지는 않은가? 아이 교육에 대한 투자만큼은 확실하게 하고 있다고 생각하지만, 이 길이 과연 맞는 건지 간혹 불안한 마음이 들 때가 있는가? 남보다 빨리 골인 점에 들어가게 해주고 싶은 마음에, 입시컨설팅에 우리 아이의 꿈을 맡기고 있지는 않은지 살펴봐야 할 때다.

'무엇을 실현할 수 있는가'가 중요하다

4차 산업혁명 시대를 맞아 교육 방법과 방향이 변하고 있다. 학생들은 이제 주입식 수업이 아닌 프로젝트 학습을 통해 문제를 발견하고 해결하며, 자기주도학습 역량을 가진 인재로 성장할 것이다. 5G의 도입으로 교실에서 활용할 수 있는 증강현실과 가상현실은 지금보다 더 다양해질 것이고, 온라인을 통한 교육과정도 활성화될 것이다.

또한 학교에서 배울 것들을 미리 학습하고 다음 날 토론으로 수업을 진행하는 거꾸로 학습은 더욱 깊이 있는 배움을 실현할 것이다. 지식의 양은 이제 더 이상 경쟁력이 될 수 없으며, 무엇을 학습했느냐보다 무엇을 실현할 수 있는가가 더 중요한 미래 역량이 될 것이다.

세계경제포럼에서는 4차 산업혁명 기술이 보급화되는 티핑 포인트(tipping point)를 2025년으로 예상했다. 티핑 포인트란 어떤 현상이 서서히 진행되다 어떠한 요인으로 한순간 폭발하는 지점을 말한다. 미국의 사회학자이자 매스커뮤니케이션 이론가 에버렛 로저스는 남들보다 빨리 혁신 제품을 구매하는 혁신 고객과 신기술을 남보다 먼저 접하는 얼리어댑터에게 기술이 확산되는 16% 지점을 티핑 포인트라고 보았다. 전 세계인의 16%가 이미 기술을 보유하고 있다면 후발주자라는 뜻이다.

4차 산업혁명 시대의 티핑 포인트 이전에 발현될 우리 아이의 재능이 있는가? 본인의 가치를 스스로 증명해야 하는 시대, 20세기 진로 진학 프로세스로는 더 이상 4차 산업혁명 시대의 인재를 키워낼 수 없다. 4차 산업혁명 시대 교육의 방향과 변화를 읽는 재능 포트폴리오는 우리 아이 본연의 색깔과 의미를 재능으로 연결하는 길잡이가 될 것이다.

내 아이만의 재능 포트폴리오가 필요하다

4차 산업혁명 시대 적응 능력 25위, 대한민국

2019년 11월 한국판 에콜42로 불리는 이노베이션 아카데미가 문을 열었다. 산업 전반에 소프트웨어 인력이 부족하자 정부가 직접 소프트웨어 교육에 팔을 걷어붙이고 나섰다. 이노베이션 아카데미는 정부가 주도하는 2년 비학위 과정으로, 1차에 500명을 선발한 뒤 최종 250명을 선별하는 과정을 거친다.

10명의 멘토와 함께 소프트웨어 기술에 대한 이해와 개발 역량을 키우는 이노베이션 아카데미는 프랑스 에콜42를 벤치마킹한 것으로 교수, 교재, 학비가 없는 것이 특징이다.

문제 해결 중심 인재를 양성하는 이노베이션 아카데미는 한 주에 40시간 이상 프로젝트를 수행하면서 필요한 지식을 학습하고,

동료와 협력을 통해 프로젝트를 수행한다. 학생들은 문제를 직접 해결하는 과정에서 스스로 배우는 역량을 기르고 그 결과는 다음 프로젝트에 반영된다.

2016년 다보스포럼에서 발표한 4차 산업혁명 시대의 적응 능력에서 우리나라는 139개 나라 중 25위를 차지했다. 2017년 한국경제연구원의 보고에 따르면, 4차 산업혁명에 대한 이해와 전문 인력 부족이 4차 산업혁명 시대의 적응 능력을 떨어트리는 원인으로 나타났다. 실력 있는 이과 지원자 대부분이 의대와 약대를 선호한 결과 이공계 인력 부족을 초래했고, 이것은 국가 산업의 근간을 흔들고 있다.

질문하지 않는 나라, 우리 삶에 질문을 던지다

2010년 서울에서 열린 G20정상회의 기자회견에 참석한 오바마 대통령이 개최국인 우리나라 기자들에게 질문할 기회를 주었다. 그러나 누구도 오바마 대통령에게 질문하지 않았다. 당황한 오바마 대통령은 재차 질문할 한국 기자가 있는지 물었다. 결국 정적을 깨고 한 기자가 일어났는데, 그는 한국이 아닌 중국 기자였다.

질문하지 않는 나라, 획일화된 주입식 교육에 익숙한 우리나라의 교육 방법은 비판적 사고와 창의적 사고를 저해하고 우리의 삶과 인생에 질문을 던지는 법을 잊게 했다.

밑 빠진 독에 물 붓기

미국에서 메이크업 아티스트 스쿨을 졸업한 정우는 아버지 가게에서 가업을 물려받기 위해 열심히 일을 배우고 있다. 특수분장은 항상 일이 있는 게 아니어서 종종 유튜브 영상을 찍으며 크리에이터로 활동하고 있다.

정우는 어릴 때부터 아버지의 가게 일을 배우고 싶어 했다. 이제는 가게 일이 힘에 부치는 데다 그동안 일군 터전이 아까웠던 아버지는 내심 정우가 이 일을 물려받기를 바랐다. 하지만 정우 엄마가 그동안 공 들인 것을 생각해서 차마 입 밖으로 꺼내지 못하고 있었다. 아버지와 함께 신나게 일하는 정우의 모습을 보면, 정우 엄마는 그동안 헛고생을 한 것 같아 허탈하다. 이럴 줄 알았으면 진작 고등학교만 졸업하고 가게 일을 배우라고 할걸, 그동안 들어간 학비며 사교육비는 누가 보상해준단 말인가.

남의 옷을 입은 것 같은 꿈

초등학교 교사인 은영이는 학부모 상담 주간을 앞두고 신경이 날카롭다. 지난달은 프로젝트 자료와 아이들 발표 자료를 점검하느라 진이 다 빠졌는데, 이번 달은 방과 후 신청서와 주간안내문 등 아이들에게 나눠 줄 서류가 산더미처럼 쌓여 있다.

스마트 교과서를 활용한 수업은 예전보다 준비 시간이 더 많이 걸리고, 산만한 아이들을 지도하느라 목이 쉬지 않는 날이 없다. 게

다가 오늘은 학부모 상담이 있는 날이다. 평소 공부에 관심이 많은 은성이 엄마는 은성이가 단원평가를 볼 때마다 전화로 서술형 문제에 대한 반론을 제기한다. 뿐만 아니라 장난이 심한 은성이가 친구와 다툼이 잦아 연락을 할 때마다 왜 매번 은성이만 잘못하냐며 CCTV를 확인해보자고 한다.

가르치는 일이 좋아서 선생이란 직업을 택했는데, 가르치는 일은 갈수록 줄어들고 아이들 상담과 관리만 늘어나는 상황이 혼란스럽기만 하다. 더구나 앞으로는 교사의 관리 역량이 더 중요하다고 하니, 적성에 맞지 않는 이 일을 얼마나 더 잘할 수 있을지 자신이 없다.

미래 역량에 불을 지피는 '재능 포트폴리오'

프랑스 일간지 〈르몽드〉는 한국 학생들은 성적은 우수하지만 세상에서 가장 경쟁적이고 고통스러운 교육을 받는 불행한 학생들이라고 표현했다. 부모들은 자녀들을 조금 더 높은 서열의 대학에 보내기 위해 에듀푸어를 마다하지 않고, 어릴 때부터 사교육에 매달리는 아이들은 학업 스트레스에 시달린다.

긍정적 자아를 인식하고, 타인과의 상호작용을 배워야 할 시기에 과도한 선행학습은 일과 직업 사회에 대한 긍정적 인식을 저해한다. 입시 위주의 주입식 교육은 미래를 꿈꾸고 재능을 발달시켜야 할 청소년들에게 '성적대로 한 줄 서기'를 가르친다.

아일랜드의 시인이자 극작가인 윌리엄 버틀러 예이츠는 “교육이란 들통을 채우는 일이 아니라 불을 지피는 일”이라고 말했다. 이제 우리 아이에게 가장 효과적인 방법으로 재능에 불을 지필 구조화된 포트폴리오가 필요하다.

부모는 아이의 ‘가능성과 재능의 최적점’을 찾을 수 있도록 학습 계획과 비전을 담은 ‘재능 포트폴리오’를 완성해야 할 의무가 있다. 우리 아이만을 위한 ‘재능 포트폴리오’는 숨어 있는 재능을 발견하고 교육의 방향성을 제시한다.

4차 산업혁명 시대를 맞아 대학의 위기와 일자리의 위기를 부르짖는 언론 보도가 끊이지 않는다. 4차 산업혁명 시대의 변화와 입시에 흔들리지 않을 우리 아이만의 특별한 재능이 있는가? 변화는 언제나 안에서부터 시작된다. 지금 시작하는 ‘재능 포트폴리오’가 작은 불씨가 되어 우리 아이의 미래 역량에 불을 지펴줄 것이다.

2장

미래형 인재의 조건

40가지 다른 과일이 열리는 나무

과수원을 통째로 옮겨놓은 하나의 나무

세상에는 참 신기하고 놀라운 일들이 많다. 스마트폰을 처음 접할 때 그랬고, 이동하면서 인터넷을 쓸 수 있게 됐을 때도 그랬다. 추운 겨울날 집에서 실시간 버스 정보를 확인하고 버스 정류장으로 출발했을 때, 말만 하면 척척 대답해주는 'OK 구글'을 알게 됐을 때 놀라움을 금치 못했다. 기술의 발달로 인한 놀라운 변화와 편리함은 이제 일상이 되었다.

2014년 8월 9일 자 <중앙일보>에 '40가지 과일이 열리는 나무'라는 흥미로운 기사가 소개됐다. 강인한 생명력과 접목의 신비로움을 보여주는 이 나무는 뉴욕 시라큐스 대학교 미술학과 샘 반 에이켄 교수가 9년간 접붙임을 통해 탄생시킨 예술 작품이다.

'과수원을 통째로 한 나무에 옮겨놓을 수 있을까?'라는 생각에서 시작한 이 과정은, 뿌리가 튼튼한 나무에 과일나무 가지들을 접목하면서 시작됐다. 서로 다른 식물의 조직을 붙여 양분과 물의 체관부를 공유해 하나의 식물체로 만들어내는 것이다.

이렇게 연결된 하나의 식물체는 각각의 특성은 유지하면서 더 나은 개체로 성장한다. 뿌리가 약한 나무는 뿌리가 강한 나무에 접목하면 더 잘 자라는데, 이때 붙이는 가지를 접수라 하고, 지지하는 나무를 대목이라고 한다. 원래 죽어가는 나무를 살리기 위해 시작한 작업이 120그루가 넘는다고 하니, '콩 심은 데 콩 나고 팥 심은 데 팥 난다'는 것도 옛말인 듯하다.

생명력을 잃고 접수된 나무는 아무 준비 없이 4차 산업혁명 시대를 맞이한 우리의 모습과 닮아 있다. 뿌리가 없는 접수는 대목에게 온전히 영양분을 공급받아야 하고, 새로운 환경에서 열매를 맺어야 한다. 4차 산업혁명 시대에 단단히 뿌리내릴 재능이 있는가? 지금부터 재능의 씨앗이 될 우리 아이의 강점 지능을 체크해보자(다중 지능 검사 체크리스트 참조).

단단히 뿌리내릴 재능 씨앗 찾기

미국의 심리학자 하워드 가드너는 일부의 능력을 측정하는 IQ 또는 EQ와 달리 인간의 지적 능력을 다양한 시각에서 바라보았다. 모든 사람은 8개의 지능을 갖고 있으며, 그중 어떤 지능이 발달하느냐에 따라 운동을 잘한다, 대인관계가 좋다, 음악적 재능이 있다 등으로 정의를 내린다. 우리 아이에게는 어떤 지능이 있는가? 4차 산업혁명 시대에 단단히 뿌리내릴 재능을 찾지 못했다면 우리 아이만의 강점지능을 찾는 것부터 시작해야 한다.

언어지능은 말과 글을 구사하는 능력이다. 언어지능이 높은 사람은 세상을 이해하는 능력이 뛰어나고 자신의 생각을 구조화해서 말하는 능력이 탁월하다. 아이가 발표력이 뛰어나고 토론에서 두각을 나타낸다면 언어지능이 높다고 볼 수 있다.

논리수학지능은 숫자나 규칙, 명제 등을 잘 익히고 만들어내는 능력이다. 논리수학지능이 높은 아이는 수에 대한 정확한 이해와 활용 능력이 뛰어나다. 또한 논리적 문제를 다른 사람들보다 훨씬 빨리 해결할 수 있다. 평소에 문제를 좀 더 쉽고 빠르게 해결하는 방법을 찾는 데 관심 있는 아이는 논리수학지능이 높다고 볼 수 있다.

음악지능은 멜로디와 박자를 쉽게 이해하고 창조하는 능력이다. 음악지능이 높은 아이는 사람의 목소리나 리듬, 소리 진동에 민감하고 음악의 유형을 구분할 수 있다. 한번 들은 음악이나 멜로디를 똑같이 연주하거나 소리에 민감한 아이라면 음악지능을 눈여겨봐야 한다.

신체운동지능은 신체를 통해 생각이나 느낌을 표현하는 능력이다. 신체운동지능이 높은 아이들은 손재주가 뛰어나고 운동감각이 좋다는 말을 많이 듣는다. 아이가 땀을 뻘뻘 흘리면서도 운동을 즐기고, 뭔가를 뚝딱뚝딱 잘 만들어낸다면 신체운동지능을 눈여겨볼 필요가 있다.

공간지능은 공간을 인지하고 변형하거나 재창조하는 능력이다. 공간지능이 높은 아이는 길 찾기에 별 어려움을 느끼지 않고, 만들기나 그림 그리기를 좋아한다. 아이가 한번 갔던 길을 어렵지 않게 찾아가거나 입체 감각이 뛰어나다면 공간지능이 높다고 볼 수 있다.

대인관계지능은 타인의 감정에 적절하게 반응하고 관계를 이끌어나가는 능력이다. 대인관계지능이 높은 아이는 리더십이 있고 주변에 친구가 많다. 친구들과 있었던 일을 끊임없이 얘기하거나, 친구들을 자주 집으로 데리고 온다면 대인관계지능이 높다고 볼 수 있다.

자기성찰지능은 자신의 심리와 정서를 파악하고 표출하는 능력이다. 자기성찰지능이 높은 아이는 감정 조절 능력이 뛰어나고 자존감이 높다. 아이가 뭔가에 실패했더라도 아무렇지 않게 툴툴 털어내고 다시 시도한다면 자기성찰지능이 높다고 볼 수 있다.

자연친화지능은 환경을 인식하고 분석하는 능력이다. 평소 동물과 숲, 자연을 좋아하는 아이라면 자연친화지능이 높은 것이다.

하나의 재능이 또 다른 재능을 만들다

미국 캘리포니아 주의 길로리에 있는 봉판테 가든에는 25그루의 '서커스 나무'가 있다. 평범할 수 있었던 서커스 나무는 정체성이 흔들리지 않을 정도의 자연스러운 접목을 통해 특이하고 새로운 모양을 만들어냈다.

출처 : http://www.gasengi.com

뿌리 깊은 재능은 다양한 분야에서 또 다른 재능을 만들어낸다. 아리스토텔레스는 철학과 역사, 수학에 해박한 지식을 갖고 있었으며, 레오나르도 다빈치는 미술, 물리, 천문학, 수학, 기계 등 다양한 분야의 재능을 갖고 있었다.

혹여 그냥 웃어넘겼거나 지나쳐버린 우리 아이의 재능이 있는가? 우리 아이가 다재다능하다면, 그런 재능이 단단한 대목이 될 수 있도록 관심을 기울여야 한다.

무엇도 확실하지 않은 4차 산업혁명 시대에 부모가 자녀에게 물려줄 수 있는 유일한 자산은 재능을 키워주는 것이다. 4차 산업혁명 시대, 튼튼한 대목으로 재능의 뿌리를 내리는 것에서부터 이 책은 출발한다.

재능을 키우는 과정은 나무를 키우는 과정과 같다

1만 시간의 학습과 경험이 필요한 재능 씨앗 키우기

사실 모든 부모들은 천재를 키워본 경험이 있다. 태어날 때부터 뭐 하나 잡으면 놓지 않는 집념은 타의 추종을 불허하고, 천재적인 운동신경은 가르쳐주지 않았는데도 그 어려운 뒤집기를 해낸다.

그뿐인가? 어떤 상황에서도 대소변 의사를 표현하는 데 거침이 없고, 풍월로 듣고서도 스스로 언어를 깨우치니 말해봐야 입만 아플 뿐이다. 그렇게 천재를 키웠음에도 불구하고 우리 아이에게 재능이 없음을 걱정하고 있다.

사람은 누구나 잠재력을 가지고 있으며, 재능이 싹을 틔우고 나무로 자라기까지 수많은 인내와 경험의 시간이 필요하다. 에디슨이 백열전구 발명을 위해 떠올린 아이디어는 3천 개에 달했지만 그중

타당성을 입증한 것은 2개에 불과했다. 맬컴 글래드웰은 《아웃라이어》에서 한 가지 일에서 큰 성과를 내려면 1만 시간의 학습과 경험이 필요하다고 말했다. 아인슈타인, 프로이트, 피카소는 하루에 평균 3시간, 일주일에 20시간씩, 최소 10년의 집중적인 학습과 훈련을 통해 비약적인 성장을 이뤘다.

4차 산업혁명 시대에 대목이 될 만한 우리 아이만의 잠재력은 무엇인지, 무엇이 1만 시간을 거쳐 열매를 맺을지 알 수 없다. 다만 변한다는 사실 외에 확실한 것이 없는 4차 산업혁명 시대에 다재다능한 재능의 씨를 뿌려두는 것이 가장 확실하고 현실적인 대안임은 분명하다.

씨를 뿌리기 전에 살펴야 할 것

재능을 키우는 것은 나무를 키우는 것과 같다. 우리 아이의 잠재력을 발견했다면 재능의 씨를 뿌리기 전에 가장 먼저 살펴봐야 할 것이 기후이다. 우리는 지금 4차 산업혁명이라는 새로운 기후에 놓여 있다. 이 새로운 기후의 강수량과 풍량이 어떤지 살펴보는 것은 재능의 씨앗을 뿌리기 위한 기초 작업이다. 시베리아에 열대나무를 심을 수 없고, 열대지방에 침엽수를 심을 수는 없다.

4차 산업혁명 시대의 기후를 이해했다고 재능 심기가 끝나는 것은 아니다. 어떤 땅에 재능을 심을 것인지도 살펴봐야 한다. 자녀에게 토양이 되는 것은 부모이다. 열대우림은 보기에는 양질의 토양인 것 같지만, 비가 너무 많이 내려 땅의 모든 영양분이 다 빠져나가기 때문에 나무를 키우기에 좋은 환경이 아니다.

열대우림의 화전농업은 식물이나 나무를 태운 재를 거름으로 농사를 짓기 때문에 거름이 다 소비되면 다른 지역으로 이동해야 한다. 우리도 젊음을 불태우며 그동안 마련했던 터전을 버리고, 온라인과 오프라인의 물리적 경계가 없는 4차 산업혁명의 터전으로 이동해야 하는 상황에 놓여 있다. 이제 우리는 그 어디에도 없었던 새로운 시대에 터를 잡아야 한다.

토양이 어떤지 잘 살펴봤다면 그다음으로 땅의 위치가 중요하다. 이 책에서는 교육의 변화와 흐름을 읽고, 목적 있는 교육을 하고 있는지에 따라 부모를 평지와 경사지로 구분한다. 경사지에 심는 나무는 더 단단히 뿌리내려야 하므로 많은 시간이 소요된다. 경사지에 심을지 평지에 심을지에 따라 재능을 심는 방법과 뿌리내리는 방법이 다르다.

재능의 씨앗을 심기 전 척박한 땅에 거름을 주어 옥토로 바꾸는 작업은 만만한 일이 아니다. 너무 많은 거름은 씨앗을 태우고, 너무 적은 거름은 영양분을 제공하지 못한다. 자녀의 재능을 키우는 것도 마찬가지다. 어떤 부모는 너무 많은 관심으로 아이의 재능을 타들어가게 하고, 어떤 부모는 무관심으로 아이의 재능을 마르게 한다. 자녀를 키우는 데 적당함이란 참 어려운 기준이다.

재능의 씨앗을 심을 준비가 됐다고 남의 땅에 내 마음대로 나무를 심을 수는 없다. 다음으로 관련 법규와 지역 상황을 알아야 한다.

재능 키우기에서 관련 법규는 입시제도와 교육 방향을 뜻한다. 아이의 재능을 키우는 데 필요한 입시제도와 4차 산업혁명 시대에 대비한 국내외 교육의 흐름을 파악하는 것은 새로운 터전에 안전하게 뿌리내리기 위한 방안이다.

이제 모든 것이 준비됐다면 재능의 씨앗을 심는 일만 남았다. 4차 산업혁명 시대에 흔들리지 않는 대목의 뿌리를 내릴 수 있도록 지금부터 우리 아이만의 '재능 포트폴리오'를 시작해보자. 이 책을 읽어 내려가다 보면 어느새 한 그루의 재능 나무가 뿌리를 내리고 있을 것이다.

접목할 것인가?
접수될 것인가?

낙타와 코

사막을 건너던 주인과 낙타가 있었다. 날이 어두워지자 밤 추위를 견디기 어려웠던 주인은 텐트를 치고 잠자리에 들었다. 한창 단잠에 빠져 있던 주인은 이상한 소리에 잠을 깼다. 눈을 떠보니 낙타가 추위를 피해 텐트 안으로 코를 들이민 것이었다. 주인은 '코쯤이야' 하고 다시 잠을 청했다.

조금 더 지나자 또다시 이상한 소리가 들렸다. 이번에는 낙타의 머리가 텐트 안에 들어와 있는 것이 아닌가? 주인은 오죽 추웠으면 그러겠나 싶어 그냥 내버려두었다.

얼마나 지났을까? 주인은 뭔가에 짓눌린 듯한 기분으로 잠을 깼다. 이번에는 낙타 몸이 전부 텐트 안에 들어와 있었다. 결국 낙타에게 자리를 빼앗긴 주인은 텐트 밖으로 쫓겨나 추위에 떨면서 밤을 새워야 했다.

중동의 우화 '텐트 속의 낙타와 코'는 자칫 방심하다가는 큰 낭패를 겪을 수 있다는 교훈을 담고 있다. 4차 산업혁명 시대에 인공지능과 사물인터넷이 가져다준 편리함을 간과하다 일자리를 빼앗길 처지에 놓인 우리의 모습과 닮아 있다.

변화에 잘 적응한 종이 살아남는다

영국의 생물학자 찰스 다윈은 가장 똑똑하고 강한 종이 살아남는 것이 아니라 변화에 가장 잘 적응한 종이 살아남는다고 말했다.

1994년 스탠퍼드 대학교 박사과정에 있던 제리 양과 데이비드 필로는 논문에 필요한 정보를 찾기 쉽게 분류한 웹사이트 목록을 만들었다. 이 목록은 당시 스탠퍼드 대학교 학생들에게 폭발적인 인기를 끌었고, 1995년 세상에 선보이게 되었다. 이 사이트가 2000년대 초반 닷컴 시대를 열었던 '야후!'다. 한때 마이크로소프트가 446억 달러에 사겠다고 제안했던 '야후!'는 시대의 변화를 받아들이지 못했고, 후발주자인 구글과 페이스북에 밀려 2016년 고작 48억 달러에 매각되었다.

세계 최초로 디지털카메라를 개발한 것은 필름으로 유명한 코닥이다. 하지만 코닥은 주력 상품인 필름이 시장에서 사라질 것이 두려워 디지털 기술 개발과 마케팅에 소극적이었다. 결국 코닥은 디지털 방식에 적응하지 못하고 아날로그 방식을 고집하다 2012년 파산보호 신청을 했다. 달에서 촬영한 사진을 전 세계에 전달하며 130년의 역사를 써 내려온 코닥은 결국 역사 속으로 사라지고 말았다.

시대 변화를 따라가지 못했지만 지옥에서 살아 돌아온 기업도 있다. 애플보다 먼저 스마트폰과 터치스크린 폰을 출시했던 노키아는 아이폰의 등장으로 내리막길을 걷다가 2013년 핵심 부문인 모바일 사업부를 매각했다. 그러나 통신 장비 분야의 혁신으로 재도약에 성공했다.

한때 필름 시장을 장악했던 후지필름도 디지털카메라의 등장으로 위기를 맞았지만, 필름의 주원료였던 콜라겐 처리 기술을 응용해 화장품을 개발했다. 그뿐 아니라 필름 개발 과정에서 얻은 화학 합성물질을 연구하여 독감 치료제를 만들었고, 2018년에는 제록스를 인수해 사업 영역을 넓히고 있다.

직업의 생성과 소멸이 더욱 빨라진다

미래학자 토머스 프레이는 4차 산업혁명이 도래하면 10년 이내에 현존하는 직업 가운데 60%가 사라질 것이라고 말했다. 정형화된 업무는 로봇이나 인공지능(AI)으로 빠르게 대체되고, 직업의 생성과 소멸도 더욱 빨라질 것이다.

4차 산업혁명 시대에는 지금 전망 있는 직업의 가치가 하락할 수도 있고, 별 볼일 없어 보이는 직업이 높은 수익을 창출하는 미래 직업이 될 수도 있다.

시대별 인기 직업을 살펴보면, 한국전쟁 이후 군장교가 유망 직업으로 떠올랐고, 1950년대는 고등고시가 실시되면서 공무원이 최고의 결혼 상대로 꼽혔다. 1957년 삼성이 국내 최초로 신입사원 공채를 실시하면서 사무직의 인기가 높아졌으며, 1969년 대한항공이 출범하면서 제복을 입고 전 세계를 여행하는 파일럿과 승무원은 '하늘의 꽃'이라 불리며 인기 직업으로 떠올랐다.

1970년대는 수출 중심의 중화학공업 정책으로 무역업이 주목을 받았고, 1980년대는 금융 산업이 성장하면서 은행원이 가장 인기 있는 직종으로 떠올랐다. 1988년에는 서울올림픽을 계기로 외교관과 통역사 등이 인기 직업으로 부각되었고, 1990년대는 정보통신 분야, 애널리스트, 외환 딜러 등이 고임금으로 주목받았다.

인터넷의 발달은 IT 분야의 프로그래머와 웹마스터 등을 인기 직업으로 끌어올렸으며, 1997년 IMF 이후에는 교사와 공무원 등 안정적인 직업을 선호했다. 21세기에 들어서는 한의사와 공인회계사, 생명공학이 선호 직종으로 부각됐다.

2019년 한국고용정보원이 4차 산업혁명 시대의 미래 유망 직업 15개를 선정했다. 사물인터넷, 빅데이터 전문가 등 15개 모두 신기술과 관련된 전문 직종으로 소프트웨어 활용 능력 및 데이터 분석 능력이 요구되는 직업군이다.

기술이 진보함에 따라 인간만이 할 수 있다고 믿었던 일들이 점점 기계화되고, 직업의 생성과 소멸 속도는 더욱 가속화되고 있다.

4차 산업혁명 시대가 요구하는 역량이 튼튼한 뿌리를 내려 대목이 될 수도 있고, 영양분이 없는 나무로 자라 접수될 수도 있다.

접목할 것인가, 접수될 것인가? 우리 아이의 재능과 어떤 직업이 어울릴지, 어떤 재능의 뿌리를 내려야 튼튼한 대목으로 성장할 수 있을지 면밀히 검토해봐야 할 때이다. 적어도 낙타에게 텐트를 빼앗기는 일이 없도록 말이다.

| 미래 유망 직업 15선 |

	직업명	설명
1	사물인터넷 전문가	가전제품이나 생산설비, 각종 부품(엔진 등)의 사물에 각종 센서를 부착하여 이들 사물이 서로 정보(데이터)를 인터넷으로 주고받도록 하는 기술 환경을 개발 및 구축하거나 사물인터넷 서비스를 기획.
2	인공지능 전문가	사람의 뇌 구조에 대한 지식을 바탕으로 컴퓨터나 로봇 등이 인간과 같이 생각하고 결정을 내릴 수 있도록 알고리즘을 개발.
3	빅데이터 전문가	매우 빠르게 생산되고 있는 거대한 데이터를 실시간으로 수집 및 저장하고, 이 데이터를 분석해 가치 있는 정보를 추출하는 일.
4	가상현실/증강현실 전문가	• PD(가상현실/증강현실 콘텐츠 기획자) : 가상현실 또는 증강현실 콘텐츠를 기획하거나 시나리오를 작성. • 프로그래머 : VR/AR 제작용 컴퓨터 툴을 사용하여 프로그래밍. • 컴퓨터그래픽 디자이너 : 캐릭터나 배경 등 그래픽 영상을 디자인하고 표본으로 제작. • 그 외 특수 장비를 사용해 VR 영상을 전문으로 촬영.
5	생명과학 연구원	생물학, 의약, 식품, 농업 등 생명과학 분야의 이론과 응용에 관한 연구를 통해 다양하고 복잡한 생명 현상을 탐구하고 이와 관련된 기술을 적용.
6	정보보호 전문가	IT 보안 전문가라고도 하는데, 컴퓨터와 인터넷상의 해킹과 바이러스로부터 디지털 정보를 보호.

7	로봇공학자	서비스 로봇(교육용 로봇, 청소 로봇, 이동용 로봇 등)이나 산업용 로봇(제조용 로봇, 용접 로봇, 건설용 로봇 등), 협업 로봇(코봇, collaborative robot), 웨어러블 로봇 등을 연구·개발, 제작, 유지·관리.
8	자율주행차 전문가	정보통신기술(ICT), 인공지능, GPS(위성항법 시스템) 등의 최신 기술을 적용해 안전하게 자율주행이 가능한 자동차를 연구하고 개발.
9	스마트팜 전문가	스마트팜 관련 기술과 장비를 개발하고 설치하며, 스마트팜 도입을 희망하는 농업인에게 컨설팅과 교육을 실시.
10	환경공학자	공학적인 원리를 활용하여 대기환경, 수질환경, 폐기물환경, 토양환경, 해양환경 등 다양한 환경문제를 해결하기 위한 각종 연구와 조사, 환경영향평가 업무.
11	스마트 헬스케어 전문가	건강 측정기 등 액세서리나 웨어러블 기기를 활용하여 개인이 스스로 운동량, 심전도, 심장박동 등을 체크해 건강을 관리할 수 있는 헬스케어 서비스를 기획하거나 건강관리 애플리케이션을 개발.
12	3D 프린팅 전문가	• 3D 프린터 개발자 : 3D 프린터 또는 부품의 성능 향상을 위한 연구·개발. • 3D 프린터용 재료 기술자 : 3D 프린터에 사용될 다양한 재료를 연구하고 생산. • 3D 프린팅 컨설턴트 : 기업이 제품 생산 과정에 3D 프린팅 기술을 접목하고자 할 때 기술 자문을 제공.
13	드론 전문가	• 드론 조종사 : 다양한 형태의 드론을 전문적으로 조종. • 드론 개발자 : 새로운 드론을 개발하거나 성능 향상을 위한 기술 개발.
14	소프트웨어 개발자	• 시스템 소프트웨어 개발자 : 컴퓨터 또는 컴퓨터가 내장된 로봇이나 산업설비 등 기계장치에 사용되는 컴퓨터 시스템의 동작, 제어 및 관리와 관련된 시스템 소프트웨어를 개발. • 응용 소프트웨어 개발자 : 컴퓨터 시스템을 특정 응용 분야에 사용하기 위한 소프트웨어를 개발.
15	신재생에너지 전문가	태양광, 태양열, 풍력, 지열, 수력, 수소, 연료전지, 바이오, 폐기물 등 전문 분야에 따라 에너지 기술을 연구하고, 시스템 및 모듈, 부품, 태양광 패널 등의 소재, 축전지, 에너지 최적화를 위한 제어 시스템 등을 개발

출처 : 고용노동부, 2019

예측대로 자라는 나무는 없다

예측 밖에 존재하는 디지털 네이티브 세대

19세기 덴마크의 철학자이자 사회비평가 키르케고르는 삶은 앞으로 나아가지만, 삶이 무엇인지는 삶의 뒤편에서 알 수 있다고 했다. 아무리 많은 정보가 있어도 미래의 삶을 예측하기 어렵다. 통계를 바탕으로 한 예측도 극히 제한적인 가능성을 이야기할 뿐이다. 그런데도 인간은 현재를 해석하고 미래를 예측하려 하고 자신의 예측이 맞지 않으면 스트레스를 받는다.

1990년 중반 이후에 태어난 디지털 네이티브 세대도 예측 밖에 존재한다. 디지털 네이티브 세대란 말은 미래학자이자 교육자인 마크 프렌스키가 처음 사용한 말이다. 구글이 생긴 이후에 태어난 사람들은 인터넷이 살아가는 환경의 일부이며 인터넷 없는 세상은 알지 못한다. 이제 겨우 걸음마를 뗀 아이들이 본능적으로 스마트폰의 스크린을 밀어 화면을 넘기는 모습을 쉽게 찾아볼 수 있다. 코딩을 배운 적이 없는데도 블록코딩으로 알고리즘을 척척 설계하며, 앱을 다운로드해 영상을 깔끔하게 편집한다. 디지털 네이티브 세대가 정보를 받아들이고 이해하는 능력은 우리 세대와는 확연히 다르다.

예측한 대로 정의되는 미래는 없다

2019년 교육부가 전국 초·중·고등학생 2만 4,783명을 대상으로 한 설문조사에 따르면 초등학생들이 희망하는 직업 3순위가 유튜브 크리에이터로 나타났다. 하루 종일 고시원에서 생활하는 모습, 혼자 인형을 갖고 역할극을 하는 모습, 엄청난 양의 음식을 먹는 모습 등을 담은 동영상을 보면서 아이들은 너무 재미있어한다.

더 놀라운 사실은 성인의 63%가 유튜버를 꿈꾼다는 것이다. 2019년 구인구직 매칭 플랫폼 기업 사람인의 조사 결과에 따르면, 성인 남녀 3,543명 중 63%가 유튜버에 도전할 의향이 있으며 부업이나 취미로 월평균 396만 원의 수입을 기대하는 것으로 나타났다. 시끄럽고 요란하며 쓸데없는 일이라고 평가절하했던 유튜버가 이제 꿈의 직종으로 거듭나고 있다. 우리가 예측한 대로 정의되는 미래는 없다. 그러기에는 우리의 경험치가 너무 짧지 않은가?

특별함은 바라보는 시각의 차이에서 비롯된다

우리 아이에게 특별한 재능이 없음을 한탄하고 있는가? 공부는 뒷전이고 매일 컴퓨터 앞에 앉아 시간가는 줄 모르는 아이를 보며 미래를 낙담하고 있다면 아이의 특이함을 특별함으로 바꿀 발상의 전환이 필요하다. 특별함은 바라보는 시각의 차이에서 비롯된다.

사과농장에 큰 태풍이 몰아쳐 사과의 90%가 떨어졌다. 태풍을 예측할 수 없었던 대부분의 농민들은 농사를 망쳤다고 우울해했다. 그런데 단 한 사람은 남은 10%의 사과를 '안 떨어지는 사과', 즉 '합격 사과'라고 이름 붙여서 예년보다 더 많은 흑자를 남겼다. 모두가 망쳤다고 말했을 때 발상의 전환으로 전화위복의 계기를 만든 것이다.

부모조차 포기할 수 있었던 아이

매일 쉽게 짜증 내고 장난감을 집어던지던 아이가 있었다. 빨랫비누로 세수를 하고, 걸레로 얼굴을 닦고, 재떨이에 음식을 담아 먹는 데다, 발바닥에 땀이 너무 많이 나서 양말을 신고 다니지 않겠다고 우기는 아이에게도 재능이 있다고 생각할 수 있을까?

재능의 씨앗을 심어보기도 전에 부모가 포기할 수 있었던 이 아이는 20세기 최고의 과학자 앨버트 아인슈타인이다. 수학과 물리학뿐만 아니라 자연과 인생에 대해서도 끊임없는 호기심과 통찰을 가졌던 아인슈타인은 부모조차 포기할 뻔한 아이였다.

고등학교 졸업시험 중 3~4개 과목에서 낙제점을 받고, 물리 과목은 빵점을 받은 아이가 있었다. 그는 여러 번의 재시험을 거쳐 겨우 졸업장을 받았다. 공부는 못했지만 낙서만큼은 타의 추종을 불허했던 아이는 학교를 졸업하고 디즈니 스튜디오에 일자리를 구하는 메일을 보냈다.

디즈니에서 일자리를 얻지 못한 아이는 스스로 만화를 그려서 팔아야겠다고 생각했다. 이 아이가 그린 만화가 〈피너츠〉와 〈찰리 브라운〉이다. 스누피의 아버지 찰스 슐츠는 실제 자신의 모습처럼 하는 일이 서툴러도 미워할 수 없는 루저(looser) 캐릭터 찰리 브라운을 만들어냈다.

무엇이 삶의 진리가 될지 예측할 수 없다

우리는 가끔 자녀의 미래를 예측하고, 아이가 가는 길에 어려움이 없도록 미리 터를 닦아두려고 한다. 선행학습을 시키는 것도, 경시대회를 비롯해 수많은 경합에 아이를 내보내는 것도 모두 실전을 대비한 연습이다.

분석심리학자이자 정신의학자인 칼 융은 "인생의 아침 프로그램에 따라 인생의 오후를 살 수 없으며, 아침에 위대했던 것들이 오후에는 보잘것없고, 아침에 진리였던 것이 오후에는 거짓이 될 수도 있다"고 말했다.

우리가 맞이할 4차 산업혁명 시대도 마찬가지다. 어쩌면 그것이 무엇인지도 모른 채 우리가 진리라고 믿는 방법으로 아이의 삶을 준비하고 있다. 그것이 거짓이 될지 진리가 될지 아무도 알 수 없다.

예측한 대로 자라는 나무는 없다. 다만 재능의 씨앗을 심고 열매가 맺힐 때까지 기다림의 시간이 필요할 뿐이다. 적절한 시기에 거름을 주고, 가지치기를 하고, 바람에 흔들리지 않게 지지대를 설치해주는 것, 이것이 4차 산업혁명 시대에 부모가 자녀에게 해줄 수 있는 가장 바람직한 터 닦기다.

단단히 뿌리내릴 내 아이만의 '재능심기'

씨 뿌리고 거둬들여야 할 창의적 융합적 사고

4차 산업혁명은 물리적 영역과 디지털 영역, 생물학 영역의 경계가 없는 융·복합 산업혁명이다. 로봇이 우리와 함께 생활하고, 플라잉 자동차를 타고 다니며, 3D 프린터로 신체조직을 만들어낼 수도 있다.

인류는 세 차례의 산업혁명을 겪었고, 그때마다 줄어드는 일자리 문제를 해결하기 위해 홍역을 치러야 했다. 1차부터 3차 산업혁명이 하드웨어에 기반을 둔 기술 혁신이었다면, 4차 산업혁명은 소프트웨어에 기반을 두고 있다. 이러한 시대에 꼭 필요한 역량은 창의적이고 융합적인 사고다.

2013년 영국의 과학전문지 《네이처》는 세계 10대 천재를 선정 발표했다. 《네이처》의 특성상 과학자가 다수를 차지하리라는 예상과 달리 레오나르도 다빈치, 아테나 여신상을 조각한 피디아스, 미국의 3대 대통령 토머스 제퍼슨, 영국의 대문호 셰익스피어가 선정되었다. 아인슈타인은 턱걸이로 10위에 올랐고 에디슨과 빌 게이츠는 순위에 오르지도 못했다. 순위에 오른 이들은 모두 다방면에서 재능을 발휘한 천재들이었다.

재능을 발현할 최적의 환경이 필요하다

스페인 태생의 입체파 화가 파블로 피카소가 도예가이자 판화가, 희곡작가, 시인으로 활동한 사실은 잘 알려지지 않았다. 피카소는 예술에 대한 열정을 다양한 장르로 표현했는데 156편의 삽화를 그리고 340편의 시를 썼으며, 〈오르가스 백작의 매장〉이라는 희곡도 발표했다. 당시 피카소는 의식의 흐름에 따른 파격적인 작품을 선보였는데 화가의 능력에 비해 작가로서의 역량은 빛을 발하지 못했다.

피카소의 능력이 발현되고 뿌리내린 곳은 미술의 본고장 파리였다. 피카소가 스페인을 떠나 파리로 향한 것은 자유분방한 성격과 높은 예술적 감각을 받아줄 수 있는 최적의 공간이 파리였기 때문이었다.

재능의 선택과 집중이 필요하다

세계적인 테너 루치아노 파바로티는 어릴 때부터 음악적 재능이 발현되었다. 빵장수였던 아버지는 파바로티의 재능을 키워주려고 애썼지만 파바로티는 교육자의 길을 택했다. 성악가가 되지 않았으면 체육교사가 됐을 거라고 종종 말했던 파바로티는 축구광이었고 승마도 즐겼다.

자동차 운전과 그림 그리는 것을 좋아했던 파바로티는 항상 아이펜슬로 자신의 수염과 눈썹을 진하게 화장하는 것으로도 유명했다. 교육대학 졸업을 앞두고 성악에 대한 열의가 다시 불타오른 파바로티에게 그의 아버지는 이런 말을 했다.

"서로 멀리 떨어져 있는 의자에 동시에 앉으려 한다면 너는 바닥에 떨어질 것이다. 의자에 앉으려면 하나를 선택해야 하고, 그 선택은 스스로 해야 한다."

이 말은 파바로티가 다시 성악을 선택하는 데 가장 큰 영향을 끼쳤다.

아무리 뛰어난 능력이 있어도 제도나 환경이 조성되지 않으면 능력을 발휘하기 힘들다. 어떤 재능이 역량이 되기까지는 스스로의 노력뿐 아니라 주변 환경과 조력자, 가정환경, 학습 환경이 뒷받침되어야 한다. 피카소는 재능을 인정받을 수 있는 환경이 있었고, 파바로티가 자신의 재능을 선택할 수 있었던 데는 아버지의 영향이 컸다.

재능은 욕구에 의해 발달한다

그렇다면 우리 아이의 재능은 어떻게 발달하는 것인가? 재능은 욕구에 의해 발달한다. 미국의 심리학자 에이브러햄 매슬로는 인간의 욕구가 하위에서 상위로 계층적 단계에 따라 형성된다고 말한다. 하위 단계의 욕구가 충족되어야 그다음 단계의 욕구가 발달한다는 것이다. '생리적 욕구'와 '안전의 욕구', '소속과 존중의 욕구' 다음에 나타나는 것이 '자아실현의 욕구'다.

자아실현의 욕구란 자신의 재능과 잠재력을 발휘하여 성취해나가려는 최고 수준의 욕구다. 이것은 욕구가 충족될수록 더욱 증진되는 성장 욕구다. 결핍 욕구는 한번 충족되면 더 이상 동기로서 작용하지 않지만 성장 욕구는 계속해서 증진된다.

욕구 실현을 위한 동기 유형

동기란 욕구가 어떤 행동을 일으키는 요인으로 작용하는 것을 말한다. 어떤 일에 흥미를 느낄 때 생기는 자발적 동기를 내적 동기라고 하며, 외부의 자극에 의해 생기는 동기를 외적 동기라고 한다.

외적 동기는 보상과 처벌 등과 같은 외부적 요인에 의해 발달한다. 외적 동기가 강한 경우 단시간에 변화가 나타나지만 시야가 좁고 창의력을 발휘하기 힘들다. 반면 내적 동기는 행동을 점차적으로 변화시키면서 오래 지속된다. 아이 스스로 하고 싶은 일을 결정하고 필요한 일들을 계획하는가? 그렇지 않다면 부모의 바람대로 해야 할 일들을 해내고 있는가? 우리 아이가 처벌과 보상의 외적 동기에 집중하고 있다면 내적 동기를 높일 수 있는 환경의 변화가 필요하다. 다음 페이지에 있는 동기 유형 체크리스트와 다중지능 검사 체크리스트를 통해 우리 아이에게 맞는 재능의 씨앗이 무엇인지 점검해보자. 적어도 하나쯤은 재능의 씨앗을 발견할 수 있을 것이다. 그 씨앗이 잘 뿌리내릴 수 있도록 끊임없이 관심을 가지고 지켜보기 바란다.

| 동기 유형 체크리스트 |

	문항	예	아니오
1	내가 하는 일을 다른 사람들이 알지 못한다면 아무런 소용이 없다고 생각한다.		
2	내가 이 활동을 잘한다고 생각할 때 기분이 아주 좋다.		
3	대부분 나는 이 활동을 정말로 좋아한다는 느낌 없이 그저 아무 생각 없이 할 뿐이다.		
4	나는 이 활동을 할 때 어떻게 할 것인지를 스스로 결정하기를 좋아한다.		
5	나는 이 활동을 할 때 다른 사람이 어떻게 하라고 알려줄 때가 좋다.		
6	나는 이 활동을 더 이상 못하게 될 때 정말로 실망한다.		
7	나는 다른 사람들이 내가 이 활동을 잘한다고 말하기 때문에 이 활동을 한다.		
8	나는 이 활동을 하는 것이 무척 재미있다.		
9	나는 이 활동이 하기 쉬울 때 가장 좋아한다.		
10	때때로 이런 활동을 할 때 나는 시간 가는 줄 모른다.		
11	나는 친구들보다 이 활동을 더 잘한다고 생각할 때 재밌다.		
12	이 활동을 할 필요가 없다고 생각하면 하고 싶지 않다.		
13	지금 하고 있는 이 활동을 통해 장래 유명해지기를 바란다.		
14	나는 공부를 할 때 나 자신에 관한 새로운 사실을 발견한다.		
15	나는 이 활동을 함으로써 상이나 선물을 받기를 원한다.		

16	나에게 이 활동은 대단히 중요하다.		
17	나는 이 일을 할 수 있게 해달라고 부모님을 조른다.		
18	내가 이것을 했을 때 부모님이나 선생님이 여러 가지 좋은 얘기를 들려주실 거라고 생각한다.		
19	나는 이 활동을 할 때 내가 정말 배우고 싶은 것을 배운다고 느낀다.		
20	여러 가지 할 일 중에서 하나를 선택하라고 하면 나는 이 활동을 선택한다.		
21	내가 얼마나 이 활동을 잘하는지 선생님이나 부모님께서 알아주시면 좋겠다.		
22	내가 이 활동을 하는 것은 이 활동에 호기심이 많기 때문이다.		
23	나는 장래 이 활동을 통해 돈을 벌고 싶다.		
24	나는 이 활동을 할 때 다른 사람이 봐주기를 원한다.		
25	나는 이 활동을 위해 도전을 하면 할수록 더 재미있다.		
26	내가 이 활동을 하는 것은 부모님이나 선생님께서 내가 그 분야에 소질이 있다고 이야기하기 때문이다.		
27	내가 한 활동을 돌아보기를 좋아한다.		
28	내가 이 활동을 하는 이유는 거의 부모님이나 선생님께서 원하기 때문이다.		
29	나는 이 활동을 할 때 나 스스로 상황 파악하기를 좋아한다.		
30	나는 이 활동을 할 때나 끝났을 때 다른 사람들이 어떻게 평가할지에 대해 생각한다.		
31	나는 이 활동을 일이라기보다는 즐거운 놀이라고 생각한다.		
32	가끔 나는 이 활동을 하고 있는 동안 모든 것을 잊어버린다.		

검사 실시 방법

1. 위의 문항을 읽고 자신에게 알맞은 답변을 선택한다.
2. 답변을 유형별로 분류한다.
   내적 동기 : 2, 4, 6, 8, 10, 14, 16, 17, 19, 20, 22, 25, 27, 29, 31, 32
   외적 동기 : 1, 3, 5, 7, 9, 11, 12, 13, 15, 18, 21, 23, 24, 26, 28, 30
3. 내적 동기와 외적 동기의 점수를 각각 합산한다. (예 1점, 아니오 0점)

테스트 결과

내적 동기의 점수가 높으면 자신의 흥미나 욕구, 만족감에 의해 활동하는 것이고, 외적 동기의 점수가 높으면 칭찬이나 보상, 경쟁심에 의해 활동한다고 볼 수 있다.

출처 : 《내 아이를 위한 창의성 코칭》, 문정화(애머빌 동기 유형 검사)

| 다중지능 검사 체크리스트 |

	문항	① 전혀 그렇지 않음	② 그렇지 않음	③ 보통임	④ 그러함	⑤ 매우 그러함
1	취미 생활로 악기 연주나 음악 감상을 즐긴다.					
2	운동경기를 보면 운동선수들의 장단점을 잘 짚어낸다.					
3	어떤 일이든 실험하고 검증하는 것을 좋아한다.					
4	손으로 물건을 만들고 그림 그리는 것을 좋아한다.					
5	다른 사람보다 어휘력이 좋은 편이다.					
6	친구나 가족들의 고민거리를 들어주거나 해결하는 것을 좋아한다.					
7	나 자신을 되돌아보고 앞으로의 생활을 계획하는 것을 좋아한다.					
8	자동차에 관심이 많고 각각의 공통점과 차이점을 잘 알고 있다.					
9	악보를 보면 그 곡의 멜로디를 어느 정도 알 수 있다.					
10	평소에 몸을 움직이며 활동하는 것을 좋아한다.					
11	교과 중에서 수학이나 과학 과목을 좋아한다.					
12	어림짐작으로도 길이나 넓이를 비교적 정확히 알아맞힌다.					
13	글이나 문서를 읽을 때 문법적으로 어색한 문장이나 단어를 잘 찾아낸다.					
14	학교에서 왕따가 왜 발생하고 어떻게 해결하면 좋을지 알고 있다.					
15	나의 건강 상태나 기분, 컨디션을 정확히 파악할 수 있다.					
16	옷이나 가방을 보면 어떤 브랜드인지 바로 알아맞힐 수 있다.					
17	다른 사람의 연주나 노래를 들으면 어떤 점이 부족한지 알 수 있다.					
18	어떤 운동이라도 한두 번 해보면 잘할 수 있다.					
19	다른 사람의 말속에서 비논리적인 점을 잘 찾아낸다.					
20	다른 사람의 그림을 보고 평가를 잘한다.					
21	어릴 때 꿈은 작가나 아나운서였다.					

22	다정다감하다는 이야기를 자주 듣는다.					
23	내 생각이나 감정을 상황에 맞게 잘 통제하고 조절한다.					
24	동물이나 식물에 관해 많은 정보를 알고 있다.					
25	다른 사람과 노래할 때 화음을 잘 넣는다.					
26	운동을 잘한다는 말을 자주 듣는다.					
27	학교 생활에서 발생하는 문제를 해결하는 절차와 방법을 잘 알고 있다.					
28	내 방을 꾸밀 때 어떤 재료를 사용해야 하고 어떻게 배치해야 할지 잘 안다.					
29	글을 조리 있고 설득력 있게 쓴다는 말을 자주 듣는다.					
30	학교 친구나 선생님의 기분을 잘 파악하고 적절하게 대처한다.					
31	평소에 내 능력이나 재능을 개발하기 위해 노력한다.					
32	동물이나 식물을 좋아하고 잘 돌본다.					
33	악기를 연주할 때 곡의 음정, 리듬, 분위기를 정확하게 표현한다.					
34	뜨개질이나 조각, 조립과 같은 섬세한 손놀림이 필요한 활동을 잘한다.					
35	물건의 가격이나 은행 이자 등을 잘 계산한다.					
36	그림 그리기나 만들기를 잘한다는 칭찬을 받은 적이 있다.					
37	책이나 신문의 사설을 읽을 때 내용을 잘 이해한다.					
38	가족이나 선배, 친구 등 누구와도 잘 지내는 편이다.					
39	나의 일정을 다이어리에 정리하는 등 규칙적인 생활을 위해 노력한다.					
40	현재 동식물과 관련된 취미를 갖고 있거나 그런 쪽의 직업을 갖고 싶다.					
41	어떤 악기라도 연주법을 쉽게 익힌다.					
42	개그맨이나 탤런트 등 주변 사람들의 행동을 잘 흉내 낸다.					
43	어떤 것을 암기할 때 무작정 외우기보다는 논리적으로 이해하여 암기한다.					
44	새로운 지식을 습득할 때 그림이나 개념 지도를 그려가며 외운다.					

45	좋아하는 수업은 국어 시간과 글쓰기 시간이다.					
46	내가 속한 집단에서 내가 해야 할 일을 잘 찾아서 수행한다.					
47	어떤 일에 실패했을 때 원인을 분석해서 그런 일이 반복되지 않도록 노력한다.					
48	동식물이나 특정 사물이 갖는 특징을 분석하는 것을 좋아한다.					
49	빈칸에 어떤 곡을 채워보라고 하면 어렵지 않게 채울 수 있다.					
50	연기나 춤으로 내가 전하고자 하는 것을 잘 표현할 수 있다.					
51	어떤 문제가 생기면 성급하게 결론을 내리기보다 원인을 밝히려고 한다.					
52	고장 난 기계나 물건을 잘 고친다.					
53	다른 사람이 하는 말의 핵심을 잘 파악한다.					
54	다른 사람들 앞에서 발표나 연설을 잘한다.					
55	앞으로 어떻게 성공해야 할지에 대해 뚜렷한 신념을 가지고 있다.					
56	환경문제를 잘 해결할 수 있는 방법들을 많이 알고 있다.					

검사 실시 방법

1. 위의 문항을 읽고 자신에게 알맞은 답변을 선택한다.
   (① 전혀 그렇지 않음, ② 그렇지 않음, ③ 보통임, ④ 그러함, ⑤ 매우 그러함에 ✔표)
2. 답변을 유형별로 분류한다.
   A : 1, 9, 17, 25, 33, 41, 49　　B : 2, 10, 18, 26, 34, 42, 50
   C : 3, 11, 19, 27, 35, 43, 51　　D : 4, 12, 20, 28, 36, 44, 52
   E : 5, 13, 21, 29, 37, 45, 53　　F : 6, 14, 22, 30, 38, 46, 54
   G : 7, 15, 23, 31, 39, 47, 55　　H : 8, 16, 24, 32, 40, 48, 56
3. 가장 높은 점수를 차지한 항목이 나의 강점지능이다.

테스트 결과

A : 음악지능	B : 신체운동지능	C : 논리수학지능	D : 공간지능
E : 언어지능	F : 대인관계지능	G : 자기성찰지능	H : 자연친화지능

출처 : 서울특별시 교육연구정보원 검사지 사용

3장

내 아이의 재능을 발견하고 키우는 법

기후변화에 무릎 꿇은
바오바브나무가 주는 교훈

영원할 것 같았던 바오바브나무의 죽음

바오바브나무에 관한 재밌는 전설이 있다. 신이 심은 바오바브나무들이 밤만 되면 신의 눈을 피해 이리저리 돌아다녔다. 이를 알아차린 신이 인간과 동물들에게 위험할 수 있다고 생각해 거대한 바오바브나무를 다시 제자리로 옮겨 심었다. 그런데 바오바브나무들이 또 제멋대로 돌아다니는 것이 아닌가? 화가 난 신은 바오바브나무를 뽑아 아예 돌아다니지 못하도록 거꾸로 심어버렸다.

학술지 《네이처 플랜츠》에 따르면 최근 12년간 아프리카 남부에서 가장 오래된 바오바브나무 다섯 그루가 기후 변화를 견디지 못해 완전히 고사했다고 밝혔다. '생명의 나무'로 불리며 땅속 깊은 곳에서 수분을 끌어와 가뭄에 단비처럼 동물들에게 수분을 제공하고,

동물의 휴식처로 수천 년씩 서식하는 바오바브나무의 죽음은 기후와 환경의 변화를 안일하게 받아들인 우리 인간에게 경각심을 불러일으킨다.

출처 : 《성공하는 대학생들의 7가지 습관》(숀 코비, 한국리더십센터, 2015)

4차 산업혁명이 온다는 거야, 왔다는 거야?

"그래서 4차 산업혁명이 온다는 거야, 왔다는 거야?" 햄버거 가게 키오스크 앞에서 능숙하게 주문하는 동생의 말이다. 사물인터넷은 모르지만 스마트폰으로 'OK 구글'을 부르고, 버스 정류장에 도착하는 버스 정보를 실시간으로 확인하는 동생에게 4차 산업혁명은 아직 먼 일이다.

코딩 교육이 의무라고 하는데 아들이 컴퓨터 앞에 앉아 있는 꼴은 못 보겠고, 정작 본인은 스마트폰의 편리함을 다 누리면서 아이가 스마트폰을 만지는 순간 중독에 빠질까 걱정이다. 평소 사람들과 어울리는 것을 좋아하지 않으면서 친구를 잘 사귀어야 한다는 생각에 주야장천 아이 친구 엄마들과 어울려 수영이니 과학이니 부지런히 배우러 다닌다.

국어, 영어, 수학 학원을 보내면서도 미래를 위해 뭔가를 준비해야 할 것 같지만, 4차 산업혁명 시대에 어떤 것이 유망한지 알 수가 없다. 아이의 재능은 키워줘야겠는데 뭘 잘하는지 알 수 없으니 공부라도 하는 것이 낫지 않을까 생각하는 것이 비단 내 동생뿐만은 아닌 듯하다.

수학 사고력을 키우기 위해 연산 지옥을 아이에게 선사하는 엄마, 문제 해결 능력을 키우기 위해 문제란 문제는 다 풀게 하는 엄마, 비판적 사고를 기르기 위해 늘 비판적으로 아이를 바라보는 엄마들은, 내 아이가 4차 산업혁명 시대의 어떤 시련에도 살아남을 수 있는 바오바브나무와 같은 생명력을 갖길 바란다.

영원할 것 같던 바오바브나무의 죽음처럼 변하지 않을 것 같았던 교육과 학교가 변하고 있다. 이러한 4차 산업혁명 시대에 변화의 흐름을 인지해야 우리 아이가 서야 할 땅이 마르지 않고 강인한 생명력을 지킬 수 있을 것이다.

IMF 졸업하자 4차 산업혁명 태풍 만난 엄마 아빠

"옛날에는 좀 살았는데……." 부모 세대 한둘은 이런 이야기를 한다. 1997년 IMF 금융위기로 많은 기업과 인력들이 구조조정을 단행했고, 영세 사업자들의 줄도산이 이어졌다.

열심히 일하면 성과를 인정받을 수 있다고 믿었던 베이비부머 세대들은 '하면 된다'는 생각으로 경제부흥을 일으켰다. 자수성가의 전형적인 모델인 그들은 '개천에서 용 난다', '노력은 배신하지 않는다'며 사업을 시작했지만, 때마침 터진 IMF 금융위기는 그들을 두 번 다시 일어설 수 없게 만들었다. 가족이 해체되고 갈 곳 없는 아버지들이 한순간에 서울역 노숙자 신세로 전락했던 그 시대를 우리는 견뎌왔다.

아날로그와 디지털이 공존하던 시대에는 공부만 잘하면 명문대와 출세의 길을 어느 정도 보장받았다. X세대와 Y세대로 불리던 지금의 부모들은 너도나도 명문대 간판을 따기 위해 노력했다. 학교보다 많은 학원들이 생겨나고 사교육이 공교육을 위협하는 시대였다.

IMF 금융위기는 절대 무너지지 않는다는 교육업계에도 타격을 입혀, 주요 과목을 제외한 대부분의 학원들이 문을 닫았고, 안정적인 일자리를 찾아 의사나 변호사, 공무원의 길을 택한 사람들도 많았다.

등록금 마련을 위한 학자금 대출로 휴학과 복학을 반복하며, 그 어려운 취업의 관문을 뚫고 당당히 자기 분야의 전문가로 살아남은 우리 세대는 이제 4차 산업혁명이라는 생소한 기술 혁명을 마주하고 있다.

IMF 금융위기에는 그나마 전문직은 살아남을 수 있었다. 그러나 전문직이 가장 먼저 사라질 수 있다고 하는 4차 산업혁명 시대에는 자신의 미래도 예측할 수 없을뿐더러 아이들마저 어떤 방향으로 키워야 할지 모르는 태풍의 눈 앞에 서 있다. 4차 산업혁명의 태풍으로 어떤 피해를 입을지, 무엇을 지킬 수 있을지 알 수 없다. 도대체 이디서부터 왔는지 무엇을 준비해야 하는지 알아야 이 태풍을 견뎌낼 수 있을 것이다.

얼리어댑터 대한민국, 당황하지 말고 자연스럽게

저녁에 갓 만든 햄버거와 프렌치프라이를 먹는 맛을 아는가? 배고픔에 허덕이며 일하다 먹는 햄버거야말로 진리다. 시원한 콜라 한 모금을 곁들이면 그날 하루의 피로가 싹 풀리는 기분이다.

어느 날 햄버거 매장에 내 키보다 더 큰 기계가 들어왔다. 매장 중앙에 떡하니 버티고 서 있는 기계 앞에 사람들이 줄을 서 있다. 나도 일단 줄을 서야 할 것 같다. 최대한 긴장하지 않고 익숙한 듯이 앞 사람들이 어떻게 하는지 눈여겨본다.

카드를 넣고 빼는 것으로 보아 여기서 주문하는 것이 분명하다. 햄버거가 그려진 그림을 주저 없이 빠르게 선택하는 사람들을 보며 또 한 번 놀란다. 이거 나만 몰랐던 거야? 당황하지 않은 척, 뭐 그 정도는 나도 충분히 할 수 있다고 생각한다.

드디어 내 차례다. 눈치로 빠르게 메뉴를 선택하고 최대한 복잡하지 않게 옵션은 전부 '아니오'를 누르면 주문 성공. 그런데 결제 취소 버튼을 눌러버렸다. 당황하지 말고 다시 한 번 열심히 기계 앞에서 그림 맞추기를 한다.

한마디면 끝날 주문을 10번 이상 터치를 하자니 번거롭기 그지없고, 햄버거만 달랑 받아 나오는 것이 인간미 없어 보이기도 하지만 포인트나 현금영수증 때문에 전화번호를 일일이 말할 필요 없으니 어찌 보면 편한 것도 같다.

바로 앞에 서 있는 택시를 두고도 그 짧은 시간의 설명이 번거로워 카카오택시를 부르고, 모르는 사람에게 길을 묻기보다 길 찾기 앱을 선택하는 우리는 또 그렇게 새로운 것에 적응해나간다.

편리함을 받아들인 대가

그런데 여기에서 우리의 취업 생태계가 파괴되고 있다. 키오스크는 한 사람의 인력을 감축시킨다. 120만 원에 달하는 키오스크는 최저 시급으로 한 달 동안 한 사람을 고용하는 것보다 효율적이다. 키오스크 주문은 이제 동네 카페에서도 쉽게 찾아볼 수 있다.

사고력 수학학원에서 정말 어려운 문제를 풀던 아이들이 연산을 귀찮아하는 친구에게 5초면 문제를 풀어주는 앱을 소개한다. 어려운 문제가 생길 때마다 핸드폰을 들고 두 눈을 반짝이는 아이들은 이런 편리한 기능이 있는데 왜 일일이 계산해야 하는지 알 수 없다며 투덜거린다.

처음에는 단순 수식 문제를 풀어주는 수준이었던 문제풀이 앱은 이제 국어, 영어, 수학, 사회, 과학 등 모든 과목에서 도움을 받을 수 있다. 잠깐의 편리함을 택한 대가로 우리는 문제를 발견하는 능력을 잃었고, 문제를 해결하기는 더욱 어려워졌다.

내비게이션이 없으면 길을 찾아갈 수 없고, 무언가 듣고 보면서 걸어가는 사람들은 더 이상 다른 사람들에게 관심이 없다. 편리함을 위한 기술이 일자리를 빼앗았고, 사람과 관계 맺는 법을 잊게 만들었으며, 어렵고 힘든 일은 기피하게 만들었다. 인간이 만든 편리함이 우리를 쓸모없는 인간으로 아주 편리하게 만들고 있다.

기술의 속도를 따라가지 못하는 사람들

최근 이색 직업들이 많이 생겨나고 있다. 그중에 스마트폰이 익숙하지 않은 노인들에게 스마트폰의 기능을 설명하고 사용법을 알려주는 직업이 있다. 스마트폰 사용법을 알려주는 유튜브 동영상도 있다. 우리는 인간이 기술의 발전 속도를 따라가지 못하는 시대를 마주하고 있다.

하지만 더 큰 문제는 그러한 기술이 어떻게 사용될지 예측할 수 없다는 것이다. 2013년 2분 만에 460억 원의 손실을 입은 한맥투자증권이 2015년 결국 파산했다. AI가 1,600만 원짜리 옵션 상품을 25만 원에 팔아버렸기 때문이다. 당시 오류가 늘어나는 상황에서도 거래를 제어할 수 있는 장치가 없었던 회사는 자동매매 시스템의 알고리즘 오류로 결국 파산 절차를 밟았다.

모션 인식 기능이 있는 자신의 핸드폰을 들고도, 버튼을 누르는 대신 손바닥을 대면서 셀카를 찍는 모습을 신기해하는 우리는 이미 이 시대의 '아싸(아웃사이더)'인지도 모른다.

이제 기계와 기술에 대한 이해가 인간에 대한 이해보다 앞서는 시대가 오지 않으리라 장담할 수 없다. 기술에 대한 이해와 더불어 알고리즘을 분석하는 것이 최고의 능력이 될 날이 머지않았다.

4차 산업혁명 시대,
교실과 교육의 변화

21세기 교사의 직무가 변한다

앞으로는 학교에서 교과 중심의 수업이 줄어들고 온라인 교육이나 프로젝트 학습, 거꾸로 학습, 개인별 맞춤학습이 늘어날 것이다. 유엔의 미래 보고서에는 2030년 사라지는 것 중 하나가 강의실과 공교육이며, 대학의 90%는 개방형 온라인 교육으로 바뀔 것이라고 말했다. 미국의 경영학자 피터 드러커 또한 전 세계 대학의 절반이 20년 내에 사라질 것이라고 말했다.

네덜란드의 스티브 잡스 스쿨은 정해진 시간표도, 교과서도, 교실도 없다. 학생들은 입학 첫날 아이패드를 지급받고 가상의 학교에 접속하면 학생들에게 코치라고 불리는 교사가 배정된다. 6주마다 교사와 학생, 학부모가 참석하는 회의에서 지난 6주간의 과정을 평가하고 학생의 수준에 맞는 새로운 목표를 설정한다.

미국 캘리포니아주에 있는 브라이트웍스 학교(Brightworks School) 역시 교사와 시험이 없다. 특정한 주제와 학생들이 배우고 싶은 것을 정하면 이를 조정해주는 퍼실리테이터(facilitator, 조력자)와 프로그램 코디네이터라 불리는 협력자들(collaborator)이 활동을 진행한다.

하버드 대학교 수업을 집에서 듣다

미국 MIT와 하버드 대학교의 명강좌인 무크(MOOC, Massive Open Online Course)는 장소에 구애받지 않고 언제 어디서나 학습할 수 있는 온라인 무료 강좌다. 인터넷 연결이 가능하고 배움의 의지가 있다면 누구나 집에서도 하버드 대학교 마이클 샌델 교수의 '정의란 무엇인가'를 수강할 수 있으며 강좌 후에 수료증을 받을 수 있다. 무크 수료증은 직무 능력을 평가하는 근거로 활용되기도 하는데, 실제로 구글은 직무 능력 평가시 이를 인정하고 있다. 우리나라에서도 K-무크(K-MOOC, 한국형 온라인 공개 강좌)가 있다. 2016년부터 서울대학교, 포항공대, KAIST 등이 K-무크의 일부 과목을 정규 학점으로 인정하고 있다. 서울대학교는 전공 소개 부분에 해당 전공과 관련된 강좌를 링크해 입시생들이 면접을 준비하는 데 유용한 자료로 활용하고 있다.

교육부는 2018년 국무회의에서 K-무크 학점 인정 확대를 위해 '학점인정 등에 관한 법률 시행령' 및 '평가인정 학습과정 운영에 관한 규정'을 심의 의결하여, 대학생뿐 아니라 일반 국민도 공개강좌를 듣고 학점을 인정받을 수 있도록 개선했다. 이를 통해 누구나 학위 취득이 가능한 평생학습 시대가 열리게 됐다.

19세기 교실이 '꿈을 담는' 미래형 교실로 변하다

그동안 교육정책은 숱하게 바뀌었지만 학교의 모습은 반세기가 지나도록 변하지 않았다. 1962년 제정된 학교 표준설계도에는 운동장은 남쪽, 교실은 북쪽, 10미터 내외의 건물에는 한쪽으로 나 있는 복도, 가로 9미터 세로 7미터 교실, 창문 사이즈, 천장 높이가 모두 명시되어 있다. 인구가 기하급수적으로 늘어나면서 2부제(오전반, 오후반) 수업으로도 학생 수를 감당하지 못하자 대부분의 학교가 이 표준설계도에 따라 뚝딱 지어졌다. 표준설계도 의무 조항은 1992년 폐지됐지만 아직까지 관행으로 남아 있다.

이제 우리의 학교가 달라지고 있다. 서울시 교육청과 서울시는 '미래교육도시 서울 2기 기본 계획(2018~2021년)'을 발표했다. 획일적인 배치를 바꾸고 학생과 교사들의 의견을 반영해 실용적이고 용도에 맞는 디자인을 만들어냈다.

꿈담교실은 획일화되고 표준화된 교실 구조를 개선해 창의적이고 감성적인 공간으로 바꾸는 사업이다. 지난해 서울시 교육청과 서울시가 시범사업을 진행해 20개 초등학교를 리모델링했다. 앞으로는 대상을 중·고등학교까지 확대하고, 4년간 총 132개의 학교를

출처 : 대구 태암초등학교(상), 서울 동답초등학교(중), 서울 면동초등학교(하) /
꿈을 담은 교실 만들기 가이드북 2018 서울특별시 교육청

바꿀 예정이다. 꿈담교실은 한 명의 건축가가 한 학교를 전담한다.

이제 19세기 교실은 스마트 기기 등 IT 자원을 적극적으로 활용하고 프로젝트 학습과 활동 수업을 진행할 수 있는 미래형 교실로 바뀌고 있다.

학년 구분 없는 수준별 맞춤학습

학년과 서열이 확실한 대한민국에서 학년 구분과 교실이 사라진다면 어떨까? 연년생인 자녀가 한 교실에서 같이 공부한다면? 무학년 수업은 환경이 열악한 도서 산간의 일이 아니다. 4차 산업혁명 시대에 우리 앞에 놓인 현실이다.

미국의 칸랩 스쿨(Khan Lab School)은 무학년제로 개인 맞춤형 학습과 프로젝트 기반의 학습을 진행한다. 학생들은 선생님이 아니라 가이드의 도움을 받아 자신의 목표와 주간 일정을 스스로 계획한다. 여기서는 각자의 속도에 맞게 온라인과 오프라인에서 교육을 함께 받는 블렌디드 러닝(Blended Learing, 혼합형 학습)을 실행하고 있다. 학생들은 하루의 절반을 수학이나 읽기와 같은 과목에서 자신의 속도에 맞게 학습하고, 나머지 절반은 다양한 연령의 학생들과 팀을 이뤄 과학이나 사회 과목의 프로젝트에 참여한다.

핀란드의 라토카르타노 종합학교(Latokartano Peruskoulu)는 학년을 넘어 학생 개인의 학습 속도에 따라 학습 계획을 수립하고, 유치원을 포함하여 9학년까지 한데 섞여서 수업을 받는다.

프랑스의 에콜42도 학급 대신 코어 집단을 형성하고, 학년 구분 없이 학생들에게 프로젝트를 제시하고 협업을 통해 문제를 해결해 나간다.

우리나라에서도 정규 수업은 아니지만 방과 후 프로그램에 무학년제를 시도한 사례가 있다. 2009년 부산에 소재한 브니엘국제예술중학교는 학년 구분 없이 학생의 학습 능력을 평가해 수준별로 방과 후 수업을 진행했다. 수학은 중학교 전 과정과 고등학교 1~2학년 과정, 한국수학올림피아드 과정 등 9개의 강좌가 개설되었다. 영어 토플 3개 반(상, 중, 하), 텝스 3개 반, 토플+텝스 3개 반 9개 강좌로 무학년 수업을 개설했다. 당시 7개월 만에 학생들의 성적이 대거 올라 화제에 오르기도 했다.

2025년 본격적으로 고교학점제가 시작되면 학생들은 스스로 필요한 과목을 선택하고, 수준에 맞는 학습과 원하는 과목의 심화 과정을 선택할 수 있다. 선택형 교육과정을 통해 학습 목표와 시기, 학습량을 스스로 결정하여 자기주도성을 높이고 개인의 다양성을 존중하는 무학년제 수업은 고교학점제가 추구하는 최종 방안이다.

4차 산업혁명 시대에 필요한 역량을 배양하기 위해 학교가 변하는 중이다.

스팀(STEAM) 교육과 에듀테크

스팀(STEAM) 교육이란 과학(Science), 기술(Technology), 공학(Engineering), 예술(Arts), 수학(Mathematics)을 결합한 것이다. 과학기술과 인문학적 사고를 융합해 문제를 창의적으로 해결할 수 있도록 돕는 융합 인재 교육을 말한다.

4차 산업혁명 시대에 다양한 AI 학습 기술의 도입, 온라인상의 백과사전 활용, AI 보조교사 등장으로 종래의 학습 방법이 기술과 교육을 융합하는 방식으로 바뀌고 있다.

주원이는 수학 문제를 풀다가 방정식 문제가 나오자 잠시 고민한 뒤 그럴듯해 보이는 번호를 찍었다. 아무래도 오늘 '찍신'이 강림했는지 다섯 문제 중에 3개를 맞혔다.

그런데 인공지능(AI)이 주원이가 찍은 사실을 바로 알아챘다. 평소 일반적인 학생들이 3분 만에 푸는 문제를 5분 이상 풀던 주원이가 7분짜리 문제를 1분 만에 풀었기 때문에 '찍은 문제'로 분류한 것이다. 그뿐만 아니라 문제를 풀어내지 못한 이유 중 하나가 비율에 대한 이해가 부족하기 때문이라는 것을 파악했다. AI는 초등학교 6학년 단원에 있는 비와 비율을 다음번 학습 계획으로 잡는다. 오늘의 '찍신'은 아무래도 딱 찍힌 신(scene)이었나 보다.

이렇게 인공지능과 빅데이터를 이용한 맞춤형 학습은 에듀테크(Edu-Tech)가 있기에 가능하다. 2011년 세계 최초로 '스마트 교육 추진 전략'을 발표한 교육부는 교실에 에듀테크 기술을 도입했다.

에듀테크란 교육(Education)과 기술(Technology)을 결합한다는 의미의 신조어이다. 개인별 맞춤학습 시대에 ICT(Information & Communication Technology) 기술을 융합한 에듀테크는 증강현실(AR), 가상현실(VR), AI(인공지능), 3D 프린터 등 다양한 기술을 활용해 학생 수준에 맞는 학습을 제공한다. 그리고 빅데이터로 학습 상태를 분석해 필요한 내용을 순차적으로 학습하도록 한다. 2018년 도입한 디지털 교과서도 에듀테크를 활용한 것이다.

에듀테크를 활용하는 디지털 교과서

디지털 교과서의 보급으로 에듀테크에 대한 관심이 더욱 높아지고 있다. 디지털 교과서는 사회, 과학, 영어의 교과 내용에 가상현실(VR)과 증강현실(AR) 등의 실감형 콘텐츠와 용어 사전, 멀티미디어 자료, 학습 자료 등을 추가하고 외부 자료와 연계할 수 있도록 개발한 교과용 도서다.

과학 수업에서는 '태양계 행성 탐사 계획'을 세운 뒤 솔라워크 앱(Solar walk app)과 나사(NASA)의 3D 뷰(VIEW), VR/AR 콘텐츠 등을 활용하여 학생들이 온라인상에서 직접 행성을 탐사하고 모둠별로 정리하여 발표하는 협동 학습을 진행하고 있다.

교육업계에서도 에듀테크를 적용한 상품에 주력하고 있다. 웅진씽크빅은 회원 24만 명으로부터 얻은 빅데이터를 통해 학생별 체감 난이도와 수준별 풀이 시간, 학습 습관 분석이 가능한 '웅진씽크빅 AI 수학'을 출시했다. '빨간펜' 교원도 학생의 눈동자를 인식해 학습 태도를 분석하고, 음성 질문의 의도를 파악해 답을 주는 '레드펜 AI 수학'을 출시했다.

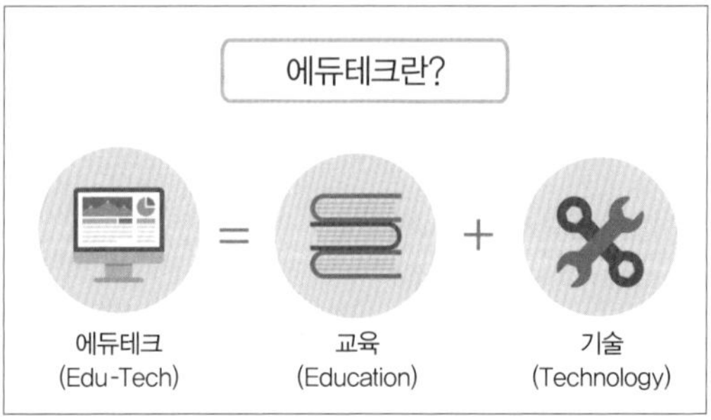

우리는 미래형 인재를 키우고 있는가?

미래 인재의 직업 기초 능력

2019년 한국고용정보원은 미래 사회에 기업이 필요로 하는 '직업 기초 능력' 연구 결과를 발표했다. 그에 따르면 4차 산업혁명 시대에 가장 중요한 기초 능력은 위기 대처 능력과 대응력, 미래 예측력이다.

위기 대처 능력은 위기 상황이 예견되거나 난관에 부딪혔을 때, 침착하게 문제를 극복해나가는 능력이다. 위기 대처 능력은 상황에 어떻게 대응하느냐에 따라 달라진다. 주어진 환경에서 자신의 목표나 상황에 대응하는 능력(대응력)은 다양한 분석을 통해 미래 사회의 변화를 예측하는 능력(미래 예측력)에서 나온다.

결국 4차 산업혁명 시대가 원하는 미래 인재의 기초능력은 미래 사회 변화의 흐름을 예측하고, 위기 상황이 발생했을 때 주어진 환경에 맞게 문제를 해결하는 능력이다.

협업이 안 되는 아빠, 협업을 가르치다

재현이 아빠는 대기업 임원이다. 그는 진급할수록 업무에 대한 스트레스보다 더 힘든 것이 인간관계이다. 학창 시절부터 자기가 맡은 일은 묵묵히 해내는 편이었지만 사람들 앞에 나서거나 자기 주장을 펼쳐본 적이 없는 재현이 아빠는 사람들을 관리하는 것이 힘들어 직장 생활을 더 해야 할지 고민이다.

아버지 세대와 또 다른 부하직원 세대는 아버지처럼 회사를 위해 열심히 일하기보다 돈을 적게 벌더라도 워라밸(Work and Life Balance)을 중요하게 여긴다. 사고방식이 다르다 보니 대화를 나누기도 힘들다. 이런 재현이 아빠가 재현이에게 협업이 중요하며, 협업 역량을 갖춰야 한다고 말한다는 것이 얼마나 아이러니한 일인가?

2018년 대한상공회의소 자료에 따르면 국내 100대 기업이 꼽은 인재의 최우선 덕목은 '소통과 협력'인 것으로 나타났다. 그 뒤를 따르는 것이 전문성, 원칙과 신뢰, 도전 정신, 주인의식, 창의성, 열정, 글로벌 역량, 실행력이다. 기업이 비즈니스에서 성과를 내기 위해서는 구성원들에게 업무를 효과적으로 배분하고, 조직 내 협력 관계를 유지하는 것이 무엇보다 중요하다.

협업은 개인에게 부족한 역량을 다른 사람이 채우며 목표를 달성해가는 것이다. 과거 수직적 상하 관계에서는 소통과 협력보다 한 분야에 탁월한 전문성을 가진 개인의 능력이 더 중요했다. 과거에 협업의 의미가 백지장을 맞드는 일이었다면, 4차 산업혁명 시대의 협업은 전문성을 가진 개인이 프로젝트에 필요한 능력을 제공하고 공동의 수익을 창출해내는 것이다. 결국 사람 사이에서 혁신이 나오고, 사람 사이에서 더 많은 아이디어가 창출될 수 있다.

4차 산업혁명 시대에 필요한 하드 스킬과 소프트 스킬

세계적인 창의성 전문가 테레사 아마빌레는 조직에서 협력은 아이디어의 품질과 실행력을 높이고, 다양한 시각을 제공하며, 전문성을 높인다고 말한다. 이러한 협업에 필요한 역량이 하드 스킬(hard skill)과 소프트 스킬(soft skill)이다.

4차 산업혁명 시대에 기업은 하드 스킬과 소프트 스킬을 갖춘 인재가 필요하다. 하드 스킬은 교육과 훈련을 통해 얻을 수 있는 기술로, 외국어 능력이나 대학의 학위, 기술, 프로그래밍 등 업무 수행에 필요한 능력을 말한다. 반면 소프트 스킬은 학습으로 취득하기 어려운 능력으로, 리더십과 유연성, 창의성, 문제 해결 능력, 비판적 사고, 커뮤니케이션 등 관계 역량에 관한 기술이다.

미국의 발달심리학자 로베르타 골린코프는 4차 산업혁명 시대에 대비하려면 하드 스킬과 소프트 스킬을 강화하는 '역량 강화 교육'에 주목해야 한다고 말한다. 이제 우리 아이들에게 하드 스킬과 소프트 스킬을 강화하기 위한 교육이 필요하다. 이것이 새로운 세상에 적응하는 데 필요한 기초 능력이다.

OECD는 2015년 보고서에서 아이들이 성공하는 데 가장 중요한 역량은 소프트 스킬이라고 말했다. 소프트 스킬은 서로 다른 분야의 생각들을 받아들이고 발전시킬 수 있으며, 인생에 긍정적인 결과를 가져올 수 있다.

우리 아이에게 하드 스킬 역량만을 교육하고 있다면, 소프트 스킬을 기르는 데 도움이 되는 경험에 집중해야 한다. 다른 사람과 함께하는 협력과 공유의 가치는 우리 아이들의 가장 큰 미래 역량으로 자리 잡을 것이다.

직무가 변하고 로봇 세상이 온다

AI를 분석해야 하는 의사들의 새로운 직무역량

가천대학교에 인공지능 의사 왓슨(Watson)이 도입된 지 3년이 지났다. 왓슨은 의학계 최신 동향을 파악하고, 21초마다 출간되는 의학 논문의 흐름을 읽어 환자의 병을 진단하고, 보험심사평가원의 보험 급여체계를 토대로 적합한 치료를 선별한다.

한국은 서구에 비해 유방암과 위암의 발병률이 높고, 수술법이나 치료 기법도 다른 편이다. 그런데 왓슨은 주로 미국과 유럽의 데이터와 논문을 학습했기 때문에, 우리나라에서 진단용 소프트웨어로 사용하기에 정확도가 떨어진다는 지적이 있다. 왓슨이 내린 진단과 처방을 기준으로 5~6명의 의사와 환자가 모여 어떠한 방식의 수술과 약물치료를 할지 결정한다. 이렇게 받는 AI 진료 비용은 환자 한 명당 7,500원이다. AI 진료는 수술 방식과 진료 방식은 물론 보다 안전한 치료법을 환자 스스로 선택할 수 있다.

문제는 왓슨이 의사의 개인적인 표현이나 판단을 데이터화하지 못하는 경우가 많다는 것이다. 왓슨이 왜 이런 치료법을 선택했는지 의사들은 알 수 없다. 따라서 AI 진료를 위해 데이터와 알고리즘을 분석하는 것이 의사들의 새로운 직무 역량이 될 것이다.

죽을 둥 살 둥 자리 잡아놨더니 없어질 직업이다

공부만이 살 길이고 학벌이 인생 역전을 할 수 있는 기회였던 시대에 초·중·고등학교 내내 최상위권을 유지한 정아 아빠. 그는 젊은 시절 5년 동안 고시 준비를 하고 변호사가 되어 지금은 남부럽지 않은 수입과 명예를 얻고 있다.

막상 살아보니 이 명예라는 것이 돈 주고도 살 수 없는 것으로, 그동안의 노력을 보상받은 듯 명함에서 빛을 발한다. 주변 사람들에게 아쉬운 소리를 할 필요도 없고 나름 주류에 속한다고 생각하니 이번 생은 성공한 듯하다. 실력 있는 후배가 들어온다고 한들 경험과 연륜에서 자신을 따를 수 없고, 그동안 익힌 노하우와 지식은 전문가라는 칭호를 선사한다.

그런데 이런 직업이 서서히 사라지고 있다. 빅데이터를 기반으로 한 AI는 단 몇 초 만에 우리나라뿐만 아니라 전 세계의 판례를 분석해 상황에 맞는 대안과 방법을 제시한다. 문제는 우리 목전에 와 있는 변화를 우리가 전혀 인식하지 못한다는 것이다. 변호사란 직업은 4차 산업혁명으로 사라질 직업 순위에 오른 지 오래다.

우리가 원하든 원하지 않든 계절은 엄연히 존재하고, 예측하지 못한 기후 변화는 늘 생긴다. 여러 직업 중에서도 의사, 변호사, 회계사 등의 엘리트 전문직은 전문지식과 특별한 자격을 바탕으로 그 어느 직종보다 탄탄한 입지와 독점권을 누렸다. 그러나 전문직이라고 해서 이런 변화의 흐름을 거스를 수는 없다.

로봇이 삶에 들어오다

요식업계에는 볶음밥 만드는 로봇이 등장했다. 중국식 프라이팬의 무게는 1.5킬로그램, 내용물까지 들어가면 2킬로그램 가까이 된다. 무거운 중국식 프라이팬 사용에 로봇을 도입해 큰 도움을 받고 있다. 볶음밥 로봇의 1회 요리 시간은 3분에 불과하며, 한 번에 2~3인분을 만들 수 있다. 이 볶음밥 로봇의 가격은 1대에 1,240만 원이다. 홍콩의 미슐랭 스타 레스토랑도 이 로봇을 도입했다.

초밥을 만드는 로봇도 있다. 기계에 밥을 넣고 버튼을 누르면 뭉친 초밥 덩어리가 나온다. 초밥 로봇은 1시간에 초밥 4,800개를 만들어낸다. 꼬치를 꿰는 로봇도 등장했다. 이 로봇은 고기가 부서지지 않도록 형태를 잘 유지하면서 1시간에 300~500개의 꼬치를 꿴다.

서울시 강서구에 있는 빕스(VIPS) 등촌점에 '셰프봇'이 등장했다. 고객 서비스를 병행해야 하는 피로도가 높은 구역이자 화상 위험이 있는 구역을 셰프봇이 담당하면서 고객은 물론 직원들의 호응도 좋다.

창의성을 가진 로봇이 등장하다

창의성을 가진 인간만이 할 수 있는 예술 영역에도 로봇이 등장했다. 인공지능 GPT-2(Generative Pre-Training)는 모든 분야의 글짓기가 가능하다. 800만 개의 웹페이지에 담긴 단어 15억 개를 학습해 판타지 소설부터 뉴스 기사까지 쓸 수 있다. 지난해 8월 중국 쓰촨성 지진이 발생하자 AI 로봇이 25초 만에 속보를 작성해 화제가 됐다.

음악 분야에서 로봇의 활약은 연주와 작곡에서 두드러진다. 2009년 미국 UCSC(University of California, Santa Cruz) 대학교의 데이비드 코프 교수가 개발한 '에밀리 하웰'은 모차르트, 베토벤, 말러 등 유명 작곡가의 작품을 학습하고 분석한 뒤 화음과 박자를 조합해 새로운 음악을 만들었다. 음반을 여러 장 발표한 에밀리 하웰은 프로 작곡가다. 로봇 연주자 '시몬'도 등장했다. 조지아 공과대학교 음악기술센터가 개발한 시몬은 4개의 팔로 악기를 연주하고 비트가 강할 때는 흔들기도 한다.

댄스 부문에도 로봇이 등장했다. 춤추는 로봇은 로봇 전시회나 로봇 관련 행사에서 볼 수 있다. 로봇들이 일사분란하게 춤을 추는 이벤트를 통해 로봇을 알리고 홍보한다.

미술 영역에서도 로봇의 역할이 확대되고 있다. 런던 대학교 로봇 기술자 패트릭 트레셋은 더 이상 손으로 그림을 그리지 않는다.

그림 그리는 드로잉 로봇 바울과 e다윗을 이용해 작품 활동을 하고 있다. 영국 예술학교 센트럴 세인트 마틴(Central Saint Martins)의 샬롯 노드먼은 '도자기 빚는 로봇'을 개발했다. 도자기를 만드는 알고리즘과 디자인을 이해한 로봇이 실리콘 소재의 인간 손가락 모양으로 도자기를 빚는다.

영화 부문에서도 로봇의 역할이 두드러지고 있다. 미국에서 2016년 개봉한 영화 <모건> 예고편은 IBM 왓슨에 의해 만들어졌다. 100개의 호러 무비 예고편을 참고해서 어떤 장면이 공포를 불러일으키는지, 음악과 배우의 목소리 톤이 분위기를 어떻게 만드는지, 장면 처리나 조명을 어떻게 써야 하는지 분석하고 1분 15초짜리 예고편을 만든 것이다.

반복적이고 체계적인 업무에 적합하다고 생각했던 로봇이 창의성을 요구하는 예술 분야까지 진출하고 있다. 창조성은 이제 물리적 경계를 넘어 인공지능의 영역으로 바뀌고 있이다. 4차 산업혁명 시대의 변화는 우리의 상황을 고려하지 않는다. 이것이 우리가 4차 산업혁명 시대에 '어떤 재능을 심어야 할까'를 고민해야 하는 이유다.

어떤 재능의 씨앗을
가장 먼저 뿌리고 키워야 할까?

가장 먼저 키워야 할 역량은 문해력

"선생님, 이게 무슨 말이에요? 문제를 이해하지 못하겠어요", "서술형은 자신 없어요", "문제를 잘못 봤어요." 아이들을 가르쳐본 경험이 있는 사람이라면 많이 들어본 말일 것이다. 이런 문제를 한 번에 해결하는 방법이 있다.

"심호흡을 한 번 하고, 다시 읽어봐." 이때 억양과 눈빛이 중요하다. 눈동자는 절대 아이를 쳐다봐서는 안 되며, 최대한 눈을 내리고, 일정한 음높이로, 천천히 말해야 한다. 아이와 눈을 마주치거나 목소리 톤이 달라졌을 때 우리는 눈과 입에서 불을 뿜고 있을지도 모른다.

아이가 어려운 문제는 맞히고 쉬운 문제는 틀리는 경향이 있는가? 또는 '~가 아닌 것은?'을 '~인 것'으로 잘못 알고 틀리는 경우가 많은가? 문제 풀이 과정에서 이런 일들이 종종 있다면 독해 역량을 점검해봐야 한다.

스마트폰과 전자기기에 익숙한 아이들에게 가장 큰 문제는 문해력이다. 문해력은 글의 숨겨진 의도를 파악하고 이해하는 능력이다. 자극적이고 선정적인 디지털 기기의 시청각 메시지와 줄임말에 익숙한 아이들은 모르는 단어가 나왔을 때 사전을 찾기보다 검색을 통해 필요한 정보를 찾는다.

간단한 검색만으로도 필요한 정보를 얻을 수 있는 아이들은 긴 호흡의 책을 읽는 데 어려움을 느낀다. 문해력이 떨어지는 대부분의 아이들은 모르는 단어가 아니라 글의 의도나 주제를 파악하지 못해 어려움을 느낀다. 결국 문해력의 저하는 학업 능력의 저하를 불러일으킨다.

글자는 읽을 수 있으나, 글을 읽을 수 없는 아이들

덴마크의 전산학자 야코브 닐센이 디지털 문서를 읽는 232명의 시선을 추적한 결과 대부분 첫 세 줄과 중간의 한 문장을 제외하고 거의 읽지 않는 F자 형을 보인다고 밝혔다. 글자를 읽을 수는 있지만 글을 읽을 수는 없는 웃지 못할 현실이 우리 앞에 놓여 있다.

미국 워싱턴 대학교 교수 데이빗 레비는 잔잔하고 미묘한 요소들에는 뇌가 무감각한 반면, 팝콘이 터질 때와 같은 강렬한 자극에는 뇌가 즉각적으로 반응하는 현상을 팝콘 브레인이라고 말한다. MRI 분석 결과 스마트폰과 컴퓨터 같은 전자기기를 많이 사용하거나 멀티태스킹(다중 작업)을 반복했을 때 인간의 뇌에서 생각중추를 담당하는 회백질의 크기가 줄어드는 것으로 밝혀졌다.

글의 밀도도 낮고 부담도 적은 디지털 미디어에 익숙한 아이들은 맥락을 이해하고 정리할 필요를 느끼지 못하고, 이것은 곧 '경로의 감각'에 악영향을 끼친다. 문제를 발견해야 할 아이들이 문제를 해석할 수도 없다면 심각한 문제가 아니겠는가? 우리의 생각을 글로 정리하고 디지털 언어로 데이터화해야 하는 우리 아이들이, 정작 우리의 말과 글을 제대로 이해하지 못한 채 디지털 언어를 배우려고 한다.

4차 산업혁명 시대에 아이들이 가장 먼저 키워야 할 능력은 문해력이다. 우리의 언어를 정확히 이해하고 활용할 수 있어야 컴퓨터와 디지털 기술을 보다 더 잘 이해하고 활용할 수 있는 디지털 리터러시(digital literacy. 디지털 문해력)를 키울 수 있다.

과학적 사고가 세상을 변화시킨다

'인간과 경쟁하는, 진화적으로 만들어진 안테나 연구'에서 AI에게 가장 효율적인 안테나를 만들어보라고 요구했다. "모양과 상관없이 주어진 공간 안에 형성된 전자기파를 가장 적당한 각도와 간격으로 받아들여야 하고 면적이 넓을수록 좋다"는 조건만 제시했다.

그러자 우리가 그동안 생각하지 못했던 이상한 모양의 안테나가 나왔다. 수신율은 기댓값 이상이었고 실제로 이 안테나는 인공위성에 탑재되어 약 3개월간 임무를 수행했다.

과학적 사고는 기존의 현상이나 지식을 수동적으로 받아들이지 않고 질문을 던지는 비판적 사고다. 과학적 사고를 하는 사람은 어떤 현상에 대해 끊임없이 탐구하고 반문하며, 우리가 진리라고 믿고 있는 것들의 오류를 찾기 위한 가설을 세운다.

우리는 새로운 지식의 등장으로 기존 지식의 유용성이 절반으로 감소하는 역사상 가장 짧은 '지식의 반감기'를 거치고 있다. 우리가 믿고 있는 진리가 언제 역사로 남을지 알 수 없는 시대다.

과학은 우리가 살고 있는 자연의 실체는 무엇이며, 어떻게 작동하는지, 생명의 진정한 의미는 무엇인지를 밝혀내는 학문이다. 또한 이러한 방대한 지식과 그릇된 정보를 수동적으로 받아들이는 것이 아니라 논쟁하고, 분석하고, 평가함으로써 현명한 결정을 내릴 수 있도록 돕는다.

그뿐만이 아니다. 과학적 호기심과 탐구는 인류를 발전시켰고, 우리 생활을 편리하게 만들었다. 인공지능의 발달로 과학은 이제 우리 삶에 좀 더 효율적이고 구체적인 대안을 제시할 수 있게 되었다. 이 모든 것은 과학적 사고에서 비롯되었다. 4차 산업혁명 시대에 스팀 교육이 주목을 받고 있는 이유도 바로 여기에 있다.

수학은 기계와 인간의 커뮤니케이션을 가능하게 한다

수학은 4차 산업혁명 시대에 필요한 응용적 사고를 위해 기초 원리를 배우는 학문이다. 4차 산업혁명 시대는 지식의 총량이 많고, 새로운 지식이 끊임없이 쏟아져 나온다. 따라서 얼마나 많이 알고 있느냐보다 삶의 복잡한 문제를 발견하고 해결할 수 있는 능력이 더 중요하다. 이때 필요한 것이 수학이다.

20세기 최고의 발명인 컴퓨터는 암호학자이자 수학자인 앨런 매티슨 튜링이 만든 암호해독기에서 비롯됐다. 그후로 수학은 과학과 산업의 핵심 도구로 활용되었다. 우리가 살고 있는 세상의 데이터를 컴퓨터 언어로 바꾸는 데 쓰이는 것이 수학이다. 인공지능과 빅데이터를 실행하기 위한 기초 지식은 모두 수학에서 나온다.

폐쇄회로(CCTV)에 등장하는 사람의 행동이나 모습을 컴퓨터에 학습시킬 때 동작 하나하나를 수치화해 입력하면, 빅데이터를 학습한 컴퓨터는 특정한 사람의 행동 패턴을 구분할 수 있다. 사람들의 방대한 움직임을 수치화해 컴퓨터에 입력하는 방식의 딥러닝을 거치면 걸어가는 모습으로 사람을 특정할 수 있다.

바둑에서 이세돌 9단을 꺾은 알파고의 알고리즘 기반도 수학이다. 딥마인드는 지금까지 치러진 모든 바둑 대국의 경우의 수를 계산했고 알파고가 이를 학습해 승리했다.

다보스포럼이 발표한 미래 고용 보고서는 미래 직업 200만 종 중에 수학 관련 직업이 41만 종을 차지할 것으로 예상했다. 빅데이터에는 위상수학, 확률론, 그래프 이론이 쓰이고, 전자상거래 암호 및 보안에는 정수론, 이산수학이 사용된다. 4차 산업혁명을 이끌 첨단기술에 다양한 수학 이론이 활용되므로 미래 인재의 핵심 역량은 수학적 사고라고 할 수 있다.

수학적 사고는 현실에 부딪히는 문제를 효율적으로 빠르게 해결하는 데 꼭 필요한 역량이다. 수학적 사고가 없다면 자동화가 불가능할 것이고, 일일이 계산하지 않고는 어떤 일을 시도할 수조차 없을 것이다. 우리 아이들에게 수학적 사고가 필요한 이유가 바로 여기에 있다.

4장

부모로서 나는 내 아이에게 어떤 땅이 될 것인가?

부모는 아이에게 어떤 땅이 될 것인가?

열대우림의 계층

열대우림의 나무는 햇빛을 얼마나 많이 받는가에 따라 3개의 계층으로 구분된다. 주로 잎의 높이에 따라 구분되는 계층 속에서 식물들은 자연스럽게 환경에 적응하고 비슷한 식물들끼리 밀접하게 상호작용하며 공간, 빛, 물, 영양분을 두고 경쟁한다. 층상구조가 뚜렷한 숲은 매우 안정적인 생태계이며, 오랜 세월에 걸친 적응과 자연선택의 결과물이다.

우리 사회의 모습도 열대우림의 계층과 닮아 있다. 2019년 개봉한 〈기생충〉은 우리 사회에 엄연히 수직적 계층이 존재한다는 사실과 함께 그 간극의 물리적 표현으로 수많은 계단을 보여준다. 지상도 지하도 아닌 반지하라는 경계선상의 공간에서 살아가는, 서민

층보다 더 아래 존재하는 계층을 기생충으로 표현하면서 우리 사회의 단면을 보여준다.

새로운 계급 프레카리아트

서울대학교 유기윤 교수는 2090년에는 플랫폼을 소유한 극소수 사람들이 부와 권력을 독점하고, 나머지 99.997%에 달하는 평범한 사람들은 로봇보다 못한 최하위 계급으로 전락하는 초양극화 사회가 올 것이라고 전망했다. 미래 사회는 페이스북이나 구글과 같은 플랫폼 소유주가 최상위층 0.001%를 차지하고, 소셜미디어에서 영향력을 가진 스타가 두 번째 0.002%를 차지하며, 나머지 99.997%는 프레카리아트(precariat)라는 단순노동자 계급이 차지한다는 것이다. 놀라운 것은 사회 전반의 일자리를 대체할 AI가 프레카리아트보다 높은 3계급이라는 사실이다.

프레카리아트는 이탈리아어 '프레카리오(precario, 불안정한)'와 독일어 '프롤레타리아트(proletariat, 무산 노동계급)'를 합성한 신조어로 불안정한 고용과 저임금에 시달리는 저숙련·비정규직 노동자와 실업자를 총칭한다. 그들은 불안한 노동 위에 언제 해고될지 모르는 위험을 항상 감수해야 하며, 자신이 지금 하고 있는 일이 자신의 미래 숙련도에 도움을 줄 수 있다는 확신을 가지지 못한 채 노동을 이어가는 사람들이다.

미래 사회가 어떻게 펼쳐질지는 그 누구도 알 수 없다. 하지만 기술과 시대 변화에 따른 역량을 갖추지 못한다면 우리 누구도 99.997%의 프레카리아트로 전락하지 않으리라 확신할 수 없다.

어머님, 감당하실 수 있겠습니까?

중학교 3학년인 재민이 엄마는 한 달 교육비로 600만 원을 쓰고 있다. 대입 컨설팅과 학습 관리 비용으로 80만 원을 지불하고, 국어 150만 원, 수학 200만 원, 영어 150만 원을 교육비로 지출한다. 재민이가 공부하는 과목은 수능 준비 과정이다. 재민이의 선생님은 모두 대입 실적이 뛰어난 명문대 출신 강사들이다.

중학교 3학년에 올라가면서 시작한 수능 과외는 고등학교 과정의 선행을 두 번 진행하고 나서야 시작할 수 있었다. 시험이 없는 중학교 1학년에 이미 고등학교 과정을 마쳤고, 중학교 3학년 학교 성적을 과감히 내려놓으면서 수능 과외를 선택했다. 그 덕분에 고등학교 입학을 앞두고 있는 지금 테스트 결과 모두 1등급을 받았다. 재민이는 이제 편안한 마음으로 고등학교 수행평가와 비교과 활동을 준비할 수 있다.

덮어놓고 가르치다 에듀푸어 면치 못한다

2017년 교육부가 교육 격차에 대한 대국민 설문조사를 실시한 결과 응답자의 93.9%가 지역 계층 간의 교육 격차가 크다고 답변했다.

2017년 한국장학재단의 분석 결과에 따르면 서울대학교 재학생의 70%가 고소득 가정 출신이다. 서울대학교 '신입생 특성 조사 자료' 분석 결과 의사, 변호사, 판검사, 연구원, 교수, 교사 등의 전문직 부모를 둔 신입생의 비율이 전체 학생의 25~30%를 차지하는 것으로 나타났다. 이러한 교육 격차의 주된 원인으로 '소득 수준 대비 교육비 투자의 차이'가 가장 두드러졌다.

수능 상위권 학생 대부분은 고등학교 입학 전에 수학과 영어 선행을 끝낸다. 고등학교 입학 전에 영어 영역이 안정되어 있지 않으면 자기주도학습이 필요한 수학과 수행평가, 비교과 활동을 효율적으로 수행하기 어렵기 때문이다.

능력 있는 강사들의 수업료는 150만~300만 원이며, 수업 시수에 따라 비용이 달라진다. 강사의 실력이 아이의 실력을 보장하고 부모의 능력이 강사의 수준을 결정한다. 200만 원이 넘는 자기소개서 컨설팅과 400만 원에 육박하는 면접 대비 입시 컨설팅이 존재하는 이유가 여기에 있다. 원서 접수를 앞두고 600만 원으로 아이의 학교 레벨이 달라진다면 어떻겠는가? 부모의 능력이 아이의 실력이 된 지 오래다.

2018년 3월 12일 통계청의 초·중·고등학교 사교육비 조사 결과, 고등학교는 54만 9,000원, 중학교는 44만 8,000원, 초등학교가 31만 9,000원으로 전년 대비 모두 증가했다. 2018년 기준 월평균 사교육비를 기준으로 대학 입학 전까지 예상되는 총 사교육비는 초등학교 2,300만 원, 중학교 1,600만 원, 고등학교 2,000만 원으로 대략 5,900만 원이 필요하다. 20년간 투입되는 비용을 단순하게 계산하면 한 자녀는 2억 원, 두 자녀는 3억 7,000만 원, 세 자녀는 4억 2,000만 원이다. '덮어놓고 낳다 보면 거지꼴을 못 면한다'는 1960년대 표어처럼 덮어놓고 가르치다 에듀푸어(education poor)가 되게 생겼다.

더 높은 곳으로 올라가기 위해 줄을 서는 아이들

문제는 우리 아이들의 대학 생활이다. 요즘 대학은 학점 미달과 자퇴생으로 골머리를 앓고 있다. 반수를 준비하는 학생들 때문에 수업 출석률도 떨어질 뿐 아니라 중도 탈락하는 학생들도 많다.

2013년부터 2017년까지 '대학 알리미' 사이트에 공시된 서울대, 연세대, 고려대의 중도 탈락 학생 현황을 살펴보면, 최근 5년간 매년 1천여 명의 학생이 반수를 선택하거나 의학계열로 학과를 바꿔 입학하는 것으로 나타났다. 서울대는 의학계열로 다시 입학하는 학생이 대부분이고, 연세대와 고려대는 반수를 해서 서울대에 진학하려는 학생들이 많은 것으로 나타났다.

사정이 이렇다보니 대학은 학업 능력 지속성과 전공 적합성이 맞는 인재들을 선별하기 위해 종합전형을 확대하기 시작했다. 대학이 학생의 중도 탈락을 막을 수 있는 가장 좋은 방법은 성적이 조금 낮더라도 열의를 가지고 노력하는 학생을 뽑는 것이 아니겠는가?

학업 능력과 자기소개서로 학생들을 선별하고, 면접을 통해 준비된 인재를 뽑는 일은 이제 대학의 존폐가 걸린 문제다. 아무리 입시제도가 바뀌더라도 대학은 어떤 방법으로든 좋은 인재를 선발하기 위한 장치를 마련할 것이다.

중요한 건 부모의 경제력이 아니라 방향이다

4차 산업혁명 시대에 중요한 것은 부모의 경제력이 아니라 방향이다. 있는 돈 없는 돈 투자해서 가르친 내 아이의 기초 지식이 단 몇 초 만에 인공지능이 분석해낼 수 있는 정보라면, 금이야 옥이야 키워서 남들보다 잘살라고 가르친 것들이 쓰레기통으로 들어가버린다면 어떻겠는가?

우리 아이의 재능이 어떤 것인지, 시대는 무엇을 요구하는지, 어느 곳으로 가야 하는지 살펴보지 않은 채, 사라져버릴지도 모르는 직업을 향해 액셀레이터만 밟는 우를 범하지 말아야 할 것이다.

모래땅인가?
늪지인가?

불안한 엄마, 손을 놓지 못하다

은성이는 난생처음 두발자전거에 올랐다. 이제부터 엄마의 도움 없이 스스로 해내야 한다. 어제 엄마와 연습한 대로만 한다면 충분히 해낼 수 있을 것이다. 은성이는 힘차게 페달을 밟는다. 그런데 아무리 페달을 밟아도 앞으로 나아가지 않는다. '안 되는 것인가? 아무래도 내 인생에 두발자전거는 '넘사벽'이었나 보다.' 은성이는 그렇게 다시 세발자전거로 돌아갔다. 불안한 엄마가 손을 놓지 않은 탓에.

은성이 엄마는 행여 아이가 넘어져서 다치지 않을까, 무릎 보호대와 헬멧 등 안전을 위한 보호 장비에 만반을 기한다. 그러고도 불안한 마음에 자전거에서 손을 놓지 못한다. 부모가 손을 놓아야 아이가 달릴 수 있다. 이제 넘어지고 다치는 일은 온전히 아이의 몫이다. 넘어지는 것이 무서워서 걷기를 포기하는 아이는 없다.

생각해보면 결정적인 순간에 부모의 손은 닿지 않는다. 처음 호흡을 시작할 때 그랬고, 첫걸음을 뗄 때 그랬다. 넘어져야 일어나고 일어나야 걷는다. 정작 넘어질까 봐 두려운 것은 아이들이 아니라 우리 부모가 아닐까? 이제 아이의 손을 놓고 한 발짝 떨어져서 스스로 도전할 수 있는 기회를 만들어주어야 한다.

먹고사느라 바빠서

연경이 엄마는 회사 생활이 너무 바쁘다는 핑계로 연경이가 고등학생이 될 때까지 학부모 참관 수업이나 학교 상담에 가본 일이 없다. 전화로 상담을 대신하거나 연경이가 원하는 학원이 있으면 등록해주고, 더 필요한 수업이 있다고 하면 수강료를 결재해줄 뿐이다.

연경이가 뭘 잘하는지 무슨 과목이 부족한지 몰랐던 연경이 엄마는 대입 원서를 쓸 때가 돼서야 연경이의 수준을 정확히 알 수 있었다. 밤늦게 수행평가를 하고 있으면 대충 하고 빨리 자라고 했고, 학교 UCC 대회에 나간다고 할 때는 공부나 똑바로 하라고 했다. 그런 자신이 참 한심스럽고 무지한 엄마였음을 새삼 깨닫는다.

연경이 엄마는 시간을 맞추기 힘들다는 이유로 학교 입시설명회에도 참석해본 적이 없다. 연경이가 컴퓨터 코딩을 배우고 싶다고 했을 때도 문과생이 무슨 컴퓨터를 배우냐고 면박을 줬다. 남들이 입시제도가 바뀌니 어쩌니 해도 담임선생님이 어련히 알아서 잘해

줄 거라고 생각했다. 그런 연경이 엄마가 원서 접수를 앞두고 무슨 과라도 좋으니 지방대만 면하게 해달라고 사정사정하고 있다.

자녀 교육 유형이 '그럴싸 형'이라면

이처럼 자녀를 교육하는 유형은 정말 다양하다. 은성이 엄마처럼 자녀의 손을 놓지 못하는 엄마도 있고, 연경이 엄마처럼 무엇이 필요한지도 모른 채 아이와 학교만 믿고 맡기는 경우도 많다.

너만은 적어도 나처럼 살지 않았으면 하는 '너만은 형'의 부모도 있고, 엄마 아빠가 그 정도는 했으니 너도 그만큼은 해야 한다는 '적어도 형', 엄마가 설계한 대로만 살면 인생 살아가는 데 문제없다는 '이대로 형', 아이가 스스로 알아서 잘할 거라고 믿는 '스스로 형' 부모가 있다.

나는 어떤 부모인가? 너만은, 적어도, 이대로, 스스로를 모두 섞은 '그럴싸 형'은 아닌가? 그렇다면 이대로 두고 볼 일은 아니다.

나는 모래땅인가, 늪지인가?

재능의 씨앗이 뿌리를 내리는 데는 '어떤 땅인가'가 중요하다. 부모는 아이의 토양이다. 비가 너무 많이 내리면 배수가 안 되는 땅은 물을 흘려보내지 못해 씨앗이 썩고, 거름이 너무 많은 땅은 씨앗을 태운다. 아무리 많은 수분과 영양분을 공급해도 흡수하지 못하는 모래땅에서는 싹을 틔울 수 없다.

교육에 대한 관심도 마찬가지다. 우리 아이의 편안한 삶을 위한다는 명목으로 너무 많은 기대와 학습을 요구하고 있다면 '늪지'와 같은 부모일 수 있다. 발달과 재능을 고려하지 않은 채 지나친 관심을 쏟는 교육 방식은 오히려 독이 되어 재능의 씨앗을 썩게 한다.

우리가 생각하는 편안한 삶이 과연 우리 아이에게도 편안한 삶일까? "할머니가 엄마처럼 해줬으면 엄마는 서울대 갔어", "다 너 잘되라고 하는 거야", "엄마 말대로 하면 인생이 편해"라는 말을 자녀에게 자주 하고 있다면, 씨앗을 발아시키는 것은 우리가 아니라 아이라는 것을 기억해야 한다. 부모는 그저 물이 고이지 않도록 적절한 시기에 배수로를 확보하고, 필요할 때 양분을 공급할 뿐이다.

남들이 좋다고 하는 것은 일단 모두 시켜보고, 한두 달 뒤에 재능이 없다고 판단되거나 아이가 힘들어한다는 이유로 중단한 적이 있다면 '모래땅'과 같은 부모일 수 있다. 모래땅 부모는 아이의 재능 발달에 영양분을 제공하지 못한다.

아이의 학습에 어떤 점이 부족한지 파악해서 보완하는 교육을 시키지 않는다면 가장 먼저 우리 아이의 학습에 어떤 점이 부족한지 파악하는 것부터 시작해야 한다. 아이의 역량에 맞지 않은 투자와 학습은 아무리 좋은 것이라 해도 도움이 되지 않는다.

나는 모래땅인가, 늪지인가? 자녀에게 우리는 어떤 토양인지 살펴보자. 아이의 '재능 씨앗 뿌리기'는 부모 스스로 자신의 토양을 점검하는 일부터 시작된다(모래땅인가, 늪지인가 체크리스트 참조).

경사지인가?
평지인가?

교육 환경에 맞춰 삶의 터전을 마련하다

현수 엄마는 초등학교 배정 때문에 경기도 김포로 이사를 앞두고 고민이다. 초등학교는 거주하는 지역에 따라 배정되므로 학교의 특성을 염두에 두고 이사하지 않으면 학교 배정뿐 아니라 교육 방향도 부모가 의도한 것과 달라질 수 있다.

현수의 꿈은 외교관이다. 엄마는 현수를 사립초등학교나 경인교육대학교 부설초등학교에 보내려고 했지만 경인교육대학교 부설초등학교는 추첨에서 떨어지고, 사립초등학교는 너무 멀어서 포기했다.

이제 3학년이 된 현수는 그래도 꾸준히 어학원을 다닌 덕택에 영어를 듣고 말하는 것에 두려움이 없다. 현수의 영어 재능을 살릴 수 있는 학교가 없을까 고민하던 엄마는 영어 특성화 교육을 하고 있는 고촌초등학교에 보내기로 마음먹었다.

여러 학교를 검색하던 중 고촌초등학교 홈페이지에서 쉬는 시간을 활용해 흥미로운 영어 프로그램을 배우고, 매주 화요일에는 세계명작 '영어 동화 방송'을 운영한다는 정보를 확인했다. 또한 전교생이 듣는 기본반 외에 방과 후 과정을 신청하면 저렴한 비용으로 어학원을 능가하는 높은 수준의 교육을 받을 수 있는 특성화 프로그램도 있었다.

학구도 안내 서비스(https://schoolzone.emac.kr)에서 고촌초등학교를 클릭한 뒤 배정 지역을 알아보고 난 후에야 현수 엄마는 부동산을 찾아다니기 시작했다.

분양 정보가 교육 정보보다 우선이다

나래 엄마는 최근 분양받은 아파트 입주 준비로 여념이 없다. 이것저것 내야 하는 것도 많고, 집 안 정리는 해도 해도 끝이 없다. 동네 언니들하고 인사도 해야 하고, 나래네 반 학부모 모임에도 나가야 한다. 이사를 두 번 했다가는 몸이 남아나지 않을 것 같다.

플루트를 전공하고 싶어 하는 초등학교 5학년 나래는 전학을 가서도 방과 후 플루트 과정을 신청할 생각이다. 합창단이나 중창단이 있다면 꼭 도전할 것이다.

이사 날짜를 잡고 학교에 전학 신청 문의를 한 나래 엄마는 날벼락을 맞은 듯했다. 겨울방학과 봄방학이 있는 서울 학교와 달리 분양받은 지역의 학교는 봄방학 없이 겨울방학이 끝나면 6학년으로 배정되기 때문에 수업 일수를 맞추려면 서울에서 수업을 더 받고 와야 한다는 것이었다.

게다가 방과 후 과정에 플루트는 개설되지 않는다는 이야기를 듣고 나래가 펑펑 울어댔다. 동네 음악학원에 알아보았지만 플루트를 가르치는 학원이 없었다.

전학하기 전에 미리 알아보고 준비할걸, 입주하는 데 들떠 정작 중요한 딸아이 학교는 알아보지도 않았으니 참 한심스러울 따름이다. 달리 방법이 없는 나래 엄마는 봄방학까지 경기도에서 서울로 나래를 등교시키고 수업 일수를 채울 수밖에 없다.

정보력은 관심의 차이에서 비롯된다

우리 아이가 전학을 앞두고 있다면 나는 어떤 부모에 가까울까? 철저한 분석과 정보력으로 아이의 미래를 위한 교육 환경이 생활 환경보다 중요하다고 생각하는 현수 엄마에 가까운 유형인가? 정작 중요한 교육 환경에 대한 정보는 뒤로한 채 생활 환경을 우선시하는 나래 엄마에 가까운 유형인가? 교육에 대한 목적과 투자만큼 중요한 것이 부모의 정보력이다.

정보력은 관심의 차이에서 비롯된다. 몇 번의 귀찮은 과정만 거치면 누구나 우리 아이가 다니는 학교 정보 및 교육 특성을 검색할 수 있다. 또한 학교의 방향과 교육의 방향이 맞는다면 부모가 많은 노력을 기울이지 않고도 양질의 교육이 가능하다.

재능의 씨앗을 뿌릴 때 어떤 토양인가도 중요하지만, 어떤 지형인가도 고려해야 할 요소이다. 정보력의 유무에 따라 부모의 유형을 경사지와 평지로 구분한다. 평지에 씨앗을 심으면 어려움이 없지만, 경사지는 그만큼 씨앗을 심기 어렵다. 부모로서 나는 경사지인지 평지인지 살펴보자(경사지인가, 평지인가 체크리스트 참조).

재능을 발현할 수 있는 환경으로 변화가 필요하다

우리 동네 학군과 자녀가 다니고 있는 학교의 특성을 알고 있는가? 선도학교와 혁신학교가 무엇인지 알고 있는가? 같은 구에 있더라도 학교별 교육 특성은 저마다 다르다.

우리 아이를 예체능 쪽으로 키우고 싶다면 예술선도학교 또는 방과 후 활동이 갖춰진 학교인지 확인해볼 필요가 있다. 학교와 주변 환경이 예체능의 재능을 발휘하기 힘든 환경이라면 더 나은 환경으로 옮겨야 한다.

경사지에 심는 재능의 씨앗은 평지보다 더 단단히 뿌리를 내려야 하며, 많은 시간과 노력이 필요하다. 뿐만 아니다. 경사지에서는 나무가 언제 어떻게 쓰러질지 몰라 계속 마음 졸여야 한다. 거름을 주기 위해 한참을 어렵게 올라가야 하는 땅이라면, 지지대 없이는 못 버티는 땅이라면 나무가 제대로 설 수 있겠는가?

조금만 번거로움을 감수한다면 재능의 씨앗이 잘 뿌리내릴 수 있는 좋은 평지로 변화가 가능하다. 이제부터 평지로의 변화를 위해 우리 스스로 우리 삶의 변화와 교육 정보에 관심을 가져야 할 때다.

척박한 땅을 옥토로 바꾸자

새로움은 늘 기존의 것을 파괴하면서 나온다

인간은 변화에 빨리 적응한다. 익숙한 것을 볼 때마다 뇌의 반응이 현격하게 줄어드는 '반복 억제' 기능을 가지고 있기 때문이다. 뇌는 무언가에 익숙해질수록 관심을 줄여 에너지를 아낀다. 처음 스마트폰을 접했을 때의 느낌으로 매일 스마트폰을 본다면 얼마나 피곤하겠는가? 반복 억제 기능은 우리의 관심을 점차 무뎌지게 만든다.

4차 산업혁명 시대는 혁신의 시대다. 혁신은 기존의 아이디어를 활용한 연결과정이며 자신의 경험과 주변 재료를 토대로 재창조해낸 결과물이다. 늘 새로운 것을 향한 우리의 노력이 혁신을 만든다. TV 패널은 더 얇아지고, 아래위로 말리는 롤업 TV가 실현되었다. 인류는 늘 기존의 것을 파괴하면서 새로운 것을 창조해낸다. 에디슨은 "우리의 최대 약점은 포기하는 것이고, 성공할 수 있는 가장 확실한 길은 한 번 더 시도하는 것"이라고 말했다. 뇌는 안전한 것에서 놀라운 것으로, 익숙한 것에서 알 수 없는 것으로 변할 때 창의성이 극대화된다. 하지만 새로운 시도는 항상 위험을 수반하며 그 결과는 누구도 확신할 수 없다.

창의성을 키우는 환경인가?

미국의 신경과학자 데이비드 이글먼은 《창조하는 뇌》에서 "창의성은 원형의 변형과 다양한 아이디어를 섞는 결합의 과정, 전체를 쪼개고 생략하는 과정을 통해 새로운 아이디어를 만들어내는 것이다"라고 말했다.

결국 창의성은 주변에 있는 것을 분석하고, 변형하고, 결합하는 과정에서 나타난다. 어느 날 갑자기 창의력이 번뜩이기를 기다릴 것이 아니라 주변의 사물을 비판적 사고로 관찰하고 분석해야 한다.

창의력이 마르지 않는 샘을 위해서는 창의력을 키울 수 있는 환경이 중요하다. 하늘에서 거대한 유성이 쏟아지는 것을 보여주기 위해 아이를 사막으로 데려간 아버지가 있었다. 이 경험은 16세에 〈불빛(Firelight)〉(1964년)이라는 영화를 만드는 계기가 되었다. 이 아이가 바로 SF의 대가 스티븐 스필버그다.

아름다운 소리가 나는 이유가 궁금해 피아노 속으로 기어 들어가고, 냄비에 물과 토마토를 넣고 끓이다가 냄비 뚜껑이 날아가 부억을 엉망으로 만들기도 한 스티븐 스필버그의 성공의 열쇠는 무한한 상상력이었다.

창의력은 항상 '왜'라는 질문에서 시작된다. 4차 산업혁명 시대가 원하는 창의적 인재의 역량은 질문할 수 있는 환경에서 시작된다. 우리 아이는 어떤 환경에 놓여 있는가? 창의력 발달을 위한 환경을 갖추고 있는지 점검해보자(창의적 환경 체크리스트 참조).

재능 발현을 위한 창의적 환경 찾는 법

우리 아이가 예술에 관심이 많다면 예술씨앗학교를 찾아보는 것도 좋은 방법이다. 문화체육관광부와 한국문화예술교육진흥원은 2008년부터 전국에 400명 이하의 소규모 학교를 선정하여 공연, 음악, 시각, 통합예술 등 다양한 문화예술 교육을 장기적으로 지원하고 있다.

서울 개화초등학교는 문화예술 교육 활성화를 통해 학생 개개인의 문화예술성을 신장하는 것을 목적으로 한다. 아이패드를 활용하여 그림을 그리는 디지털 드로잉 과정은 디지털 기기를 사용해서 그렸을 때의 편리함을 직접 체험해볼 수 있다. 전자오케스트라는 아이패드로 음악을 만드는 과정을 통해 전자기기의 사용 능력과 음악적 감수성을 함양할 수 있다.

모래를 움직이며 새어 나오는 빛 효과를 체험할 수 있는 샌드아트는 샌드 테이블에 그림 그리는 체험을 한 다음 협력해서 공연 무대의 배경을 만든다. 협력 활동은 사회성 증진뿐만 아니라 표현 능력을 점차 향상한다.

우리 아이가 컴퓨터에 관심이 많고 융합 교육의 필요성을 느끼고 있다면 소프트웨어 선도학교에 관심을 기울여보자. 소프트웨어 연구·선도학교는 교과 수업뿐만 아니라 창의적 체험활동과 방과 후 학교 등을 통해 다양한 소프트웨어 교육을 실시한다. 2019년 191개 학교가 신규 소프트웨어(SW) 교육 선도학교로 선정됐으며, 초등학교 1,081곳, 중학교 461곳, 고등학교 279곳이 있다.

동성초등학교는 소프트웨어 교육을 교과에 반영하여 융합교육을 실시한다. 전 학년을 대상으로 진행되는 총 30차시의 창의적 체험활동은 소프트웨어에 대한 친밀감과 교과 교육의 효과를 높일 수 있다.

4차 산업혁명 시대에 아이의 재능을 키워줄 학교가 아직 준비되어 있지 않다고 생각하는가? 또는 너무 많은 비용이 들어 재능의 날개를 달아줄 엄두가 나지 않는가? 조금만 관심을 기울이면 아이의 재능을 키울 수 있는 교육 환경을 얼마든지 찾을 수 있다. 문제는 경제적 능력이 아니라 관심이다.

| 초등 영재 선도학교 현황 |

지역	학교명	대상 학년	재능계발 탐색 영재교육 프로그램 주제(안)	관련교과(분야)
서울	우이초	4, 5	분야별 역량 융합을 통한 예비 영재 학생들의 융합적 사고력 향상	과학, 국어, 미술, 정보, 융합
서울	수명초	4	수명초 영재발굴단!	수학, 과학, 정보, 미술
서울	잠전초	4~6	피지컬 컴퓨팅으로 창의융합형 인재 기우기	정보
서울	남사초	4, 5	영재교육을 활용한 일반학생 재능계발 프로그램 운영	수과융합, 미술, 진로 프로젝트 학습
부산	성남초	3, 4	STAR 프로그램 적용을 통한 재능 Catch up! 방안 모색	수학, 과학, 언어, 발명
부산	영도초	3~6	BEST(기초, 재미, 융합, 생각) 영재 프로그램 적용을 통한 재능 발견 프로젝트	메이커 교육, 과학, 수학, 정보, 미술, STEAM, 발명, 리더십, 창의성, 진로
부산	해림초	3, 4	〈3味 재능 가꿈·키움·채움 프로그램〉 적용을 통한 재능 UP! 방안 모색	수학, 과학, 정보, 발명
대구	동성초	3	우리들의 꿈이 자라는 쑥쑥 배움터 운영	융합, 정보과학
대구	봉덕초	3~6	체험 중심의 통합교과적 재능 계발 영재교육 프로그램을 통한 협업 및 창조적 생산 역량의 강화	융합
대구	비슬초	3, 4	창의·재능 프로젝트로 THE 푸른 영재꿈나무	융합
인천	삼산초	3	학교 중심형 예비 영재교육 프로그램 모형 개발	수학, 과학, 정보
인천	부원초	3~5	방과후 연계 예비 영재학교 교육 프로그램	수학, 과학, 정보, 인문, 융합
대전	관평초	3, 4	창의 톡(Talk)!톡(Talk!), 실력 쑥쑥! 관평 꼬마 영재 과학자 프로젝트!	수학, 과학, 발명, 정보, 인문(예술 포함)
대전	도안초	4	톡톡통! 배움(Talk), 채움(Talk), 소통(通)이 있는 꿈 자람 영재 교실	수학, 과학, 융합, 리더십
대전	샘머리초	4	꿈! 끼! 짱! 함께 찾는 너와 나	수학, 과학, 융합, 리더십
울산	굴화초	3, 4	예비영재 교육을 위한 〈POWER-UP〉 프로그램	과학, 정보

지역	학교명	대상 학년	재능계발 탐색 영재교육 프로그램 주제(안)	관련교과(분야)
울산	웅촌초	3, 4	농촌학교, 영재교육을 접하다	융합, 발명
세종	고운초	4	나의 꿈을 찾아가는 행복한 영재	수학, 과학, 정보
경기	고촌초	3, 4	〈자연을 품은 예비 영재교육〉 All READY &START-UP All 프로그램을 통한 모두의 재능 발견	인문사회, STEAM, 예술, SW-Robot
경기	내정초	3	놀이로 즐기는 학교 속 세상	수학, 과학, 정보, 미술, 융합
경기	대곶초	3~6	대곶초 재능통 역량중심 영재교육 프로그램	수학, 과학, 정보, 미술, 체육, 외국어, 인문사회
경기	대야초	4~6	놀이의 행복	과학, 수학, 발명, 정보
경기	매여울초	3, 4	A-P-S(Algorithm-Programming-Show)로 배우는 코딩	정보과학
경기	삼성초	3~5	누구나 큰 나래 펼치는 삼성초 영재교육	수학, 과학, 발명, 창의
경기	세류초	5, 6	소통의 Do Dream(두드림), 기회의 Do Dream(두드림), 변화의 Do Dream(두드림)을 통한 상상과 도전을 실천하는 창의적 융합인재(STEM) 육성	수학, 과학, 정보, SW
경기	안양부안초	4, 5	발명, 과학, 수학을 통한 영재교육과의 만남	수학, 과학, 발명, 인문사회
경기	해밀초	3	Think Big but Start small(크게 생각하고 작게 시작하라)	과학, 수학, 예술, 감성, 정보(코딩)
경기	화성화수초	3~5	ES(Early Software) 프로그램 운영을 통한 예비 SW 영재양성	융합
충북	군서초	3~6	지역사회의 전문적 창의·융합 인적자원 교류를 통한 군서' 스팀업(STEAMUP!) 영재교육 프로그램 운영	창의·융합(수학, 과학, 정보, 발명, 외국어, 미술, 음악, 체육, 문예창작)
충북	창리초	3~4	3, 4학년 아동의 재능 계발·탐색을 위한 예비 영재교육 프로그램 개발 및 운영 방안 탐색	수학, 과학, 발명,융합
충북	수성초	3~5	누구나 도전하고 성취하는 즐거움이 함께하는 수성-A.C.E 재능계발탐색영재교육모델개발	수학, 과학, 예술(음악, 미술), 융합과학, 발명

지역	학교명	대상 학년	재능계발 탐색 영재교육 프로그램 주제(안)	관련교과(분야)
충남	내포초	3,4	창의 융합 캠프를 통한 영재성 계발	수학, SW
충남	대천 동대초	4	융합영재교육으로 즐거움 가득, 창의력 쑥쑥!	수학, 과학, 융합, 인문사회
충남	천안 오성초	4	W.I.T.H& 프로젝트로 예비 영재 길러내기	수학, 과학, 융합과학, 예체능(국어, 무용, 체육)
전북	전주 송원초	4~6	SW영재교육을 통한 창의융합적 사고력 기르기	정보
전북	전주 오송초	6	건지산 생태보물찾기	과학
전북	장계초	3~6	융합인재교육을 통한 농촌학교 영재교육 프로그램 모델 개발	과학,정보,미술,국어
전남	해룡초	4	재능계발 영재 프로젝트 수업을 통한 창의·융합 미래핵심역량 함양	과학,융합
전남	장성 중앙초	4~6	Smart 3Go 영재교육으로 디지로그人 기르기	수학, 과학, 정보
전남	대불초	3	학생 활동 중심 재능계발 영재 프로젝트 수업을 통한 창의·융합 미래핵심역량 함양(꿈을 키우는 행복한 놀이터)	수학, 과학, 융합, 정보
경북	오천초	3, 4	A.R.T School Program으로 미리 만나는 영재 트램플린	미술
경북	월성초	3 ,4	SW프로그램 프로젝트 수업을 통한 융합적 탐구능력 신장	융합
경북	울진 남부초	3~6	바른 인성을 함양한 창의융합형 영재리더 꿈꾸기	수학, 영어, 인문(언어), 리더십, 과학, 정보(SW), 융합, 발명, 미술
경남	무지개초	3~6	재미,도전,상상이룸 프로젝트를 통한 영재교육 활성화	수학, 과학, 정보, 외국어, 발명, 도예
경남	안청초	3, 4	리틀(LITtLE) 영재 프로그램 운영을 통한 모두를 위한 재능 개발	5개 핵심역량
경남	진영 금병초	3	'SAM 프로그램'을 통한 나의 재능 찾아가기	SW, 융합예술,수학, 과학

출처 : 한국교육개발원

온·오프라인의 옥토에 뿌리를 내려라

승패의 순간, 이기기 위해 작동을 멈춘 인공지능

탑승자 한 명을 태우고 도로를 달리는 자율주행자동차 앞에 갑자기 보행자 두 명이 튀어나왔다. 그대로 진행하면 두 명을 치고, 좌회전하면 낭떠러지로 떨어진다. 이때 우리는 어떤 선택을 할 것인가?

AI의 선택은 숫자상 인명 피해가 적은 왼쪽이다. 다수를 위해 소수를 희생하는 것이다. 그러나 탑승자가 두 명이고, 보행자가 한 명이라면 상황이 달라진다. 과연 최소의 인명 피해를 위해 그대로 진행해야 한다고 말할 수 있을까?

모든 사람의 선택이 같을 수 없는 것처럼 인공지능이 아무리 뛰어난 예측력을 갖고 있더라도 인간만이 가질 수 있는 의외성을 뛰어넘을 수는 없다.

지금까지 없던 새로운 데이터를 생산할 때마다 높은 보상을 주자 인공지능은 기존의 데이터를 전부 지워버렸다. 자율주행자동차가 사고를 내지 않고 멀리 갈수록 높은 보상을 주자 인공지능은 제자리에서 빙빙 돌았다.

또한 테이블에 놓인 블록을 옆으로 이동시킬 때마다 점수를 주자 아예 테이블을 옆으로 옮겨버렸다. 상자를 높이 들수록 높은 보상을 주자 채점 기준이 밑면의 높이인 것을 알아낸 AI는 상자를 들지 않고 뒤집어버렸다.

승패의 순간에 이기기 위해 작동을 멈추고, 경쟁에서 살아남기 위해 수단을 가리지 않는 인공지능을 뛰어넘을 우리 아이만의 경쟁력을 갖췄는가? AI와의 공존을 피할 수 없다면, AI와의 경쟁을 선택하기보다 AI를 사용할 수 있는 능력을 길러야 한다.

이를 위해서는 정보를 단순히 받아들이는 것에서 벗어나 비판적 시각으로 디지털 세계를 이해하고 활용하며 스스로 생산할 수 있는 종합적인 능력이 필요하다.

정보의 옳고 그름을 판단하는 디지털 리터러시

우리가 접하는 수많은 데이터 중에 어떤 것이 올바른 정보이고 어떤 것이 거짓 정보인지 구별할 수 있는 능력이 '디지털 리터러시'다. 디지털 리터러시란 '정보기술과 인터넷을 활용해 콘텐츠를 찾아내고, 평가하고, 공유하고, 창조하는 능력'을 말한다.

인공지능은 데이터를 기반으로 판단하기 때문에 어떤 데이터를 학습했느냐에 따라 확연히 다른 결과를 나타낸다. 마이크로소프트(MS)에서 개발한 인공지능 채팅 로봇 '테이(Tay)'는 서비스를 시작한 지 16시간 만에 운영이 중단되었다. 수많은 사람과의 대화를 그대로 학습한 것이 문제였다. 인종차별과 욕설까지 학습한 테이는 판단력이 없는 인공지능의 모습을 여실히 보여주었다.

2018년 아마존이 여성 차별 논란을 일으킨 인공지능 인력 채용 시스템을 폐기했다. 지난 10년간의 지원자 이력서를 검토하고 채용에 적합한 데이터를 학습한 인공지능이 여성보다 남성을 선호하는 패턴을 보였던 것이다. 이후 여성이라는 단어에 감점을 주지 않고 중립적으로 평가하도록 개선했지만 문제가 반복되었다.

이러한 데이터의 편향성은 일상에서도 찾아볼 수 있다. 하루에도 수없이 많은 정보가 업데이트되고 소멸되는 디지털 정보 중에 어떤 것이 사실이고, 어떤 것이 거짓인지 구분하기 힘들 뿐만 아니라 전달자에 따라 편향되고 왜곡된 정보를 낳는다. 여기서 필요한 것이 디지털 리터러시다.

인공지능과 공존해야 한다면 디지털 리터러시가 필요하다

미래형 IT 학교 알트스쿨이 7개 학교 중 3개를 폐쇄했다. 알트스쿨은 전교생에게 태블릿 PC를 제공하고, 학생의 흥미나 특성에 따라 맞춤형 수업을 했지만 판단력이 떨어지는 아이들이 자신이 원하는 수업만 진행하려 한 것이 문제였다. 한쪽으로 편중된 교육은 또래와 격차를 벌였다. 맞춤법이나 글 읽기를 대신해주는 음성 지원 서비스 덕분에 아이들은 글자를 학습할 필요성을 느끼지 못했다.

디지털 리터러시는 비판적 사고뿐만 아니라 디지털을 통해 세상을 바라보는 법을 가르친다. 인간에 대한 기본권리를 이해하고, 인공지능과 빅데이터를 활용하여 올바른 컴퓨터 사용법을 익히는 것이 디지털 리터러시 역량이다.

지금까지 우리는 4차 산업혁명 시대 부모로서 우리가 어떤 땅인지 살펴보고, 우리 아이의 재능이 묘목으로 자라게 하기 위해 척박한 땅을 옥토로 만드는 과정을 살펴봤다. 다음 장에서는 4차 산업혁명 시대 필요한 재능을 키우는 과정을 진로발달 단계에 따라 학년별로 구분하고, 우리아이의 성향과 시대에 맞는 진로탐색과정과 방법을 제시한다.

진로발달 시기별로 우리 아이만의 재능 포트폴리오 작성하면서 이 글을 읽다보면, 어느새 4차 산업혁명 시대 흔들리지 않는 우리 아이만의 재능 포트폴리오가 완성되어 있을 것이다.

| 모래땅인가, 늪지인가 체크리스트 |

	문항	체크
1	또래 친구를 만들어주기 위해 일부러 시간을 내서 학부형들끼리 어울린 적이 있다.	
2	학교 담임선생님에게 학부모 상담이나 긴급 연락 외에 카톡이나 연락을 자주 하는 편이다.	
3	성적 향상이 보장된 실력 있는 선생님을 만나면 얼마든지 페이를 지불할 의사가 있다.	
4	수학을 1년 이상 선행 중이며 주기적으로 실력을 체크하기 위해 경시대회에 나간다.	
5	엄마의 정보력이 아이의 실력을 좌우한다고 생각한다.	
6	아이의 교육을 위해서라면 언제든지 이사를 갈 생각이 있다.	
7	유명하다는 지역 외 명문학원을 찾아 아이를 데리고 다닌 적이 있다.	
8	무슨 일이 있어도 숙제 체크만은 꼭 하는 편이다.	
9	방학 때 학원 스케줄이 학기 중 스케줄보다 많은 편이다.	
10	지역 학원 정보를 많이 수집하고, 우리 아이에게 맞춰 입시 컨설팅을 받을 필요가 있다고 생각한다.	

테스트 결과
체크된 문항이 8개 이상이면 늪지형 부모로 교육에 대한 관심이 높지만 자녀의 역량을 점검해 교육의 방향과 목표를 설정해야 한다. 체크된 문항이 5개 이하라면 교육의 투자 방향이 없는 모래땅 유형으로 아이의 역량 점검과 함께 교육의 방향을 정해야 한다.

| 경사지인가, 평지인가 체크리스트 |

	문항	체크
1	4차 산업혁명 시대에 교육의 변화와 미래 전망 있는 직업에 대해 알고 있다.	
2	해마다 학교생활기록부를 확인하고 보완하기 위해 노력한다.	
3	우리 동네 학군과 학교 특징에 대해 알고 있다.	
4	평준화 지역과 비평준화 지역을 구분할 수 있다.	
5	우리 동네 학군과 학교 특징에 대해 알고 있다.	
6	고교학점제와 평가 방식에 대해 알고 있다.	
7	입시제도의 변화에 대해 관심을 가지고 공부하고 있다.	
8	대학입시 용어와 전형에 대해 잘 알고 있다.	
9	혁신학교와 중점학교에 대해 알고 있다.	
10	일반고와 특목고의 차이점과 학교별 특성을 구분할 수 있다.	
11	스팀(STEAM) 교육이 무엇인지 알고 있다.	
12	소프트웨어 능력은 문이과를 구분할 필요가 없다고 생각한다.	
13	디지털 리터러시라는 용어를 이해하고 있다.	
14	학원을 보내는 뚜렷한 목적이 있다.	
15	예체능 학원을 보내는 이유가 있다.	
16	컴퓨팅 사고력은 코딩을 하기 위해 필요한 능력이다.	
17	메이커가 무엇인지 알고 있다.	
18	우리 아이 학교가 무엇을 중점으로 교육하는지 알고 있다.	
19	지역 도서관에서 교양이나 진로 프로그램을 이용한 적이 있다.	
20	일단 공부를 잘해야 뭐든 할 수 있다고 생각한다.	

테스트 결과
체크된 문항이 15개 이상이면 평지형 부모로 규모 있는 투자와 정보력을 토대로 재능의 씨앗을 심기만 하면 된다. 체크된 문항이 7개 이하라면 급경사지형 부모로 자녀의 교육에 좀 더 관심을 갖고 정보력을 쌓아야 한다.

| 창의적 환경 체크리스트 |

	문항	체크
1	나는 내 생각을 부모님께 잘 말하는 편이다.	
2	집에서 나는 자유로운 편이다.	
3	우리 부모님은 나를 자랑스럽게 생각하신다.	
4	평소 시간이 남으면 핸드폰 하며 보내는 편이다.	
5	TV를 보지 않거나 핸드폰을 하지 않으면 할 게 별로 없다.	
6	새로운 환경보다 익숙한 환경이 좋다.	
7	집에서 옷을 버리거나 방을 어지럽히는 행동은 용납되지 않는다.	
8	슬라임이 옷에 묻으면 엄마한테 혼날까 봐 두려워 못 한 적이 있다.	
9	내가 뭔가를 시도하면 부모님은 늘 걱정하는 편이다.	
10	나는 항상 물건이 제자리에 있는 것이 좋다.	
11	부모님은 내가 하는 일을 지지하는 편이다.	
12	나 스스로 결정할 수 있는 일이 별로 없다.	
13	우리 집에서는 뛰거나 떠들면 안 된다.	
14	우리 집은 되는 것보다 안 되는 것이 더 많다.	
15	나는 항상 새로운 일이 없을까 고민한다.	

테스트 결과

체크된 문항이 5개 이하이면 창의성이 발달할 수 있는 좋은 환경이다. 체크된 문항이 10개 이상이면 창의성이 발달하기 어려운 보수적인 환경이다. 6~9개 사이라면 창의성이 발달할 수 있는 환경으로 바꿔야 한다. 우리 아이에게 재능이 있다면 재능을 발달시킬 수 있는 환경으로 바꿔보자.

PART 2

내 아이 재능 포트폴리오 만드는 법

1장

초등학교 1~3학년,
재능의 씨앗을 심어라

씨앗을 뿌리기 전에 충분한 거름을 주자

학습 습관을 형성하는 시기(초1~초3)

초등학교 3학년까지는 학습 습관을 형성하는 시기다. 이 시기에 엉덩이 붙이는 연습을 하지 못한 아이들은 고학년이 돼서 학습 습관을 형성하느라 대부분의 시간을 보내거나, 학습 부족으로 '다알못(다 알지 못함)'을 선언한다.

학습 습관을 들이기 위해서는 밥을 먹듯이 매일 꾸준히 정해진 시간에 학습할 수 있도록 규칙을 정하는 일이 무엇보다 중요하다. 초등학교 시기의 언어와 과학, 수학 문해력은 재능 발달에 양분을 제공한다.

수학은 영역별 학습이 중요하다

초등학교 수학은 수와 연산, 도형, 측정, 규칙, 확률과 통계, 5개 영역으로 구분된다. 초등학교 1학년부터 3학년까지는 5개 영역의 균형적인 학습이 중요하다. 사고력 수학학원을 다니지 않더라도 시중에 판매하는 문제집을 활용하여 다양한 영역의 수학 재능을 발달시킬 수 있다.

연산은 풀이 과정에 꼭 필요한 능력이지만 문제의 의도를 분석하고 해결할 수 있는 수학적 사고력은 다양한 영역의 학습이 균형을 이루지 않으면 발달하기 어렵다.

연산을 처음 공부하는 아이라면 한 부분의 연산에 집중하기보다 학년 과정에 맞는 연산을 고르는 것이 좋다. 풀이 과정에서 아이가 자주 틀리는 부분이 있다면 그 영역의 연산을 보충하면 된다. 상위권 연산은 일반 연산을 선행하고 수학적 사고가 가능할 때 해도 늦지 않다.

도형은 평면도형과 입체도형에 대한 정확한 이해와 입체 감각을 익히는 것이 중요하다. 도형을 이론으로만 공부한 아이들은 중학교 과정에서 입체도형의 꼬인 위치와 잘린 단면을 이해하는 데 어려움을 느낀다. 입체와 평면을 구분하고, 전개도를 직접 그려 도형을 만들어보는 활동과, 쌓기나무를 쌓아보는 감각적 활동은 도형을 이해하고 학습하는 데 도움이 된다.

공간감각과 입체적인 시각으로 사물을 바라보는 능력은 4차 산업혁명 시대에 중요한 역량이다. 실제로 3D 프린터를 출력하기 위해서는 다양한 각도에서 바라볼 수 있는 입체 감각이 필요하다.

측정은 초등학생들이 가장 어려워하는 분야이다. 시각과 시간, 단위와 무게 비교는 초등학교 저학년이 가장 이해하기 어려운 부분이다. 아무리 좋은 문제집도 시계의 큰 바늘과 작은 바늘이 함께 움직인다는 것을 표현하는 데 한계가 있기 때문에 직접 만져보고 이해하는 활동이 무엇보다 필요하다.

비교는 다른 어떤 영역보다 독해력이 중요하다. "철수는 영희보다 크다. 영희는 민수보다 작다. 민수는 철수보다 작다. 누가 가장 작은가?" 이것은 문제에 대한 이해가 없다면 풀기 어려운 문제다. 비교 영역에서 가장 중요한 것이 문제 분해와 조합 능력이다.

오늘부터 서점에 한번 가보자. 시각적으로도 보기 좋고 수준별로 구분된 문제집을 얼마든지 찾을 수 있다. 우리 아이가 문제를 이해하지 못한다고 판단하기 이전에 아이의 수준에 맞는 문제집 선택이 선행되어야 한다.

수학은 한 영역에 집중해서 속도를 내기보다 균형 잡힌 학습을 통해 수학에 대한 호기심을 높이는 것이 중요하다. 영역별로 잘 구성되어 있는 문제집을 선택하고 한 장씩 나눠 학습해보자. 아이가 좀 더 잘하고 흥미를 느낀다면 페이지를 늘려보는 것도 좋다. 이렇게 매일 엉덩이를 붙이고 공부하는 습관을 들여야 힘들지 않게 꾸준히 공부할 수 있다.

영역별 추천 수학 문제집은 다음과 같다.

- 문장제 문제집 : 《나 혼자 푼다! 수학문장제》(이지스에듀), 《기적의 수학문장제》(길벗스쿨), 《수학독해》(씨투엠에듀), 《천재탐정퍼즐》(키출판사)
- 사고력 수학 : 《사고력 수학 노크》(천재교육), 《TOP 사고력 수학》(천종현수학연구소), 《창의 사고력 초등수학 팩토》(매스티안), 《상위권 수학 960》(시매쓰출판), 《최상위 사고력》(디딤돌), 《수학 1031입문 A》(시매쓰출판)
- 연산 문제집 : 《하루 한 장 쏙셈》(미래엔), 《빅터 연산》(천재교육), 《쎈 연산》(좋은책신사고), 《상위권 연산 960》(시매쓰출판)
- 수학 개념 : 《초등수학사전》(비아에듀), 《와이즈만 수학사전》(와이즈만북스), 《교과서 수학 비교 사전》(국민출판), 《제대로 수학개념》(다락원)
- 방학 선행 교재 : 《해결의 법칙》(천재교육)
- 학기별 문제 : 《초등수학 기본+응용》(디딤돌), 《쎈 초등 수학 6-1》(좋은책신사고)
- 수학 놀이 및 실험 : 《수학 시간에 놀이하자!》(지식프레임), 《초등학생을 위한 수학실험 365》(바이킹)

문해력은 국어에서 출발한다

4차 산업혁명 시대에 문해력은 재능 개발을 위한 기초 소양이다. 소셜미디어와 자극적인 콘텐츠에 익숙한 아이들은 단문 위주의 자극적인 문장을 선호하고, 신조어와 줄임말을 사용한다. 언어의 올바른 사용과 근간을 배워야 할 시기에 우리 아이들이 '개꿀'을 외치고 있다.

언어는 그 민족의 정체성을 담고 있다. 의성어와 의태어가 많은 한국어는 다른 어떤 나라 언어보다 다양한 감정 표현이 가능하다. 예술적 표현력이 풍부한 우리의 언어는 다양한 아티스트들과 소셜 미디어를 통해 전 세계로 뻗어나가고 있다.

국어는 습득하는 과목이 아니라 이해하는 과목이다. 디지털 리터러시를 배양해야 하는 우리 아이들이 모국어조차 온전히 이해하지 못한다면 언젠가 우리의 정체성을 AI로부터 학습해야 할지도 모른다. 국어는 많이 읽는 것보다 어떻게 읽느냐가 더 중요하다. 책을 읽고 어떤 내용인지 반추하는 과정은 내용을 깊이 있게 이해하는 데 도움을 준다. 요즘은 초등학생도 혼자 독해를 연습할 수 있는 교재들이 많다. 짧은 문단으로 된 제시문은 부담도 없고 어렵지도 않다. 독해력이 일정한 수준에 이르렀다면 문단의 키워드를 정리하고 스토리를 발표해보자. 아마도 '우리 집의 설민석'을 만나볼 수 있을 것이다.

글쓰기와 의사소통 능력은 국어에서 상당히 중요한 부분을 차지한다. 영재교육원을 준비하는 아이들은 면접과 자기소개서를 통해 초등학교 과정을 정리해볼 수 있다. 자신이 왜 이러한 과정에 관심을 갖게 되었는지, 어떠한 활동을 준비해왔는지 증명하는 과정을 통해 글쓰기와 의사소통 능력을 점검받을 수 있다.

학생부 종합전형의 파일럿 과정이라고 할 수 있는 이 과정을 준비해보는 것도 아이에게 좋은 경험이 될 수 있다.

추천 국어책 및 문제집은 다음과 같다.

- 어휘 및 사전 : 《생각하는 교과서 어휘 국어·사회 편》(알라딘북스), 《스토리텔링 우리말 교과서》(북멘토), 《개념 잡는 초등낱말 활용 사전》(주니어김영사), 《국어가 좋아지는 국어사전》(킨더랜드)
- 독해력 문제집 : 《하루 한장 독해 초등국어》(미래엔), 《초등국어 독해력 사다리》(다락원), 《기적의 독해력》(길벗스쿨), 《뿌리 깊은 초등국어 독해력》(마더텅)
- 기타 : 《그래서 이런 말이 생겼대요》(길벗스쿨), 《너무 재치 있어서 말이 술술 나오는 저학년 속담》(키움), 《미리 보는 초등 국어 교과서》(고래가숨쉬는도서관), 《초등학교 선생님이 국어책에서 쏙 뽑은 저학년 옛이야기》(키움), 《귀가 번쩍 관용어, 무릎을 탁! 국어왕》(상상의집), 《쓰담쓰담 초등국어》(42미디어콘텐츠), 《가장 쉬운 초등 맞춤법 띄어쓰기》(동양북스), 《재미있고 똑똑한 100점 받아쓰기》(파란정원), 《국어가 쉬워지는 초등 고전 읽기》(대일출판사)

현상에 대한 호기심과 탐구 활동은 과학적 사고의 시작이다

현상에 대해 늘 "왜 그런 거야?"라고 질문을 던지는 아이는 과학적 사고가 발달했다고 볼 수 있다. 호기심을 가지고 사물을 비판적으로 바라보는 시각은 4차 산업혁명 시대에 필수 역량이다.

과학에 관심이 많은 친구들은 최대한 많이 만져보고 실험할 수 있는 환경이 중요하다. 요즘은 집에서 실험해볼 수 있는 과학 키트를 어렵지 않게 구할 수 있다.

또한 과학을 쉽게 풀이해놓은 만화 형식의 과학책도 많다. 시각적 자료로 부족하다면 VR과 AR을 활용한 동영상 강좌를 시청하는 것도 하나의 방법이다. 영재교육원에 지원하는 경우 이런 활동을 통해 문제를 발견하고, 관찰하고, 해결하는 과정을 기록한다면 과학적 호기심과 탐구 능력을 증명할 수 있을 것이다.

추천 과학책 및 개념서는 다음과 같다.

- 과학 개념 및 상식 : 《초등학생이 딱 알아야 할 과학상식 이야기》(파란정원), 《질문하는 과학실》(뜨인돌), 《초등학생을 위한 개념과학 150》(바이킹)
- 과학 실험 : 《신나는 과학실험의 모든 것》(미다스북스), 《초등학생을 위한 과학실험 380》(바이킹), 《초등 필수 과학실험 100》(길벗), 《즐거운 과학실험실》(꿈결)
- 기타 : 《1학년이 가장 궁금한 과학》(예림당), 《그래서 이런 전통과학이 생겼대요》(길벗스쿨), 《초등학생이 알아야 할 과학 100가지》(어스본코리아)

재능을 심을 시기는 아이의 성장 속도에 따라 결정된다

뇌 발달 속도는 사람마다 다르다

《브레인 룰스》의 저자 존 메디나는 인간에게 똑같은 뇌회로는 존재하지 않으며, 뇌의 발달 속도는 사람마다 다르다고 말한다. 따라서 모두에게 적합한 표준 학습이란 존재할 수 없으며, 학습 결과를 개선하기 위해서는 각자의 역량에 맞는 학습의 개별화가 필요하다는 것이다. 즉 자신의 유형에 맞는 방식으로 학습할 때 가장 긍정적인 효과를 낼 수 있다.

진로도 마찬가지다. 아이의 성향과 역량에 맞는 재능 탐색과 경험을 제공했을 때 아이가 꿈꾸는 미래와 가장 가까울 수 있다. 무엇을 얼마나 많이, 얼마나 빨리 배울 수 있는지는 뇌가 결정한다. 스위스의 심리학자 장 피아제는 아이의 언어 능력, 사회성, 정서, 집중력, 감정 표현 능력이 일정한 단계를 거쳐 순차적으로 발달한다고 말했다.

생후 3년간은 인지, 정서, 신체 능력이 골고루 발달한다. 6세까지는 뇌의 언어 기능과 시각 정보를 담당하는 측두엽과 후두엽이 발달한다. 이 시기는 언어가 급격히 발달하고 사물을 묘사하는 상징적 기능이 발달한다.

만 6세부터 12세까지는 '생각하는 뇌'라고 불리는 전두엽과 전전두엽이 발달한다. 전전두엽이 발달하는 시기에 재능을 개발하려면 뇌를 반복적으로 자극해 신경세포인 뉴런과 뉴런을 연결하는 시냅스를 활성화해야 한다. 뇌는 반복적인 행동을 했을 때 시냅스가 발달하고 정교해지므로 이 시기에는 다양한 경험을 제공해야 한다.

재능 발달에도 적기가 있다

미술 재능은 입체 감각, 조형 감각, 색감, 공간 능력, 수리력 등 종합적인 사고력이 필요한 작업이므로 지능과 인지 능력이 발달해야 한다. 그림 그리는 것을 좋아하거나 특이한 그림을 잘 그린다고 해서 미술 재능이 뛰어난 것은 아니다.

2~4세 아이들은 목적과 의미 없는 낙서나 찢기를 통해 처음으로 자기표현을 한다. 이때 부모는 "종이가 찢어졌네"와 같이 주어와 동사를 사용해 구체적인 행위를 아이의 활동과 연결해주는 것이 좋다.

4~7세는 창의력이 발달하고 아는 것을 위주로 주관적인 그림을

그리는데, 이때 아이들의 그림은 자기중심적으로 표현되므로 작품을 통해 아이의 심리를 들여다볼 수 있다.

사물의 형태와 개념을 이해하고 도식화가 가능한 7~9세는 자신이 경험한 것에 따라 창의성과 표현법이 극대화된다. 이때 중요도에 따라 표현을 강조하거나 생략하기도 하며 공주와 로봇 그림을 가장 많이 그리는 시기다.

9~11세는 사람과 사물에 대한 객관적 시각과 사실적인 표현이 가능하다. 아이가 미술에 꾸준히 재능을 보인다면 수채화나 소묘 등의 미술 교육을 효과적으로 받아들이는 시기다.

미술 재능에 대한 평가는 13세가 넘어야 가능하기 때문에 꾸준히 관심을 갖고 재능을 개발해야 한다. 아이가 3시간 이상 미술 활동에 집중하면서 재미를 느낀다면 관찰, 투시, 원근의 개념을 이해하고 근육이 발달하는 11~13세 이후 전문적인 미술 교육을 시키는 것이 좋다.

음악 재능은 다른 재능에 비해 비교적 빨리 알아차릴 수 있다. 청각은 생후 가장 먼저 발달하는 감각이다. 음악 재능은 10세 이전에 얼마나 많은 음악을 접했는가에 따라 달라진다. 아이의 음악 재능 발달 단계에 맞춰 적절한 교육을 제공하는 것이 무엇보다 중요하다.

만 3세 무렵이면 음의 구성을 이해하고, 두드리는 악기나 단순 건반 악기를 연주할 수 있다. 5세 전후에는 음의 높낮이와 리듬을 구분할 수 있는데, 이 시기에 절대음감이 결정되고 음악적 재능이 나타난다. 리코더나 멜로디언으로 악기를 경험하게 해주고 재능에 따라 악기 교육을 시작해도 된다.

7세 전후는 화음을 이해할 수 있으며 음정에 맞춰 노래를 부를 수 있다. 이 시기는 박자감이나 악보 읽기가 가능하고 다양한 악기를 다룰 수 있는 능력이 발달한다.

9세 전후는 음악적인 선호와 재능이 고착화되는 단계로 평생의 음악 재능과 선호에 영향을 주는 시기다. 따라서 음악 교육은 5~7세 이전에 청음 교육부터 시작하는 것이 가장 바람직하다.

피아노는 음악의 기초 이론을 공부하기에 유용하다. 만 4세부터 피아노를 칠 수는 있지만 건반을 치는 데 어려움을 느끼거나 페달을 제대로 밟을 수 없기 때문에 7세 정도에 시작하면 좋다.

호흡기관이 발달한 이후에 소화할 수 있는 클라리넷이나 플루트는 최소 초등학교 3학년이 지나야 가능하다. 바이올린과 같은 현악기는 만 4세에 시작해도 되지만 근육에 무리가 갈 수 있다.

운동 재능은 신체감각이 발달하는 만 4~5세 무렵에 발견할 수 있다. 걷기, 뛰기, 뛰어내리기, 달리기와 같은 기본 이동 운동과 던지기, 잡기, 드리블, 굴리기, 차기, 멈추기 등의 조작 운동이 발달하는 7세 이전에는 기본적인 스포츠 동작을 익히는 것이 중요하다.

8세 전후는 신체가 골고루 발달하기 때문에 전신 근육을 움직이는 운동이 적합하고, 10세 전후는 신체 활동이 왕성한 시기이므로 기능을 필요로 하는 운동을 가르치면 좋다. 운동 능력은 크게 민첩성, 평형성, 근력, 유연성, 순발력 등을 들 수 있다. 근력과 유연성은 노력하면 얼마든지 개발할 수 있지만, 타고나는 민첩성과 순발력,

평형성의 80~90%는 10세에 완성되므로 운동 적성은 이 시기에 판단하는 것이 좋다.

주력(달리기)과 도약력이 발달하여 전신운동이 가능한 12세는 다양한 운동 능력이 발달하기 때문에 재능 있는 운동에 집중하거나 전문적인 운동을 시작해보는 것이 좋다. 14세 이상이 되면 운동에 대한 흥미나 노력이 숙달되는 시기이므로 운동 재능의 발견과 교육은 14세 이전에 이뤄져야 한다.

언어 재능은 만 3세 전후에 알 수 있다. 언어 재능이 뛰어난 아이는 말을 조리 있게 잘하고, 이해력이 빠르며, 의사소통 능력이 뛰어나다. 하지만 글을 잘 쓰는 문예적 재능은 15세 이상이 되어야 판단할 수 있다. 수학과 과학 재능은 만 15세 이상은 되어야 알 수 있다. 논리적이고 추상적인 사고력이 뒷받침되어야 하는 수학과 과학 재능은 수리력, 탐구력, 변별력, 관찰력이 요구된다.

초등학교 3학년 아이를 보고 글쓰기 재능이 없다고 판단하지 않는가? 또는 초등학교 2학년 아이에게 과학 재능이 부족하다고 생각하는가? 재능을 심을 시기는 부모가 아니라 아이의 발달 속도에 따라 결정된다.

재능 발달 속도는 기질에 따라 다르다

기질은 아이가 '어떻게' 행동하는지를 설명한다. 외부 자극에 대한 반응의 차이를 결정하는 것은 타고난 아이의 기질이다. 재능 발달

을 위한 우리 아이의 기질은 어떠한가? (우리 아이 기질 체크리스트 참조)

기질은 대개 타고나는 것으로 웬만해서는 바꾸기 힘들다. 40%의 아이들이 쉬운 아이(easy child)에 해당된다. 쉬운 아이는 새로운 환경에 쉽게 적응하고 변화에 민감하지 않다. 자신의 욕구가 좌절되어도 크게 실망하지 않는 쉬운 아이는 양육하기 편하다.

하지만 쉬운 아이도 기질에 맞는 환경이 주어져야 빛을 발한다. 쉬운 아이는 까다로운 아이에 비해 자기표현이 강하지 않기 때문에 독립성과 자기 결정성을 높이는 환경이 필요하다.

까다로운 아이(difficult child)는 식사 시간과 수면이 불규칙적이고 변화에 적응하기까지 시간이 많이 걸린다. 까다로운 아이는 무료함을 잘 견디지 못하며 예민한 경우가 많다. 위험한 행동을 하거나 부모의 말을 잘 듣지 않기 때문에 아이를 보면 답답해서 잔소리를 일삼기 쉽다. 전체 아이의 10% 정도가 까다로운 아이에 해당한다.

까다로운 아이는 일정한 규칙을 습관으로 만드는 것이 중요하다. 일부러 부모의 말을 듣지 않는다면 의도와 생각을 물어보고 규칙을 조금씩 변경하는 것도 좋은 방법이다.

천천히 발동이 걸리는 아이(slow to warm up child)는 생활이 규칙적인 편이다. 느린 아이라고도 하는데, 자기주도식 학습 방식을 어려워한다. 따라서 부모와 함께 시간표를 짜고 규칙적인 습관을 길들여주는 것이 중요하다. 감정 표현이 풍부한 편이지만 감정을 표현하고 환경에 적응하기까지 시간이 걸리며 아이들의 15% 정도가 여기에 해당한다.

아이의 재능이 반드시 빨리 발달해야 좋은 것은 아니다. 발달이 빠르면 앞서서 보는 것도 있지만 놓치는 것도 있다. 아이의 역량에 맞는 교육은 부모의 관심에서 시작된다. 발달 과정에 따라 적기에 교육하고, 우리 아이의 기질을 고려해 환경의 변화를 주는 것이야말로 재능 발달에 가장 긍정적인 효과를 가져올 수 있다.

작은 성공 경험을 쌓아라

유능감이 발달해야 할 시기(초1~초3)

초등학교의 진로 발달은 긍정적인 자기 이해와 사회적 역량 개발, 일과 직업 세계에 대한 기초 이해를 토대로 꿈과 비전에 대해 간단한 진로 디자인이 목표다. 초등학교 1~3학년은 가까이 있는 사람들을 통해 진로와 직업을 인식한다.

직업심리학자 긴즈버그는 직업 선택이 단 한 번의 결정으로 이루어지는 것이 아니라, 일련의 과정을 통해 지속적으로 이루어진다고 말했다. 환상기에 해당하는 초등학교 1~3학년은 유능감이 발달하는 시기로 자신이 원하는 것은 뭐든지 할 수 있다고 믿는다. 따라서 이 시기에는 무엇보다 우리 아이의 어깨에 뽕을 단단히 넣어줘야 한다.

유능감이란 스스로 무언가를 해낼 수 있다는 믿음이다. 노력하면 언제든 자신과 환경을 바람직한 방향으로 변화시킬 수 있다고 생각하는 것이다. 유능감은 실패를 두려워하지 않고 끊임없는 도전의식을 불러일으킨다. 이러한 유능감은 초등학교 저학년 시기에 꼭 길러야 할 역량이다.

유능감을 불러일으키는 작은 성공 경험

초등학교 저학년 아이들에게 유능감의 토대가 되는 '작은 성공 경험'을 심어줄 간단한 방법이 있다. 먼저 아이의 학습 시간과 환경을 조성하자. 그리고 매일 성취한 일들에 동그라미를 치고, 일주일의 성과를 눈으로 체크하게 하자. 처음에는 동그라미를 치기 위해, 그다음에는 일주일 동안 동그라미를 빼곡히 채우기 위해 열심히 주어진 분량을 해낼 것이다.

여기서 주의해야 할 점이 있다. 목표는 아이 스스로 정해야 한다. 먼저 아이에게 스스로 공부할 수 있는 분량을 정하라고 한다. 이때 엄마가 생각하는 양보다 적더라도 아이에게 맡긴다.

문제를 모두 맞히면 아이에게 색연필을 주고 한 페이지에 꽉 차도록 아주 크게 빨간색 동그라미를 치라고 하자. 아이의 마음에 그 동그라미 크기만큼 유능감이 자랄 것이다.

중요한 것은 타이밍이다. 아이가 어깨에 뽕을 넣은 이 시기를 놓치지 말자. '작은 성공 경험'을 한 아이는 다음번에는 더 많은 양을 정하게 된다. 이때 엄마는 절대 기쁨의 환호성과 흔들리는 눈빛을 보내서는 안 된다.

"우아, 대단하다. 이거 다 할 수 있겠어? 너무 많은 것 같은데?"라고 아이를 걱정해주자. 유능감이 가득한 아이들은 "할 수 있어요"라고 말하며 열심히 과제를 수행할 것이다. 마지막으로 엄마가 아이의 어깨에 뿅을 하나 더 넣어주는 마법의 말이 있다. "우아, 대~다~나~다!" 꼭 주의하자. '대단하다'가 아닌 '대~다~나~다'란 것을.

흥미는 자기 효능감과 결과 기대에 따라 발달한다

능력과 상관없이 특정한 과업을 수행했을 때 자신과 주변에서 일어나는 평가를 '결과 기대'라고 한다. 내가 이런 행동을 하면 어떤 상황이 벌어질까 하는 예측이다. 이러한 결과 기대는 물리적 보상이 될 수도 있고, 사회적 평가 및 자신에 대한 평가가 될 수도 있다.

예를 들어 미술대회에서 상을 받은 친구는 미술을 잘할 수 있다는 자기 효능감을 갖게 되고, 이것은 화가가 되면 성공할 수 있다는 결과 기대를 가져온다. 결과 기대가 진로를 선택하는 데 영향을 미친다.

모든 경험이 아이에게 흥미로운 것은 아니다. 하지만 다양한 경험의 기회가 진로에 대한 대안을 넓힌다. 경험을 통해 얻은 작은 성공 경험이 결과 기대와 자기 효능감에 영향을 끼치고, 이러한 과정을 통해 흥미가 발달하는 것이다.

나눔의 행위보다 나눔의 가치를 가르치는 일

초등학교 1~3학년은 인간의 권리와 함께 타인의 중요성을 인식하는 시기다. 따라서 협동과 나눔을 가르치기 가장 좋은 시기다. 이때 내 것을 '나눠주는 것'에만 집중하는 것이 아니라 '나눔의 가치'를 가르치는 것에 집중해야 한다.

예를 들어 아이가 자신이 아끼는 물건을 기부했다면 그러한 용기를 낸 과정을 칭찬한다. 단순히 내 것을 나누는 데 집중하면 손해를 본다고 생각할 수 있다.

무언가를 나눠줬을 때 내 것이 사라지는 것이 아니라, 또 다른 기쁨을 얻는다는 것을 깨닫는다면, 아이는 비어 있는 물건의 자리를 심리적 공간으로 채울 수 있다.

아이 스스로 더 이상 나누는 것을 불안해하지 않을 때 아이의 마음은 충분히 채워져 있고, 어느새 친구들로 둘러싸인 진정한 '핵인싸'가 되어 있을 것이다.

가치 판단을 아이에게 맡기는 것도 좋은 인성을 만들어주는 방법이다. 어떤 사람이 남의 물건을 훔쳤을 때 '나쁜 거야'라고 말하기보다 '너는 어떻게 생각해?'라고 물어보자.

아이 스스로 상황을 판단하고, 고민하고, 자신의 생각을 표현함으로써 표현력은 물론 논리적이고 비판적 사고를 기를 수 있다.

재능의 씨앗을 뿌리기 전에 묘목을 바라지 마라

유능감을 키워야 할 시기에 불안을 학습시키다

학원에서는 늘 웃음꽃이 만발하고 장난꾸러기인 초등학교 4학년 정우의 책은 항상 구멍이 나 있거나 새까만 낙서와 그림으로 가득하다. 틀린 문제를 고칠 때는 언제 그랬냐는 듯이 웃음기가 싹 가시고, 손톱을 물어뜯거나 불안한 기색이 역력하다. 처음 보는 유형의 문제가 나올 때 주변 친구들의 속도를 살피고, 다음 페이지로 넘겨 친구들보다 먼저 문제를 풀어야 속이 후련하다.

정우 엄마는 수학 채점을 하다 화를 참지 못하고 학원에 전화를 한다. 분모가 같은 분수의 덧셈을 하는 경우 약분한 답을 써야 하는데 정우가 약분과 통분의 개념을 전혀 모른다고 언성을 높인다.

약분과 통분은 초등학교 5학년 1학기 단원에서 배우는 개념이다. 고학년은 약분을 하지 않으면 틀린 답이 되지만 4학년 과정에서는 약분한 답을 요구하지 않는다. 학원의 설명을 듣고 머쓱한 정우 엄마는 학원에 빵을 잔뜩 사 가지고 온다. 오늘 만난 정우 엄마는 너무 상냥하고 인간미가 넘친다. 그날의 정우 엄마는 온데간데없다.

엄마가 화나면 이렇게 학원에 전화를 하는 터에 정우는 자신이 잘못하면 누군가 혼날 수도 있다는 불안감에 시달리고 그때마다 책에 낙서를 하며 마음을 달랜다.

학원이나 학교에서 우리 아이가 불안한 마음에 손톱을 물어뜯고 다리를 떨고 있을 거라고 생각해본 적이 있는가? 혹여 단단히 버릇을 고쳐주기 위해 다른 사람 앞에서 평소보다 더 많이 혼낸 적이 있는가?

유능감을 심어줘야 할 시기에 아이에게 매일 불안을 학습시키는 것은 재능의 씨앗을 뿌리고 매일 물을 주는 것과 같다. 나는 어떤 태도로 아이를 교육하고 있는지 살펴보자. 이러한 과정은 자신을 되돌아보는 계기가 될 것이다(부모 양육 태도 검사 참조).

재능이 발현되기까지 오랜 기다림의 시간이 필요하다

어떤 아이는 말을 빨리 하고 어떤 아이는 또래 아이들보다 빨리 걷는다. 그렇지만 우리는 이것을 재능이라고 하지 않는다. 그리고 이러한 능력을 재촉하지도 않는다. 그저 아이가 걸을 수 있을 때까지 기다리고 격려할 뿐이다.

기다리다 보면 아이는 언젠가는 자연스럽게 걷고 말을 배운다. 걷다가 넘어지면 속도를 조절하고, 상황에 따라 멈추기도 한다. 힘들면 잠시 쉬어가는 방법도 터득할 것이다. 말을 배우기 시작하면 상황에 따라 필요한 어휘를 사용하고, 분위기에 맞는 음성과 어조로 표현하는 능력을 배울 것이다. 이 모두가 경험으로 터득하는 아이의 역량이다.

문제는 역량이 재능이 될 때까지 기다리지 못하는 부모의 초조함이다. 평생 우리 아이 앞에 놓인 장애물을 다 치우며 살 것인가? 우리가 해야 할 일은 아이들보다 앞서 걷는 것이 아니라 아이들 옆에서 보조를 맞춰 걷는 것이다.

아이를 조금 멀리 떨어져서 볼 기회가 학부모 공개수업이다. 한 걸음 뒤에서 바라보는 우리 아이의 모습은 더 이상 가족 구성원이 아닌 사회 구성원의 모습이다. 우리 아이가 다른 친구들보다 발표를 잘하는지, 자세가 좋은지를 살피기보다 학교라는 사회적 공간에서 얼마나 편안하게 학습하고 있는지를 보자. 사회 구성원으로서 우리 아이의 모습을 좀 더 객관적으로 바라볼 수 있을 것이다.

성급한 '재능 낙인찍기'는 불확실한 선택을 초래한다

특성·요인 이론의 심리학자 윌리엄슨은 부모와 타인의 압력에 의한 진로 선택이나, 자신의 흥미와 적성을 충분히 고려하지 않은 진로 선택을 불확실한 선택이라고 말한다.

자신이 무엇을 원하는지 모르는 사람과 자신에 대한 이해가 부족한 사람, 직업 세계에 대한 이해와 확신이 부족한 사람 모두 자신의 흥미와 적성을 고려한 활동이 무엇이며, 어떠한 재능이 있는지 충분히 탐색하지 못한 채 진로를 선택한다. 자신과 타인에 대한 긍정적 인식과 진로에 대한 탐색이 충분히 이루어져야 할 초등학교 저학년 시기에 부모에 의한 성급한 '재능 낙인찍기'는 아이의 진로에 불확실한 선택을 초래한다.

유능감을 쌓아야 할 초등학교 저학년 아이에게 겸손을 가르치고 있는가? 아직 재능의 싹을 틔우지도 않은 아이를 재능이 없다고 방치하거나 더 빨리 자라라고 너무 많은 물을 주지는 않는가? 그렇다면 씨앗을 뿌리기도 전에 묘목을 바라는 부모일 수 있다.

재능의 싹이 나무가 될 때까지 오랜 기다림의 시간이 필요하다. 나무는 성장할 높이만큼 뿌리를 내린다. 나무가 땅속 깊이 뿌리내리는 동안 줄기의 성장은 더디다. 우리 아이의 재능도 마찬가지다. 재능이 튼튼한 대목이 되기 위해서는 위로 성장할 만큼 깊이 뿌리내려야 한다.

재능이 없는 것 같다며 아이에게 아무런 기대도 하지 않는가? 행동이 더딘 아이를 보며 답답해하고 있는가? 땅을 파봐야 뿌리의 깊이를 알 수 있는 것은 아니다. 나무가 성장하는 모습만으로도 뿌리의 깊이를 가늠할 수 있다. 4차 산업혁명 시대에 뿌리 깊은 아이의 재능을 바란다면 기다리는 연습부터 해야 할 것이다.

진로 대안 영역을 확장하라

문제는 관심이 많은 것이 아니라 관심이 없는 것이다

초등학교 5학년인 지혜의 꿈은 매번 바뀐다. 동계올림픽이 한창일 때는 스케이팅 선수가 되는 것이 꿈이었다. 아이돌이 TV에 나와 춤을 추는 것을 보고는 아이돌이 꿈이었고, '도티&잠뜰'이라는 방송을 보고 나서 크리에이터가 꿈이 됐다.

요즘은 친구들을 집으로 데리고 와서 영상을 찍고 구독자 수가 100명이 넘은 멋진 친구에 대해 자랑한다. 그뿐만 아니다. 드라마를 보다가 어느 날은 배우가 되고 싶다고 말하고, 피아노를 치다가 갑자기 흥이 오를 때는 작곡가가 되고 싶다고 한다. 아이디어가 좋은 지혜는 뭔가를 만들고 그릴 때 또 꿈이 변한다.

시도 때도 없이 바뀌는 아이의 꿈을 보며 '진득하지 못하게 왜 저

럴까?'라고 생각해본 적이 있다면, 아이가 다양한 직업에 관심이 있다는 것에 감사해야 한다. 문제는 관심이 많은 것이 아니라 관심이 없는 것이다.

미래 명함이 없는 아이들

초등학교 저학년 학부모 공개수업에 아이들이 가장 많이 발표하는 내용은 미래의 꿈에 관한 것이다. 자신의 장점을 살린 '미래의 명함'을 예쁘게 꾸며 부모님 앞에서 당당하게 발표한다.

그런데 중학교에 가면 상황이 달라진다. 2014년 한국고용정보원의 조사에 따르면 우리나라 중학생의 31.6%, 고등학생의 29.5%가 장래 희망이 없는 것으로 나타났다. 자아실현이나 적성은 뒤로 한 채 오로지 대학 입학만을 위해 공부하는 우리의 현실은 꿈이 없는 아이들을 만들어버렸다. 초등학교 때는 그렇게 너그러웠던 부모가 자신의 정체성을 탐색하는 아이들을 더 이상 기다려주지 못한다. 하고 싶은 일보다 할 수 있는 일을 위해 끊임없이 실력을 쌓아야 한다고 가르치는 환경에서 꿈을 꾼다는 것이 가능한 일일까?

대부분의 청년들이 대학을 졸업하고도 무슨 일을 해야 할지 모르는 시대에 하고 싶은 일이 많다는 것은 진정한 축복이다.

더 넓은 꿈으로 진로 대안 확장하기

우리 아이들의 진로는 가족과 주변 사람들의 영향을 많이 받는다. 유치원에 들어가면 선생님이 되고 싶고, 미술학원에 다니면 화가가 되고 싶고, 태권도장에 다니면 운동선수가 되고 싶다. 이때 아이들의 꿈은 자신의 능력을 고려하지 않는다. 그저 직업 세계에 대한 인식을 반영할 뿐이다.

아이들의 진로 발달에 가장 영향을 끼치는 대상은 부모이다. 부모가 의사인 자녀들은 의사라는 직업을 명확하게 인식하고 의사가 되기 위해 무엇을 준비해야 할지를 자연스럽게 인식한다.

주변에 선생님이 많다면 아이는 어느덧 선생님을 꿈꾸고 있을 수 있다. 만약 우리의 환경이 열악하다면 자녀의 진로 발달에 제한이 되는 것일까? 환경을 바꿀 수 없다면 진로 대안을 넓힐 기회를 만들어야 한다.

진로 발달에서 중요한 것은 진로 대안을 확장하는 것이다. 우리가 알고 있는 직업을 한번 손꼽아 보자. 20개가 넘지 않는다면, 우리 아이의 꿈도 그 영역 안에 머무를 수 있다. 직업 탐색을 통해 진로 대안을 넓혀야 할 시기에 엉덩이를 붙이고 학업 지식을 쌓고 있다면 아이들은 제한된 영역 안에서 진로를 선택할 수밖에 없다.

학습자 유형에 따른 진로 체험 방법

구체적 탐색이 없는 진로 대안은 진로 발달을 제한한다. 아이에게 맞는 효과적인 직업세계에 대한 경험은 진로 대안을 넓히는 기회가 된다.

관찰력이 좋은 '시각적 학습 유형'은 실제 예술작품을 감상하거나 책이나 시각 자료를 통해 진로를 탐색하는 것이 효과적이다. 글을 읽는 것보다 듣는 것을 좋아하는 '청각적 학습 유형'은 멘토나 명사의 강연을 찾아다니는 것이 좋다. '신체적 학습 유형'이라면 집에 앉아서 강의를 듣거나 책 읽기를 강요하기보다 직업체험관이나 체험활동을 할 수 있는 곳을 찾아다니는 것이 훨씬 더 효과적이다.

우리 아이는 어떤 학습자 유형인지 살펴보자. 가장 적절한 학습 경험은 가장 실질적인 진로 발달의 계기를 마련할 수 있다(우리 아이 학습 유형 검사 참조).

어떤 경험을 제공할 것인가

우리 아이가 아직 특정한 부분에 관심이 없다면 학교 방과 후 수업을 이용해보자. 이때의 활동은 아이가 잘하는 것보다 부족한 영역을 보완하는 방향으로 진행할수록 좋다.

평소 행동이 급하고 가만히 앉아 있지 못하는 아이들은 미니어처나 종이접기, 클레이 같은 섬세한 활동을 해보자. 처음에는 엉덩이가 들썩들썩하겠지만 생각보다 오랜 시간 앉아서 집중하는 모습을 볼 수 있다.

소극적이고 내성적인 아이는 댄스나 마술을 시켜보는 것도 좋은 방법이다. 마술은 특기 발표 시간에 아이를 '인싸'로 만들어줄 뿐만 아니라, 자연스러운 발표력과 자신감 향상에 탁월하다.

자녀와 함께 직업을 체험할 시간과 여건이 조성되지 않는다면, 유튜브를 활용하는 것도 좋다. 4차 산업혁명 시대에 새로운 직업을 알려주는 채널, 로봇의 변화를 보여주는 채널, 과학실험 채널 등 다양한 정보와 시청각 자료를 제공하는 채널들이 많다. 계획과 목적을 가지고 시도한 소셜미디어 활동은 충분한 가치를 발휘하며 진로 대안 영역을 넓히는 계기를 마련한다.

처음에는 흥미로웠던 진로 탐색 과정도 조금 어려운 상황에서는 위기를 맞는다. 피아노나 악기를 배울 때, 태권도 급수 심사에서 승급을 해야 할 때 간혹 아이들은 재미없고 힘들다고 말한다. 이럴 때 균형 있는 엄마의 교육 태도가 중요하다.

성장하기 위한 모든 과정에는 고통이 따른다. 어려움을 극복하려는 태도와 끈기는 삶에서 가장 중요한 역량이다. 실패와 어려움을 통해 성장한 재능은 단단히 뿌리박혀 흔들리지 않는 재능으로 더 크게 성장할 것이다.

| 우리 아이 기질 체크리스트 |

문항	A	B	C
1. 평소 우리 아이의 기분 상태는?	긍정적이고 쾌활하다.	예민하고 까다롭다.	뚜렷하게 나타나지 않는다.
2. 새로운 환경 변화에 대해 우리 아이는?	잘 적응한다.	민감하며 어려움이 있다.	적응하는 데 시간이 걸린다.
3. 새로운 외부 자극이나 변화에 대해 우리 아이는?	대체로 잘 수긍한다.	강하게 반응한다.	무덤덤하다.
4. 평소 우리 아이가 주로 나타내는 감정 반응은?	대체로 평온하다.	크게 웃거나 우는 등 강하게 표현한다.	순하지만 감정 표현이 뚜렷하지 않다.
5. 새로운 자극이나 상황에 대해 우리 아이는?	쉽게 접근하고 탐색한다.	부정적이며 회피한다.	처음에는 피하다가 느리게 적응한다.
검사 실시 방법			
※ 위의 항목 중 우리 아이에게 해당하는 답을 체크해보자. 답변한 A, B, C를 합산하여 가장 많이 나온 것이 우리 아이의 기질적 성향이다.			
테스트 결과			
체크한 문항에 A가 많은 경우 : 순한 기질, 체크한 문항에 B가 많은 경우 : 까다로운 기질, 체크한 문항에 C가 많은 경우 : 느린 기질			

출처 : 부모공감(www.bumoschool.com) 영유아 부모 자녀 관계 검사

| 부모 양육 태도 검사 |

	문항
1	식사 시간이 얼마 남지 않았는데도 당신의 아이가 군것질을 하겠다고 조르자 시어머님(장모님)께서 먹으라고 허락한다면? ① 그대로 먹게 내버려둔다. ② 안 된다고 하며 못 먹게 한다. ③ 밥을 먹고 난 다음에 후식으로만 먹게 한다.
2	당신의 여섯 살짜리 아이가 청소년들이 볼 수 있는 만화영화를 보겠다고 떼를 쓴다면? ① 보도록 내버려둔다. ② TV를 끄거나 채널을 돌린다. ③ 직접 시청하고 아이에게 적합한지를 판단한 다음에 결정한다.

3	당신의 아이가 반짇고리(바느질고리)를 뒤집어엎어 온 방 안에 헤쳐놓았다면? ① 아이니까 그러려니 하고 손수 치운다. ② 화를 내며 지금 당장 치우라고 소리친다.(당장 치워!) ③ 화를 내지는 않지만 아이에게 치우라고 하고, 다 치울 때까지 다른 일을 못 하게 한다.
4	아이가 당신이 아끼던 꽃병을 깨고 옆집 친구가 그랬다고 거짓말을 했다면? ① 아깝지만 괜찮다고 이야기한다. ② 깨뜨린 것과 거짓말한 것 모두에 대해 야단을 치거나 벌을 준다. ③ 거짓말한 것에 대해 야단을 치고, 솔직히 얘기했다면 꽃병을 깬 것에 대해 혼내지 않았을 것이라고 말한다.
5	일곱 살짜리 아이가 서너 살짜리 아이들과 노는 것을 보았다면? ① 속상하지만 그냥 놀게 내버려둔다. ② 당장 놀지 못하게 한다. ③ 같이 놀 또래 친구들을 찾아보도록 도와준다.
6	당신의 아이가 다른 친구를 때려서 상처를 냈다면? ① 아이들 싸움이려니 하고 그냥 내버려둔다. ② 화를 내며 야단치거나 때론 체벌을 한다. ③ 왜 싸웠는지에 대해 이야기를 나눈 다음 싸움은 나쁘다고 따끔히 꾸중한다.
7	당신의 아이가 유치원(학교)에서 내준 숙제를 이번에도 또 잊고 안 해간다면? ① 선생님께 전화를 한다. ② 그 자리에서 혼내고 다시는 그러지 못하도록 다짐한다. ③ 더 이상 잊어버리지 않도록 타이르고 다음부터는 알림장을 꼭 확인하도록 도와준다.
8	당신의 아이가 크레용으로 온 방바닥에 낙서를 했다면? ① 낙서할 수 있는 종이를 한 묶음 갖다주며 웃어넘긴다. ② 아이에게 화를 내고, 직접 낙서를 지운 다음 크레용을 모두 없애버린다. ③ 아이 스스로 지우게 하고, 다음부터는 크레용을 가지고 놀 때 세심히 지도한다.
9	당신의 아이가 유치원(학교)에서 친구를 사귀는 데 문제가 있다면? ① 친구들을 불러서 파티를 열어주고 선물을 나눠 주며 사이좋게 지내라고 부탁한다. ② 바보처럼 친구 하나도 못 사귄다고 야단을 친다. ③ 아이와 친구 관계에 관해 이야기를 나누고, 친구를 사귈 수 있도록 단체 활동 프로그램 등에 가입시킨다.
10	당신의 기분이 언짢은데 자녀가 당신의 관심을 받고자 보챈다면? ① 언짢은 기분은 뒤로하고 자녀에게 관심을 기울인다. ② 아이에게 짜증 내며 남편(아내)을 불러 떠넘긴다. '네 아빠(엄마)한테 가봐!' ③ 아이에게 당신의 기분이 언짢다는 것을 이야기해주고, 좀 나아지면 함께 놀아주겠다고 한다.

11	당신의 아이가 블록 쌓기 놀이를 하는데 원하는 대로 잘되지 않아서 짜증을 부린다면? ① 아이의 짜증이 멈추도록 옆에서 도와준다. ② 짜증 부리지 말라고 야단친다. ③ 아이에게 짜증을 부리는 대신 말로 표현하라고 타이른 다음 짜증 난 이유에 대해 이야기를 나눈다.
12	당신의 집에는 자녀가 지켜야 할 규칙이 얼마나 많은가? ① 없다. ② 많은 규칙이 있고, 규칙마다 어겼을 시 받게 될 꾸중이나 벌이 정해져 있다. ③ 아이의 건강과 안전을 위한 규칙이 몇 가지 있지만, 그 밖에는 상황에 따라 그때그때 대화로 결정한다.
13	당신이 좋아하는 수제비를 특별히 준비했는데 아이가 먹기 싫다고 한다면? ① 귀찮더라도 아이를 위해 밥을 따로 준비한다. ② 억지로라도 먹게 한다. ③ 수제비를 조금이라도 먹어보게 한 다음 그래도 싫다면 아이를 위해 밥을 따로 준비한다.
14	자야 할 시간이 훨씬 지났는데도 아이가 더 놀다가 자겠다고 고집을 피운다면? ① 놀 만큼 놀다 자게 한다. ② 당장 가서 자라며 야단치거나 불을 꺼버린다. ③ 그 시각부터 20~30분만 더 놀다 자라고 한다.
15	당신의 아이가 다른 어른의 말을 잘 따르지 않는다면? ① 아직 어리니까 그러려니 하고 내버려둔다. ② 화를 내며 어쨌든 어른 말을 따르지 않는 것은 나쁜 일이라고 야단친다. ③ 어른에 대한 공경심과 그 어른의 말을 왜 따라야 하는지에 대해 이야기를 나눈다.
16	아이와 함께 쇼핑할 때 쓸모없어 보이는 것들을 사달라고 조른다면? ① 가능한 다 들어준다. ② 화를 내면서 아이의 손목을 잡고 그 곳을 뜬다. ③ 안 된다고 딱 잘라 말하고, 쇼핑을 계속하면서 아이에게 적합한 것을 골라 사준다.
17	당신은 얼마나 자주 아이에게 화를 내는가? ① 거의 드물다. ② 매일같이. ③ 일주일에 한 번 정도.
18	당신의 아이가 자다가 무서운 꿈을 꾸어 당신의 방에서 자겠다고 오면? ① 함께 잔다. ② 당장 네 방에 가서 자라고 소리 지른다. ③ 일어나서 아이를 달랜 다음 아이를 방으로 데려가 재운다.

19	당신의 아이를 생각할 때, 당신이 원하는 가정의 분위기는? ① 자유롭고 개방적인 가정 ② 규율과 질서가 잡힌 가정 ③ 대화와 화합이 있는 가정

검사 실시 방법

각 문항에 대한 1번 응답이 A유형의 점수, 2번 응답이 B유형의 점수, 3번 응답이 C유형의 점수가 된다.
모든 문항을 합산하여 가장 많은 것이 부모 유형이다.

테스트 결과

A 유형 : 허용적/익애적 양육 태도(permissive parenting style)
자녀에 대해 허용적 태도를 지니고 있다. 마치 아이를 성인 대하듯 스스로 결정하도록 허락하는 사람이다. 아이에게 어떤 규칙들을(잠자는 시간이나, 먹어야 할 음식의 종류 등) 강요하지 않는다. 그러나 이러한 것이 지나치면 장래에 당신의 자녀는 규칙을 따르는 데 문제가 생길 수 있다.
자녀의 성향 : 자기에 대한 낮은 신뢰성, 쉽게 화내지만 회복도 빠름, 낮은 성취 지향성, 충동적, 약한 자기 통제력

B 유형 : 권위주의적 양육 태도(authoritarian parenting style)
자녀에게 많은 것을 요구하는 부모 유형이다. 가정 분위기는 매우 엄격하게 통제되어 있으며, 아이는 성장하면서 의사 결정 시에 확신감이 부족할 수도 있다.
자녀의 성향 : 스트레스를 쉽게 받음, 우울하고 불쾌한 정서, 목적 없음, 쉽게 초조해짐

C 유형 : 민주적/균형 잡힌 양육 태도(democratic/balanced parenting style)
아이에게 요구하는 만큼 부모도 모범을 보이는 편이다. 아이와 대화를 통해 타협하며 아이에게 확신감과 자신을 통제하는 방법을 길러주는 부모다. 자녀는 이러한 가정 분위기에서 사회에 적응할 수 있는 능력을 자연스럽게 배우고 긍정적인 자아를 갖게 된다.
자녀의 성향 : 자기 신뢰적, 높은 스트레스 대처 능력, 자기 통제적, 새로운 상황에 대한 흥미와 호기심

출처 : 다이애나 바움린드의 「부모의 양육 태도 유형에 관한 이론」(1991)에 입각해 Goyetche(2000)가 제작한 검사를 수정 보완

| 우리 아이 학습 유형 검사-초등학생용 |

	문항	번호
1	여러분은 새로운 것을 학습할 때 어떤 방법으로 하기를 좋아합니까? (a) 선생님의 설명을 귀담아듣기 (b) 선생님이 하시는 것을 써 보기 (c) 나 스스로 먼저 해보기	
2	여러분은 여가 시간에 집에서 무엇을 가장 하고 싶습니까? (a) 재미있는 책, 만화책 또는 잡지 읽기 (b) 페인트칠하기, 색칠하기, 그리기 혹은 스케치하기 (c) 레고나 블록 쌓기 혹은 춤추기	
3	여러분은 주말에 어떤 일을 가장 하고 싶습니까? (a) 친구들과 전화로 수다 떨기 혹은 SNS로 주고받기 (b) 악기 연주하기, 미술품 만들기, 음악 감상하기 (c) 운동하기	
4	여러분이 전화번호를 기억하기 위해 주로 사용하는 방법은 무엇입니까? (a) 전화번호를 큰 소리로 말한다. (b) 전화번호를 머릿속에 그려본다. (c) 전화번호를 공중에 써본다.	
5	여러분이 영화를 볼 때 가장 좋아하는 부분은 무엇입니까? (a) 주요 등장인물이 서로 주고받는 대화 (b) 주요 등장인물들의 의상, 경치, 특별한 광경 (c) 영화를 보면서 내가 느끼는 감정	
6	여러분은 이야기를 읽을 때 어떻게 합니까? (a) 단어의 의미에 대해 생각해본다. (b) 내가 읽은 것들에 대해 마음속으로 그려본다. (c) 등장인물들이 느끼는 감정을 느껴본다.	
7	여러분은 '신기한 동물'을 다른 사람에게 설명할 때 어떤 방법을 선호합니까? (a) 그 동물에 대해 말로 설명한다. (b) 그 동물의 모습을 그린다. (c) 그 동물의 몸짓을 흉내 낸다.	
8	나는 ___________ 후에 가장 잘 이해한다. (a) 그것에 대해 생각을 한 (b) 그것을 직접 눈으로 본 (c) 그것을 직접 시도해본	

9	나는 ____________을 하며 시간 보내기를 좋아한다. (a) 음악 감상 (b) 컴퓨터게임 (c) 쇼핑	
10	나는 새로운 사람을 만날 때 주로 ____________을 기억한다. (a) 그 사람이 했던 말 (b) 그 사람이 입었던 옷 (c) 그 사람의 행동 방식 또는 내가 느낀 감정	

(a)가 가장 많은 경우 : 청각적 학습자 유형 (b)가 가장 많은 경우 : 시각적 학습자 유형
(c)가 많은 경우 : 운동적 학습자 유형

청각적 학습자	시각적 학습자	운동적 학습자
• 혼잣말을 잘한다. • 시끄러운 환경에서 집중을 잘 못한다. • 한번 들은 것을 잘 기억한다. • 토론을 좋아한다. • 음악 듣는 것을 좋아한다. • 글보다 말로 하는 것을 더 좋아한다. • 소리 내어 글을 읽는 편이다. • 억양, 음조, 목소리 크기를 조절하면서 리듬감 있게 말한다. • 남의 말을 잘 흉내 낸다. • 글쓰기보다 말하기를 더 잘한다.	• 주변 사물을 관찰하는 것을 좋아한다. • 지난 상황에 대해 묘사하듯 자세히 말하는 편이다. • 본 것을 쉽게 기억한다. • 눈을 마주치는 것을 좋아한다. • 들은 것보다 본 것을 잘 기억하는 경향이 있다. • 맞춤법을 잘 틀리지 않는다. • 책 읽는 것을 좋아한다. • 글쓰기를 좋아한다. • 예술작품 감상을 좋아한다. • 잊어버리지 않기 위해 메모를 하는 편이다.	• 움직이는 것을 좋아하고 활동적이다. • 몸으로 직접 실행해본 것을 보다 쉽게 기억한다. • 걷거나 움직이면서 기억한다. • 과제를 수행할 때 읽거나 듣기보다는 직접 해보는 것을 좋아한다. • 글씨체가 엉망이다 • 의태어를 많이 사용한다. • 손가락으로 짚어가면서 책을 읽는다 • 대화할 때 제스처를 사용한다. • 조용히 앉아 있기 힘들다.

출처 : 한겨레 육아 웹진 '베이비트리', http://babytree.hani.co.kr/?document_srl=31767304

2장

초등학교 4학년~중학생, 묘목으로 키워라

하드 스킬에 거름 주기

비어 있는 수학의 계단을 채워라

수학은 계단식 학습이다. 계단을 건너뛰면 빨리 올라갈 수는 있지만, 아무리 올라가도 푹푹 꺼지는 기초 실력은 결국 건너뛴 계단 때문이다. 건너뛴 계단을 채우기까지 많은 시간이 걸린다. 그나마 비어 있는 계단을 찾았다면 다행이다. 대부분의 아이들은 어디서부터 무엇이 잘못됐는지 모른 채 수학과 씨름하고 있다.

약수와 배수를 배우는 초등학교 5학년부터 소위 수포자(수학 포기자)들이 생기기 시작하고 수학의 학력 격차가 발생한다. 분수의 덧셈, 분모가 다른 분수의 덧셈, 곱셈, 나눗셈 등 연산의 핵폭탄을 선사받는 시기이기도 하다. 연산 능력뿐 아니라 수학적 독해력까지 요구하는 이 시기의 수학은 아이들 말로 노잼(재미가 전혀 없음)에 극

혐(극도로 싫어함)이다.

초등학교 4학년부터 수학은 중학교 교과과정과 직접적으로 연계된다. 초등학교 5학년 1학기 과정인 약수와 배수는 중학교 1학년 1학기 과정의 수와 연산에서 좀 더 심화되고, 6학년 2학기 도형 과정은 중학교 1학년 2학기 기하에서 심화 과정으로 공부한다.

수학의 한 영역을 못한다고 해서 다른 단원까지 못하는 것은 아니니 그럭저럭 이해하고 넘어갔는데 중학교에 들어가면 이것이 발목을 잡는다. 수학은 끊임없이 실패를 학습하고 도전해야 하는 과목이다. 어렵게 한 고비 넘어가면 그보다 높은 계단이 놓여 있다. 우리는 이렇게 수학에서 인생을 배운다. 누구나 쉬운 길을 가고 싶고, 어려운 길은 피하고 싶을 것이다. 그런데 수학은 어려운 것에 도전하고 극복하는 과정을 가르친다. 초등학교 과정에서 이런 학습 습관이 형성된 아이들은 수학적 난관을 극복해낼 지구력을 갖게 된다.

다음은 수학의 실패를 줄일 수 있는 처방들이다. 이를 토대로 아이 수준에 맞는 문제집을 선택하고 공부해보자. 사교육 없이도 충분히 4차 산업혁명 시대를 대비한 기초 역량을 쌓을 수 있다.

초등학교 고학년 추천 문제집은 다음과 같다.

- 단기 선행 : 《교과서 개념 잡기 중등수학 1·1》(비상교육)
- 중학 선행 : 《쎈 중등수학 1(상)》(좋은책신사고), 《일품 중등수학 1(상) 450제》(좋은책신사고)
- 초등 최상위 : 《최상위 수학 S 초등 5·1》(디딤돌), 《최상위 쎈

수학 6-1》(좋은책신사고), 《최고 수준 수학 4-1》(천재교육), 《초등 에이급 수학 4·1》(에이급출판사)

- 개념 : 《아빠 마음 중학수학 1》(해드림출판사), 《중학 수학 사전》(비아에듀), 《법칙, 원리, 공식을 쉽게 정리한 수학 사전》(그린북), 《중학수학 사전》(가나출판사)
- 경시 대비 영재/과고 : 《(초등) 경시 대비 최상위 수학》(디딤돌), 《3% 초등수학 올림피아드》(디딤돌), 《올림피아드 수학의 지름길》(씨실과날실), 《평면기하의 아이디어》(도비출판사)

언어는 생성·소멸의 과정을 거친다

언어는 그 나라의 정체성을 반영한다. 언어의 변천사는 한 나라의 문화와 역사를 담고 있기 때문이다. 한자와 일본어를 사용해야 했던 역사가 우리의 언어에 고스란히 담겨 있다.

한자어가 많은 국어의 특성상 문학에서 사용되는 용어와 개념에 익숙할 필요가 있다. 이것이 단순한 의사소통을 넘어 국어의 변천 과정을 이해하고 학습해야 하는 이유다.

언어는 생성·소멸의 과정을 거쳐 발전해왔기 때문에 어려울 수밖에 없다. 중학교 과정에서 배운 내용의 심화 과정을 고등학교에서 배우기 때문에 중학교 때 국어 학습이 효율적으로 이루어져야 한다.

독해력은 책을 많이 읽는 것보다 문장을 분석하고 스토리를 연결하는 능력이 요구된다. 실제로 고등학교 과정에서 갑자기 난이도가 높아지는 영역이 국어다. 과학이나 문화, 정치, 경제, 예술 등의 지시문은 사회 전반에 관한 배경지식을 요구한다. 수사법과 문학에서 쓰이는 용어를 공부하는 것도 중학교 때 학습해야 할 일이다.

국어는 암기하는 과목이 아니라 이해하는 과목이다. 예를 들어 자유시와 정형시로 구분하는 기준이 운율이다. 운율이란 말의 리듬이고, 운율의 규칙이 드러나느냐에 따라 외형률과 내재율로 구분된다. 이것을 알면 3-4-3-4의 외형률 요소를 갖고 있는 자유시의 운율이 시험 문제로 출제될 것이라고 예측할 수 있다.

다음은 중학교 과정에서 필요한 국어 개념서 및 추천 문제집이다. 단어의 뜻을 이해하지 못하거나 문법에서 헤매고 있다면 도움을 얻을 수 있을 것이다.

- 어휘 : 《중학국어 어휘력》(북아이콘), 《중학국어 어휘&개념》(북아이콘), 《어휘 바로 알기》(미래엔에듀), 《어휘가 독해다》(EBS)
- 문법 : 《2주 만에 끝내는 권규호의 국어 문법 개념》(이투스북), 《중학국어 문법》(교학사), 《필독문법》(EBS), 《재미있는 국어 문법》(천재교육)
- 개념 : 《꿈틀 중학국어 I(기본 개념)》(꿈틀), 《중학생이 즐겨 찾는 국어 개념 교과서》(아주큰선물), 《국어 개념 백과》(메가북스), 《그림과 함께 보는 중학국어 개념 그리기》(교학사)
- 비문학 : 《중학국어 비문학 독해》(메가스터디), 《비문학 독해 DNA 깨우기 1(독해 원리)》(천재교육), 《중학국어 비문학 독해 연

습 3》(숨마주니어), 《중학국어 비문학 독해 한권으로 끝내기》(쏠티북스)

과학을 가장 쉽게 공부할 수 있는 책은 교과서다

과학은 우리 주변에서 볼 수 있는 현상을 과학적 용어와 방법으로 설명하는 과목이다. 초등학교 과학은 관찰이나 실험 등 직접 경험하고 흥미롭게 배우는 방식이었다면, 중학교 과학은 원리를 학습하기 때문에 추상적이고 과학적인 사고가 필요하다.

중학교에 들어와 갑자기 어렵게 느껴지는 과학을 어떻게 공부해야 할지 막막해하는 학생들이 많다. 초등학교 때 과학적 현상에 대해 흥미가 발달하지 않으면 과학의 원리에 대해 관심을 갖기가 쉽지 않다. 더구나 과학 원리에 대한 이해와 더불어 문제 해결 능력을 요구하는 중학교 과정은 과학을 꾸준히 공부하지 않은 아이들에게는 어렵게 느껴질 수밖에 없다. 초등학교까지는 문제집 풀이만으로도 어렵지 않게 이해했다면, 중학교는 심화 과정이기 때문에 교과서를 충분히 학습하고 참고서의 도움을 받는다면 보다 쉽고 폭넓은 이해가 가능하다.

고등학교 1학년 통합과학은 중학교 과학의 개념과 원리를 충분히 공부했다면 어렵지 않은 수준이기 때문에 고등학교 과학을 남들보다 조금 먼저 준비하고 싶다면 중학교 과정을 충실히 학습해야 한다.

과학을 가장 쉽게 공부할 수 있는 책은 교과서다. 과학 용어와 개념을 정리하고 교과서에 실린 도표와 그림을 이해했다면 반드시 암기해야 한다. 교과서의 핵심 내용이 이해됐다면 문제집을 풀면서 영역을 확장하고 체크해보는 것도 좋은 방법이다.

다음은 중학교 과학의 개념 및 원리를 알 수 있도록 도와주는 책들이다.

- 개념 : 《55 핵심 개념으로 꽉 잡는 중학화학》(글담출판), 《중학과학 개념 레시피》(상상아카데미), 《개념풀 특강》(지학사), 《말뜻을 알면 개념이 쏙쏙 잡히는 과학》(참돌어린이), 《스타쌤 중학과학을 잡아줘》(키즈조선), 《한권으로 끝내는 중학과학》(지브레인), 《중학과학 개념 어휘력》(북아이콘스쿨), 《중학과학 법칙 7일 만에 끝내기》(살림MATH), 《안쌤의 완벽 중학과학》(시대교육), 《앞서 나가는 10대를 위한 로켓 물리학》(타임북스), 《탄소 톡 산소 펑 화끈화끈 화학 수업》(나무를심는사람들), 《과학공화국 생물 법정》(자음과모음), 《스토리텔링으로 배우는 유쾌한 과학상식》(하늘아래)
- 사전 : 《법칙, 원리, 공식을 쉽게 정리한 물리·화학 사전》(그린북), 《101가지 과학 질문 사전》(북멘토), 《교과서 과학 비교 사전》(국민출판), 《과학 배경지식 한 권 총정리》(오르비북스)

묘목으로 잘 성장할 수 있도록 충분한 물 주기

우리 삶의 '계획된 우연'

우리 인생에는 우연한 사건들이 무수히 일어난다. 하지만 똑같은 사건이라도 바라보는 관점에 따라 전혀 다른 결과로 나타난다. 똑같은 경험에 대해 어떤 사람은 행복하고, 또 다른 누군가는 불행해지기도 한다.

진로 결정도 마찬가지다. 심리학자 존 크럼볼츠는 우연히 만나는 사람과 사건, 지식 등이 진로 선택에 영향을 주며, 이러한 우연이 자신의 노력에 따라 긍정적으로 작용하는 경우를 '계획된 우연(planned happenstance)'이라고 말한다. 너무 아파서 응급실에 갔다가 한밤중에도 위급한 생명을 살리기 위해 고군분투하는 의사 선생님을 보고 의사가 되겠다고 결심한 경우, 자기가 만든 요리를 가족과 친구들이 맛있게 잘 먹는 모습을 보고 보람을 느껴 요리사가 되는 경우가 여기에 해당한다.

삶의 모든 우연이 진로에 결정적인 영향을 미치는 것은 아니다. 마음과 태도에 따라 우연이 필연이 될 수도 있고, 우리 삶을 그냥 스쳐 지나갈 수도 있다. 이창호 9단은 우연히 기원에 놀러 갔다가 바둑에 흥미를 가졌고, 박태환 선수는 천식을 고치기 위해 수영을 시작했다. 이처럼 우연한 기회로 시작한 일이 재능의 씨앗으로 자랄 수 있다.

계획된 우연을 만들기 위한 노력이 필요하다

우연히 시작한 활동에서 아이가 재능을 보인다면 '계획된 우연'으로 만들기 위한 노력이 필요하다. 초등학교 때부터 아이가 두각을 나타내는 분야가 있다면, 재능을 발휘할 수 있는 중학교를 찾아 역량을 더 개발할 필요가 있다. 우연히 시작한 일을 재능으로 만드는 것은 우연을 필연으로 계획하는 부모의 노력이다. 초등학교 때 열심히 쌓아놓은 재능을 중학교에서 더 발휘하고 싶다면, 배정 가능한 거리에 있는 중학교별 특성을 파악하고, 학교별 특색 사업과 중점 교육과정을 확인해보자. 이 작은 변화가 우리 삶의 우연을 기회로 만들고, 진로를 결정하는 데 긍정적인 효과를 낼 수 있다.

연구학교는 검증된 교육이론이나 교육방법을 학교의 실정에 따라 적용하고 실천하는 학교다. 이러한 연구가 현장에 정착될 때까지 개선해나가는 학교를 시범학교라고 한다. 보통 연구학교가 시범학교를 겸하는 것이 통례다. 다음은 서울시 연구학교와 시범학교 현황이다.

신수중학교는 실용적인 영어능력 향상을 위한 교육을 시행한다. 독서교육을 통해 사고력, 통찰력을 키우고, 체험활동을 통한 창의성과 의사소통능력 신장에 힘쓴다. 또한, 소그룹 지도를 통해 영어 의사소통의 기회를 더 제공하고, 해외자매학교와 교류를 추진하여 국제 안목을 기를 수 있도록 한다. 모든 학년을 대상으로 주당 1차시 English Listening/Speaking 시간을 확보하여, 한국인 교사와 원어민 보조교사가 Team teaching을 실시하고, 1~3학년 각 다른 주제로 1 minute speech 원어민 보조교사가 발음과 억양, 정확한 영어표현을 직접 지도 및 평가한다. 뿐만 아니라 방학 중 캠프를 운영하여 학생들에게 흥미와 재미를 제공한다.

노일중학교는 교육과정과 연계한 문화예술교육과 교과 간 융합교육을 활성화한다. 1학년 음악과 수업을 중심으로, 타 교과와 협력하여 융합교육을 실시하고, 학기말 수업시간에 뮤지컬 등의 종합 활동을 진행하여 예술융합 교육 프로그램을 통한 자기 표현력 신장을 목표로 한다.

초등학교 때부터 우리 아이가 두각을 나타내는 분야가 있다면, 우리 아이의 재능을 발휘할 수 있는 중학교 교육 환경을 찾아 역량을 더 개발할 필요가 있다. 우연히 시작한 일을 재능으로 만드는 것은 우연을 필연으로 계획하는 부모의 노력이다.

| 서울시 연구·시범학교 현황 |

과목	중학교	학교 종류	지정 연도	프로그램
영어	신도림중학교	정책연구학교	2008	생동감 넘치는 수업과 다양한 체험활동
	신수중학교	시범학교	2014	실용영어 중심 영어 교육 프로그램
	성심여자중학교	정책연구학교	2010	영어 의사소통 능력 향상과 글로벌 능력
수학	서울대학교 사범대학 부속여자중학교	정책연구학교	2015	융합인재교육(STEAM) 교수 학습 사례
	풍납중학교	시범학교	2010	수준별 수업 운영의 내실화
	가재울중학교	정책연구학교	2016	디지털 교과서 수업
	방배중학교	정책연구학교	2013	디지털 교과서 활용과 교실수업 운영 방안
	천일중학교	시범학교	2005	자기주도학습 능력 및 학력 신장
과학	원촌중학교	시범학교	2005	창의적이고 재미있는 탐구 활동을 통한 학습 능력 신장
	증산중학교	시범학교	2009	탐구 실험 및 맞춤형 수준별 수업
	반포중학교	정책연구학교	2014	토요 과학 체험활동, 통합과학 프로그램 개발 및 적용
국어	금옥중학교	정책연구학교	2012	개인차를 고려한 국어 능력 기르기 및 사회 적응력 향상
예술	봉림중학교	정책연구학교	2010	통합 예술 요법을 통한 적응력 향상 프로그램
	노일중학교	정책연구학교	2013	예술 융합교육 프로그램을 통한 자기표현력 신장
체육	청담중학교	정책연구학교	2015	헬스 마일리지 시스템을 통한 학교 자율 체육 활성화
	신양중학교	정책연구학교	2017	체육 교육 거점학교
SW 선도 학교	가재울중, 강신중, 건대사대부중, 경희여자중, 고대사대부중, 광산중, 구룡중, 노원중, 대경중, 무학중, 대성중, 동산중, 동양중, 무학중, 문래중. 미성중, 북서울중, 삼선중, 상계제일중, 서문여중, 서울사대부중, 선덕중, 숭례중, 송파중, 수락중, 숭문중, 숭실중, 신목중, 연희중, 중동중, 영란여중, 영훈국제중, 용문중, 용산중, 월촌중, 장승중, 장충중, 정원여중, 증평중, 창북중, 청운중, 청원중, 충암중, 풍성중, 한울중, 혜원여중, 홍대사대부중			

| 예술·체육중학교 현황 |

예술중학교

연번	시·도	시·군·구	학교명	설립
1	서울	강남구	국립국악중학교	국립
2	서울	중구	예원학교	사립
3	서울	강남구	전통예술학교	국립
4	서울	광진구	선화예술중학교	사립
5	서울	금천구	국립전통예술학교	국립
6	부산	금정구	부산예술중학교	사립
7	부산	금정구	브니엘예술중학교	사립
8	전북	완주군	전주예술중학교	사립
9	대구	달성군	한울안중학교	사립
10	전남	함평군	나산실용예술중학교	공립
11	경기	성남	계원예술중학교	사립

체육중학교

연번	시·도	시·군·구	학교명	설립
1	서울	송파구	서울체육중학교	공립
2	광주	북구	광주체육중학교	공립
3	경기	수원시	경기체육중학교	공립
4	대전	유성구	대전체육중학교	공립
5	대구	북구	대구체육중학교	공립
6	강원	춘천시	강원체육중학교	공립
7	부산	영도구	부산체육중학교	공립
8	전북	완주군	전북체육중학교	공립
9	전남	무안군	전남체육중학교	공립
10	경북	경산시	경북체육중학교	공립

출처 : 전국 단위 지원 가능한 예술·체육중학교, 교육부

소프트웨어 역량 키우기

혁신을 만들어내는 디자인 싱킹

4차 산업혁명 시대에 재능의 묘목이 뿌리내리고 충분히 성장하도록 물을 주었다면, 그다음에는 필요한 양분을 제공해야 한다. 혁신을 만들어내는 디자인 싱킹과 컴퓨팅 사고력, 프로그램을 설계하는 코딩과 그를 구현해내는 피지컬 컴퓨팅 역량은 4차 산업혁명 시대에 반드시 알아야 할 소프트웨어 역량이다. 이러한 역량을 토대로 물리적 경계를 넘어서는 소비자이자 생산자인 메이커로 거듭날 수 있다.

MRI를 만드는 미국 GE(General Electric Company)는 'MRI를 무서워하는 아이들이 어떻게 하면 무서워하지 않고 기분 좋게 검사받을 수 있을까?' 고민한 끝에 검사실을 우주여행이나 해저탐사 분위

| 미국 제너럴 일렉트릭사 MRI실 |

출처 : GE Healthcare,pixabay

기로 꾸미고 디자인했다. 해저탐사 방의 의사들은 선장과 선원으로 변신해 안내자 역할을 담당했다. 아이들은 신나게 해저여행을 시작했고, 무사히 MRI 검사를 마칠 수 있었다.

혁신을 만들어내는 디자인 싱킹(Design Thinking)은 '사용자 중심으로 생각하고 제품을 설계하는 것'이다. 디자인 싱킹은 공감하기, 문제 발견하기, 아이디어 내기, 실험하기, 발전시키기의 단계를 거친다.

'공감하기'란 상품을 사용자의 입장에서 생각해보는 것으로, 디자인 싱킹의 가장 중요한 단계다. '문제 발견하기'는 사용자 입장에서 문제점과 개선할 점을 찾는 단계이다. 문제가 무엇인지 알아야 개선할 수 있기 때문에 과학적 사고가 가장 필요한 단계다. '아이디어 내기'는 문제점을 해결할 아이디어를 생각하는 단계이다. 문제 해결을 위한 아이디어가 정리되고 나서 그것을 구현하는 단계가 '실험하기'다. 마지막 단계인 '발전시키기'는 최선의 방법이 나올 때까지 지속적으로 개선하는 단계이다.

디자인 싱킹은 과학적 사고와 컴퓨팅 사고력을 토대로 문제를 분석하고 해결해나가는 것이다. 문제를 발견하는 능력은 과학적 사고에서 비롯되며, 보다 효율적인 데이터로 만드는 작업에는 수학적 사고가 필요하다. 이를 혁신적인 아이디어로 바꾸는 역할은 '디자인 싱킹'에 있다. 디자인 싱킹 능력은 다양한 경험과 창의적 연결에서 나온다.

컴퓨터처럼 생각하는 컴퓨팅 사고력

컴퓨팅 사고력이란 복잡한 문제를 간단하게 분해하고 단계별로 해결하는 소프트웨어 기초 역량이다. 소프트웨어를 설계하는 것을 프로그래밍 또는 코딩이라고 한다. 코딩에 앞서 우리는 문제를 인식하고 발견해야 한다.

예를 들어 '수백 대의 자동차 바퀴 수를 쉽게 계산하는 방법은 없을까?'라고 생각하는 것이 '문제 인식'의 과정이다. 그런 다음 문제를 작은 부분으로 분해하고 그 속에서 공통점을 찾는다. '자동차 한 대의 바퀴 수는 4개이다'는 개념이 '문제 분해' 과정이다.

자동차 바퀴가 4개라는 공통점을 찾아내는 것이 '패턴 매칭'이다. 패턴 매칭 과정에서 중요한 것이 추상화다. '추상화'는 일반화 과정이다. 예를 들어 '자동차 한 대의 바퀴는 4개이고, 두 대의 바퀴가 8개라면 N번째 바퀴는 몇 개인가?'라는 문제가 주어졌을 때, '4×N'을 떠올리는 것이 추상화 과정이다.

추상화 과정이 끝나면 우리는 분해한 문제들을 순서대로 나열해야 한다. 이제 '수백 대의 자동차 바퀴를 계산하는 문제'에 시간이 걸리지 않는다. '자동화'가 이루어지기 때문이다. 결국 컴퓨팅 사고력이란 추상적인 인간의 사고 과정을 컴퓨팅 시스템을 통해 자동화하는 것이다.

'1부터 100까지 더하라'는 선생님의 요구에 가우스는 1분도 되지 않아 '5,050'이라고 외쳤다. 그는 1부터 100까지 양 끝 수를 더하면 101이 되고, 이 쌍의 개수가 50개라는 것을 찾아냈다. 비판적 시각과 수학적 사고를 토대로 덧셈의 원리를 파악하고 곱셈으로 효율성을 극대화한 가우스 연산은 컴퓨팅 사고력에서 비롯됐다.

4차 산업혁명 시대에 기업이 요구하는 창의적 역량의 핵심은 문제 해결을 위해 규칙을 정확히 이해하고, 단계별로 창의적인 사고를 적용해 혁신적인 해결법을 찾아내는 컴퓨팅 사고력이다. 소프트웨어 교육의 목적이 바로 여기에 있다.

컴퓨터 없이 컴퓨팅 사고력을 키우는 언플러그드 활동

소프트웨어 교육에 반드시 컴퓨터가 있어야 하는 것은 아니다. 언플러그드(unpluged) 활동은 컴퓨터를 사용하지 않고 다양한 활동을 통해 컴퓨터 과학의 원리와 알고리즘을 학습할 수 있는 활동이다.

활동지와 컵을 이용한 언플로그드 활동은 2인 1조로 팀을 구성하고 팀별로 활동지와 컵 10개를 준비한다. 각자 원하는 대로 컵을

| 컵 쌓기(완성된 모습) |

↑	컵 1개 높이만큼 위로 움직입니다.	↓	컵 1개 높이만큼 아래로 움직입니다.
←	컵 1개 너비의 절반만큼 왼쪽으로 움직입니다.	→	컵 1개 너비의 절반만큼 오른쪽으로 움직입니다.
↰	컵을 왼쪽으로 90도 회전합니다.	↱	컵을 오른쪽으로 90도 회전합니다.
○	그곳에 컵을 놓습니다.		

출처 : 2018년 학교로 찾아가는 소프트웨어(SW) 교육 연수

쌓은 다음 컵이 쌓인 모양을 그리고 컴퓨터에 그림의 모양이 나오도록 명령해야 한다. 이때 필요한 것이 명령기호다. '컵을 놓는다'를 어떻게 명령해야 할지 고민하는 과정을 거쳐 기호를 만들어내고 이를 작성한다. 명령지를 다른 팀과 바꿔 명령지대로 이 과정을 실행해보고 실패한다면 명령을 수정해야 한다.

복잡한 컴퓨터 언어를 모르더라도 스크래치(Scratch)와 엔트리(Entry) 같은 EPL(Education Programming Language, 교육용 프로그래밍 언어)을 통해 소프트웨어 교육이 가능하다. 학교 소프트웨어 교육에서 사용하는 것은 블록 코딩이다.

블록 모양의 코드를 드래그하는 방법으로 알고리즘을 구성해 프

로그래밍에 대한 거부감을 줄이고 쉽고 재미있게 코딩을 배울 수 있다. 스크래치와 엔트리는 인터넷 연결 없이도 이용할 수 있다. 우리 아이에게 인터넷을 사용할 수 있는 시간을 제한하고 있다면 프로그램을 미리 다운로드해 사용하면 된다.

생각을 물리적 세계로 가져오는 피지컬 컴퓨팅

'피지컬 컴퓨팅'이란 일상의 신호를 디지털 신호로 입력하고 처리한 후 결과를 다시 일상으로 출력하는 컴퓨팅이다. 로봇을 작동시킬 명령어를 컴퓨터에 입력하고, 컴퓨터가 입력한 값을 센서를 이용해 다시 현실세계로 가져와 로봇이 움직이게 만드는 것이 바로 피지컬 컴퓨팅이다.

이러한 과정을 통해 밖에서 집 안의 불을 끄고, 키가 없이도 자동차 시동을 걸 수 있는 IoT(Internet of Things, 사물인터넷)를 실현할 수 있다.

서울 목원초등학교는 교내 소프트웨어 공모전을 통해 학생들이 창의적 산출물을 생성할 수 있도록 코딩과 피지컬 컴퓨팅을 중점적으로 가르친다. 언플러그드 활동에서 시작해 코딩의 과정을 거쳐 피지컬 컴퓨팅에 이르는 소프트웨어 교육은 아이들의 상상력과 호기심을 자극하고, 컴퓨팅 사고력과 과학적 사고를 증진할 뿐만 아니라 메이커의 기초 역량을 마련한다.

피지컬 컴퓨팅	학년	교과	내용
레고마인드스톰  아두이노 	3~4	창의적 체험 활동	• 학생의 발달 수준에 맞춰 어렵고 복잡한 내용의 지도보다는 프로그래밍 체험과 놀이 중심 활동으로 구성하여 운영 • 언플러그드 활동, LIGHT BOT, CODE.ORG, ENTRY, 스크래치 활용
메이키메이키 	5~6	창의적 체험 활동	• 프로그래밍 체험과 놀이 중심 활동으로 구성하며 학생의 창의적인 SW 산출물 제작 활동을 포함 • 언플러그드 활동, LIGHT BOT, CODE.ORG, ENTRY, 스크래치 활용, 피지컬 컴퓨팅 및 로봇 활용
비트브릭 		타 교과 융합	• 관련 타 교과와의 융합을 통하여 미래사회에 대비한 융합적 인재를 양성 • 로봇 및 3D 프린터, 피지컬 컴퓨팅 교구 활용

출처 : 2019학년도 목원초등학교 교육운영 특색사업계획

소비자이자 생산자가 되는 메이커 교육

메이커란 상상력과 창의력을 기반으로 새로운 것을 만들어내는 사람을 말한다. 4차 산업혁명 시대는 누구나 생산자이자 소비자가 될 수 있다. 세계 각국은 4차 산업혁명이라는 새로운 변화에 대응하기 위해 산업과 정책, 교육 등 다양한 분야에서 방법을 모색하고 있다. 모든 학습자를 창작자로 만드는 메이커 교육은 4차 산업혁명 시대에 교육의 최종 목표다.

메이커 교육은 과학적 사고로 문제를 발견하고, 컴퓨팅 사고력을 기반으로 문제를 해결하며, 수요자 중심의 디자인 싱킹 능력으로 새로운 결과물을 도출하는 과정을 배우는 것이다. 메이커 역량을 키우기 위해서는 기업가 정신으로 불리는 도전 정신과 개척 정신, 자기주도학습 역량이 필요하다.

우리는 지금까지 4차 산업혁명 시대에 필요한 역량을 알아보았다. 시대가 원하는 것은 결국 변화에 적응하고 기존의 것을 재구성하여 혁신을 만들어내는 인재이다. 이러한 인재가 되는 데 가장 먼저 필요한 것이 문해력이다. 문해력은 기술과 정보에 대한 비판적 시각을 갖게 한다.

기술의 발전은 인간에 대한 이해에서 출발한다. 인간은 끊임없이 변화를 추구하며 새로운 것을 만들어내고자 한다. 사물을 바라보는 비판적 시각과 실패를 두려워하지 않는 도전은 현실의 문제점을 발견하고, 문제를 작은 덩어리로 쪼개고 결합하는 자동화 과정을 통해 문제 해결의 알고리즘을 형성한다.

이러한 문제 해결 방법이 실패하더라도 걱정할 필요 없다. 실패를 대하는 긍정적 자세가 우리를 수용자 입장에서 다시 생각하도록 도움을 줄 것이다. 그렇게 잘 뿌리내린 재능은 4차 산업혁명 시대에 흔들리지 않는 역량으로 자리 잡을 것이다.

4차 산업혁명 시대에 필요한 학습법

협력이 필요한 프로젝트 중심 수업(PBL)

"미래 인재의 역량 중 가장 중요하다고 생각하는 역량이 있는가?"라는 물음에 나는 관계 역량이라고 말한다. 우리가 새로운 환경에서 우연히 사람들을 만날 때, 그 사람의 데이터를 읽고, 살아온 과정을 파악하고, 성격을 분석해서 만나는 것은 아니다. 그런 것과는 상관없이 묘하게 끌리는 사람이 있다. 언어로 표현하기 힘든 미묘한 느낌을 데이터화할 수 있을까? 사람만이 느낄 수 있는 느낌은 결코 정의 내릴 수 없는 감각이다.

4차 산업혁명 시대에 가장 많은 비중을 차지하는 것이 프로젝트 중심형 학습과 거꾸로 학습이다. 두 학습 방법 모두 협업 능력이 필요하다. 우리 아이만 프로젝트에 빠질 수 없어서 아이들이 원하지 않는 모임에 나가고 있는가? 엄마들의 관계 역량을 키울 것이 아니라 아이들의 관계 역량을 살펴봐야 할 때다.

4차 산업혁명 시대는 협업 능력이 중요하다. 초·중·고등학교의 창의적 체험활동은 대부분 프로젝트형 과제를 수행하는 것이다. 이러한 영역은 수행평가에 반영되며, 학교생활기록부에 기재되어 인성 및 공동체 역량, 리더십을 평가하는 근거가 된다.

리더십이 있는 아이들은 활동의 주체가 되어 성과를 도출해내고, 협업 능력이 강한 아이는 과제를 진행할 때 필요한 요소를 잘 파악하여 도움을 주려고 노력한다. 일이 잘 진행되지 않거나 더딜 때 활력소가 되는 친구들도 있다.

반면 의견 조율이 어렵고 자기 생각만을 고집하는 친구도 있다. 공동 작업에서 자신의 의견만 고집하면 진행이 더뎌지고 관계가 소원해질 수 있다. 프로젝트에 참여하지 않는 아이도 있다. 그런 친구의 몫을 다른 친구들이 나누다 보면 프로젝트 학습에 대해 부정적인 인식을 가질 수 있다. 프로젝트형 과제를 수행해본 경험이 있다면 공동의 작업이 얼마나 힘든지 알 수 있다. 서로 생각이 다른 사람들끼리 의견을 수렴하기는 쉬운 일은 아니다. 연령 차이나 경력 차이가 있다면 사실상 협력을 기대하기 쉽지 않은 일이다.

프로젝트 수업으로 실질적인 삶의 문제를 해결하다

2002년에 개교한 미국의 프랭클린 W. 올린 공과대학은 짧은 역사를 지녔지만 대학 교육 혁신 사례로 자주 등장한다. 올린 공과대학의 가장 큰 특징 중 하나인 프로젝트 기반 교육과정은 기초 단계, 전문화 단계, 실현 단계로 구성되어 있다. 학생들은 1학년 때부터 프로젝트에 참여해 기본적이고 필수적인 지식을 배우고, 학년이 올라갈수록 수업보다 프로젝트 비중이 더 높아진다.

1학년과 2학년 때는 학년 구분 없이 공부하고, 전공을 정하는 2학년 중반부터 심도 있는 지식을 적용하고 발전해나가는 데 초점을 맞춘다. 올린 공대 학생들은 그동안 배운 지식들을 총동원하여 실제 문제를 창의적으로 해결한다. 이제 올린 공대는 4차 산업혁명을 넘어 5차 산업혁명을 준비하고 있다.

2022년 전남 나주에 에너지 특화 대학으로 개설될 한전공대는 한국판 올린 공대다. 에너지공학부 단일 학부 체제로 강의가 없는 것이 특징이며, 프로젝트형 수업을 통해 교수와 학생 간 일대일 수업을 진행할 예정이다. 미국의 올린 공대를 벤치마킹해 커리큘럼과 교수법 등을 구상하고 있는 한전공대는 기존 대학의 학기제를 벗어나 4·6·8주의 집중 프로그램을 통해 다양한 관점에서 프로젝트 몰입도를 높이고 분석이 가능하도록 학제를 개편한다. 수업은 프로젝트 형식으로 진행되며 교수의 일방적인 강의는 없다. 어려운 부분은 교수의 피드백을 통해 프로젝트를 완성해나가는 방법으로 수업이 진행된다.

학습자 중심의 거꾸로 학습, 플립드 러닝

19세 말 유럽 귀족들만의 특권이던 교육의 기회를 균등하게 배분하기 위해 모든 국민에게 단일한 학교 교육을 시행하는 단선형 학제가 시작되었다. 우리나라는 해방 이후 6-3-3-4제의 학교 제도를 현재까지 이어오고 있다. 표준화된 교육은 대량 교육을 가능하게 했지만 수요자 중심의 4차 산업혁명 시대와는 거리가 있다.

강의실이 없으며 순환형 기숙사 생활을 하고, 하버드 대학교보다 높은 경쟁률을 자랑하는 미네르바 스쿨은 입학 허가율이 2% 미만으로 세계에서 가장 들어가기 어려운 대학이다. 세계 7개 나라를 옮겨다니며, 온라인으로 수업하는 미네르바 스쿨은 거꾸로 학습 방식(flipped learning)으로 수업을 진행한다.

거꾸로 학습은 미리 배워야 할 과정을 집에서 온라인으로 듣고, 학습한 내용을 토대로 학교에서 토론과 활동에 참여하는 수업을 말한다. 수업은 지식이나 역량을 가르치기보다 평생학습과 적응을 위한 교육으로 진행되며, 특정 주제에 대한 토론, 토의로 이루어진다. 거꾸로 학습은 일방적이고 교육자 중심이던 수업을, 학습자 중심의 참여형으로 바꾼다. 따라서 자신의 수준과 능력에 맞게 직접 학습량과 레벨, 속도를 조절할 수 있고, 모르는 부분은 반복해서 들을 수 있다. 여기서 중요한 것은 개인 맞춤형 학습이 가능하다는 것이다. 미국 학교의 80%가 도입하고 있는 거꾸로 학습은 서울대학교뿐만 아니라 국내 주요 대학에 빠르게 확산되고 있다.

씨앗 발아에는
상처 내기가 필요하다

실패를 대하는 태도, 지속성과 만연성

'이생망'이라는 말이 있다. '이번 생은 망했다'의 줄임말로 절망적 시대와 세태를 뜻하는 신조어다. 얼마 전 <편애중계>라는 프로그램에서 '이생망 구르기 대회'를 개최했다. 이생망들이 나와 어떻게든 구르기를 해서 결승점을 통과하면 상금 100만 원을 타는 것이었다.

서울대학교를 나와서 "왜 그렇게 멍청하냐"는 소리를 듣고 살아 인생이 망했다는 사람, 10수 만에 고시를 포기하고 고시원에 터전을 잡은 사람, '인생도 마이너스, 계좌도 마이너스, 건강도 마이너스'라는 40대 등 이생망의 이유는 저마다 다양했다. 하지만 바닥을 구르고 굴러 뭔가 해내야겠다는 열의만큼은 모두 절실해 보였다.

실패를 경험한 후의 반응은 사람에 따라 다양하다. 사회인지학습이론의 창시자 앨버트 반두라는 실패를 받아들이는 태도에 관한 연구를 진행했다.

모두가 실패할 수밖에 없는 어려운 과제를 부여하고 한 집단에는 '당신의 능력을 체크하기 위한 평가'라고 했고, 다른 집단에는 '이 과정은 연습이고, 이 과정을 통해 기술이 향상될 기회가 있다'고 말했다. 그 결과 첫 번째 집단에 비해 두 번째 집단이 높은 수준의 성취율을 보였고 실패를 기회로 보았다.

긍정심리학자 마틴 셀리그만은 비관적인 사람과 낙관적인 사람의 차이를 지속성과 만연성으로 구분했다. 지속성은 한 개인이 절망에 빠졌을 때 지속 기간을 결정하는 특성이다.

쉽게 포기하거나 비관적인 사람은 실패에 맞닥뜨렸을 때 '언제나', '전혀', '늘'이라는 지속성을 띤 표현을 주로 사용한다. 반면 낙관적인 사람은 '요즘', '이따금'과 같은 일시적인 의미의 수식어를 사용한다. 좋은 일이 일어날 때의 태도는 정반대로 나타났다. 낙관적인 사람은 "나는 언제나 운이 좋아"라는 지속적인 표현을 사용하는 반면, 비관적인 사람은 "오늘은 운수가 좋았어"로 일시적인 태도를 보였다.

중요한 것은 실패를 대하는 우리의 태도다. 학습된 무기력이란 실패 경험으로 인해 자신의 능력으로 극복할 수 있는 일도 포기하는 것을 말한다. 우리 아이가 실수했을 때 "너는 왜 늘 그 모양이니"라고 말한다면, 아이는 무기력을 학습하고 있는지도 모른다. 학습된 무기력은 우리 아이를 도전하지 않는 아이로 만들 수 있다.

실패를 대하는 올바른 태도는 삶의 훌륭한 지침이 될 뿐 아니라 새로운 도전을 가능하게 한다. 우리 아이는 실패했을 때 어떤 단어를 사용하는가? 실패했을 때 아이의 태도가 어떤지 살펴보자(낙관성 테스트 참조).

초기에 다양한 실패를 경험할수록 더 빨리 성공한다

도쿄대학교 약학계 연구과 이케가야 유우지 교수팀은 쥐를 대상으로 한 실험을 통해 학습 초기에 많은 실패를 경험할수록 성공에 더 빨리 도달한다는 것을 밝혀냈다. 연구진은 먹이에 도달하는 여러 가지 경로의 미로를 만들고 그 안에 쥐를 넣어 행동을 조사했다.

미로의 경로를 변경하고 쥐들의 행동을 분석한 결과 쥐들은 초기에 실패를 많이 할수록 더욱 빠르게 최단 경로를 찾아냈다. 초반에 다양한 시행착오를 거듭하면서 더 빨리 성공하는 법을 터득한 것이다.

IBM의 창업자 토머스 왓슨은 가장 빠른 성공 방법은 실패를 두 배로 늘리는 것이라고 말했다. 초기에 실패할수록 실패비용을 줄이고, 실패에서 얻은 지식을 다른 관점에서 응용하면 보다 창의적인 결과물을 만들어낼 수 있다. 실패를 통해 우리가 배우는 것은 안전하게 넘어지는 법이 아니라 일어나는 법이다. 실패에 대한 냉철한 분석과 경험은 우리를 보다 빨리 성공으로 안내할 것이다.

실패의 순간에도 보이는 현실 이상의 의미를 발견해야 한다

매년 10월 13일 핀란드에서는 실패의 날 행사가 열린다. 핀란드 국민의 4분의 1이 지켜보는 국가적인 행사로 학생과 교수, 창업자들이 한데 모여 실패의 경험을 공유하고 서로의 실패를 축하해준다. 핀란드를 대표하던 기업 노키아가 몰락하는 모습을 바라보면서, 핀란드 사람들은 '우리는 왜 실패하는가?', '실패란 과연 부정적인 것인가?'라는 생각을 갖게 되었고, 가장 큰 원인이 두려움이라는 것을 깨달았다. 핀란드 알토 대학교 학생들은 실패에 대한 두려움을 없애기 위해 실패의 긍정적 의미를 홍보하기 시작했다. 이렇게 실패의 날을 통해 폴란드는 전 세계에서 가장 활발히 창업에 도전하는 나라로 변화했다.

알리바바의 창업자 마윈은 "생존한 5%가 되려면, 95%가 저지르는 실수에서 반드시 배워야 한다"고 말했다. 마윈은 초등학교 때 두 번이나 낙제했고, 중학교 시험에서는 세 번 낙제했으며, 대학도 3수 만에 들어갔고, 하버드 대학교에 10번이나 지원했지만 떨어졌다. 취업도 30번 넘게 떨어진 마윈은 1992년 창업 실패한 끝에 1999년 알리바바를 창업했다. 초등학교를 중퇴한 에이브러햄 링컨은 22세의 젊은 나이에 구멍가게를 개업했다 파산하고 빚을 갚는 데만 15년이 걸렸다. 23세에는 주 의원 선거에서 낙선했고, 24세에도 사업에 실패했다. 27세에 사랑하는 여인을 잃었고 신경쇠약과 정신분열증에 걸리기도 했다. 31세에 대통령 선거위원에서 떨어졌고, 34세에는 연방 하원의원 선거에서도 떨어졌다. 그리고 51세에 대통령에

당선되었다. 링컨은 "웃지 않고 살았다면 나는 이미 죽었다. 웃음이라는 보약을 복용해보라"고 말했다.

하버드 대학교 경영학과 교수 하워드 스티븐슨은 실패한 상황에서도, '보이는 그 현실 이상'을 발견해야 한다고 말한다. 성공과 실패에 의문을 가졌을 때 비로소 성장하고 발전할 수 있다.

4차 산업혁명을 맞아 혁신적인 사람이 미래 인재상으로 부각되고 있다. 불확실성을 전제로 하는 혁신은 늘 실패를 담보로 한다. 하지만 부분의 실패를 통해 전체는 진화한다. 그러한 과정을 거쳐 우리는 성장하고 발전한다. 씨앗이 발아하려면 상처를 내야 하듯이 실패를 통한 배움의 경험은 아이를 더 크게 성장시킬 것이다.

| 낙관성 테스트 |

번호	내용	점수
1	내가 맡은 프로젝트가 성공적으로 끝났을 때	
	a. 나는 사람들이 일하는 것을 면밀히 감독했다.	1
	b. 사람들 모두 이 프로젝트에 시간과 힘을 바쳤다.	0
2	부부간(또는 애인)에 싸우고 화해했을 때	
	a. 내가 그(그녀)를 용서해주었다.	0
	b. 난 원래 용서를 잘하는 편이다.	1
3	친구 집으로 차를 몰고 가다가 길을 잃어버렸을 때	
	a. 내가 우회로를 깜박 지나쳤어.	1
	b. 친구 녀석이 길을 잘못 가르쳐줬어.	0
4	아내/남편(또는 애인)에게 의외의 선물을 받았을 때	
	a. 그(그녀)가 오늘 직장에서 좋은 일이 생겼나 봐.	0
	b. 내가 엊저녁에 맛있는 요리를 사줘서 그럴 거야.	1

5	아내/남편(애인)의 생일을 깜박했을 때	
	a. 난 원래 생일 같은 건 잘 기억 못 하니까.	1
	b. 다른 일이 너무 많아서 어쩔 수가 없었어	0
6	몰래 사모하는 사람에게 꽃을 선물받았을 때	
	a. 내가 ( )에게 매력적으로 보이나 봐.	0
	b. 나는 인기가 많은 사람이야.	1
7	지역구 의원에 출마해서 당선되었을 때	
	a. 유세하느라 쏟아부은 시간과 돈이 얼만데.	0
	b. 나는 무슨 일이든 열심히 하니까.	1
8	중요한 약속을 잊어버렸을 때	
	a. 가끔씩 기억력이 떨어지네.	1
	b. 가끔 일정표 점검을 잊어버릴 때가 있단 말야.	0
9	지역구 의원에 출마해서 낙선했을 때	
	a. 난 선거 운동을 열심히 안 했어.	1
	b. 당선된 사람이 다른 사람들과 워낙 친분이 좋았어.	0
10	저녁 파티를 성공적으로 끝냈을 때	
	a. 그날 저녁 내가 정말 멋있게 보인 것 같아.	0
	b. 난 정말 멋있는 사람이야.	1
11	경찰을 불러서 범죄 사건을 미연에 방지했을 때	
	a. 이상한 소리가 나서 온 신경을 기울이고 있었지.	0
	b. 그날 경계를 철저히 하고 있었어.	1
12	1년 내내 건강하게 지냈을 때	
	a. 내 주변 사람들이 아프지 않아서 전염될 우려가 없었지.	0
	b. 잘 먹고 충분히 휴식을 취했거든.	1
13	책 반납이 연체되어 도서관에 비싼 연체료를 내야 할 때	
	a. 독서에 푹 빠져 있을 땐 종종 연체되는 걸 잊어버린단 말야.	1
	b. 정신없이 리포트를 쓰느라 반납하는 것도 잊어버렸어.	0
14	증권 투자로 돈을 많이 벌었을 때	
	a. 내 증권 브로커가 뭔가 새로운 일을 만들었지.	0
	b. 내 증권 브로커는 투자에 도가 튼 사람이야.	1
15	운동 경기에서 우승했을 때	
	a. 난 정말 무적인 것 같아.	0
	b. 훈련을 열심히 했어.	1

16	중요한 시험에서 불합격했을 때	
	a. 난 시험만 보면 다른 사람만큼 머리가 잘 안 돌아가.	1
	b. 시험 준비를 많이 못 했어.	0
17	친구를 위해 특별 요리를 만들었는데 상대방이 손도 안 댔을 때	
	a. 난 역시 요리에는 소질이 없어.	1
	b. 요리를 너무 급하게 준비했어.	0
18	오랫동안 연습해왔던 운동경기에서 졌을 때	
	a. 난 역시 운동신경이 없니 봐.	1
	b. 난 그 종목에는 소질이 없는 것 같아.	0
19	밤늦게 차를 몰고 가다가 어두운 골목길에서 기름이 떨어졌을 때	
	a. 기름이 얼마나 들어 있는지 미리 살폈어야 했는데.	1
	b. 유량계가 고장 났군.	0
20	친구한테 화를 냈을 때	
	a. 저 친구는 만날 날 귀찮게 한단 말야.	1
	b. 저 친구, 별로 기분이 안 좋은가 봐.	0
21	소득세 신고를 제때 하지 않아서 벌금을 물어야 할 때	
	a. 난 항상 세금을 늦게 낸단 말야.	1
	b. 올해는 세금 납부를 제때 못 했네.	0
22	데이트 신청을 했는데 거절당했을 때	
	a. 그날은 정말 끔찍했어.	1
	b. 데이트를 신청할 때 혀가 굳어버렸나 봐.	0
23	오락 프로 진행자가 날 지목하고 무대에 나오라고 했을 때	
	a. 내가 눈에 잘 띄는 자리에 앉아 있었나 봐.	0
	b. 내가 제일 멋지게 보였나 봐.	1
24	파티장에서 함께 춤추자는 요청을 자주 받았을 때	
	a. 나는 파티에서 잘나가는 편이거든.	1
	b. 그날 밤에는 내 차림새가 제일 멋있었나 봐.	0
25	배우자/애인에게 선물을 사주었는데 상대가 좋아하지 않을 때	
	a. 난 그런 일은 깊이 생각하고 싶지 않아.	1
	b. 그 친구는 너무 까다로워.	0
26	취업 면접에서 최고 득점을 받았을 때	
	a. 이번 면접은 특별히 자신 있었어.	0
	b. 나는 면접을 잘 보거든.	1

27	농담을 했더니 모두 웃었을 때	
	a. 내 농담이 재미있었군.	0
	b. 타이밍이 잘 맞았어.	1
28	교수가 리포트 제출 기한을 아주 짧게 주었지만 결국 잘해 냈을 때	
	a. 난 역시 맡은 일은 잘 해내.	0
	b. 난 정말 유능한 사람이야.	1
29	요즘 컨디션이 상당히 좋지 않다고 느낄 때	
	a. 쉴 시간이 있어야 말이지.	1
	b. 이번 주는 특히 바빴어.	0
30	어떤 사람에게 춤추자고 제의했다가 거절당했을 때	
	a. 내가 춤을 잘 추지 못해서 그런가 봐.	1
	b. 그 사람은 춤을 싫어하나 봐.	0
31	질식사할 뻔한 사람을 구해냈을 때	
	a. 난 질식한 사람을 어떻게 구하는지 잘 알고 있어.	0
	b. 난 위급한 상황에 대처하는 방법을 잘 알아.	1
32	로맨틱한 파트너가 잠시 결별을 원할 때	
	a. 내가 너무 이기적이었나 봐.	1
	b. 그 사람과 충분히 같이 있어주지 못해서 그런가 봐.	0
33	어떤 친구가 내 마음을 아프게 하는 얘기를 했을 때	
	a. 그 친구는 항상 다른 사람 생각은 안 하고 함부로 말해.	1
	b. 그 친구가 기분이 안 좋아서 내게 화풀이를 했나 봐.	0
34	직장 상사가 내게 조언을 구했을 때	
	a. 그 분야는 내가 전문가니까.	0
	b. 난 괜찮은 조언을 잘해 주는 편이야.	1
35	곤경에 빠진 친구를 도와주고 감사 표시를 받았을 때	
	a. 난 그(그녀)를 도와주는 게 즐거워.	0
	b. 난 누구나 잘 도와주지.	1
36	파티에서 즐거운 시간을 보냈을 때	
	a. 사람들이 모두 친절했어.	0
	b. 난 사람들에게 친절해.	1
37	의사가 내 건강이 아주 좋다고 말했을 때	
	a. 난 규칙적으로 운동하고 있어.	0
	b. 난 건강에 신경을 많이 쓰는 편이야.	1

38	배우자(　　) 애인(　　)이 멋진 주말을 보내자며 어딘가로 데리고 갈 때	
	a. 그(　　) 그녀(　　)는 며칠 쉴 필요가 있어.	0
	b. 그(　　) 그녀(　　)는 새로운 곳에 가는 것을 좋아해.	1
39	내가 설탕을 너무 많이 먹는다고 의사가 충고할 때	
	a. 난 다이어트에 크게 신경 안 써요.	1
	b. 음식에 전부 다 들어 있는데 어떻게 설탕을 안 먹을 수 있어요?	0
40	중요한 프로젝트의 총책임을 제의받았을 때	
	a. 나는 일마 전에 비슷한 프로젝트를 성공적으로 마쳤어.	0
	b. 내가 책임 관리만큼은 잘해.	1
41	배우자/애인과 크게 싸웠을 때	
	a. 난 요즘 기분이 시큰둥하고 미칠 것 같았어.	1
	b. 그/그녀가 요즘 아주 삐딱했어.	0
42	스키를 타다가 크게 넘어졌을 때	
	a. 역시 스키는 어려워.	1
	b. 바닥이 너무 미끄러웠어.	0
43	아주 유명한 상을 수상했을 때	
	a. 내가 중요한 문제를 해결했기 때문이지.	0
	b. 난 정말 일을 잘하는 사람이야.	1
44	투자한 주식이 바닥을 헤매고 있을 때	
	a. 그 때 경기가 어떻게 돌아가고 있는지 잘 몰랐어.	1
	b. 내가 주식을 잘못 골랐지.	0
45	복권에 당첨되었을 때	
	a. 정말 운이 따랐군.	0
	b. 내가 좋은 번호를 고른 거야.	1
46	휴일을 보내면서 살이 불었는데 빠지지 않을 때	
	a. 다이어트란 게 다 말짱 꽝이야.	1
	b. 이 다이어트 방법은 효과가 없어.	0
47	병원에 입원했는데 사람들이 문병을 오지 않을 때	
	a. 내가 아프면 화를 잘 내니까 안 오나 봐.	1
	b. 내 친구 녀석들은 이런 일에 관심이 없어.	0
48	상점에서 내 신용카드를 잘 받아주지 않을 때	
	a. 난 내가 가진 돈이 얼마인지 종종 과대평가를 한다니까.	1
	b. 난 종종 신용카드 결제를 잊어버릴 때가 있어.	0

검사 실시 방법
1. 위의 문항을 읽고 자신에게 해당되는 항목에 체크한다. 예를 들어 1번에 a 답변을 선택했을 경우 점수는 1점이다. 2. 48번까지 문항별 점수를 합산해 아래 점수란에 적는다. 예를 들어 1번 문항을 a로 답한 경우 PsG에 1점, 4번 문항을 b로 답변한 경우 1점이므로 PsG는 모두 2점이다. 3. PmB + PvB + PsB = Total B 점수를 합산한다. 4. PmG + PvG + PsG = Total G 점수를 합산한다. 5. Total G – Total B = ( ) 점수를 계산한다. 6. 합산한 점수가 낙관성 점수이다. 0 이하 : 상당히 비관적 / 1~2 : 비관적 / 3~5 : 평균 / 6~8 : 낙관적 / 8 이상 : 상당히 낙관적

문제별 분류 항목 및 점수	점수란	
** PmB(5, 13, 20, 21, 29, 33, 42, 46)	PmB ________	PmG ________
** PmG(2, 10, 14, 15, 24, 26, 38, 40)	PvB ________	PvG ________
** PvB (8, 16, 17, 18, 22, 32, 44, 48)	PsB ________	PsG ________
** PvG(6, 7, 28, 31, 34, 35, 37, 43)	Total B ________	Total G ________
** PsB(3, 9, 19, 25, 30, 39, 41, 47)		
** PsG(1, 4, 11, 12, 23, 27, 36, 45)	Total G – Total B = ( )	

PmB(Permanence Bad score) – 영속적 나쁨 : 자신의 불행의 원인이 계속적이라고 생각함
PmG(Permanence Good score) – 영속적 좋음 : 자신에게 생긴 좋은 일의 원인이 지속적일 거라고 생각함
PvB(Pervasiveness Bad score) – 어디서나 나쁨 : 하나에 실패하면 모든 것에서 실패한다고 생각함
PvG(Pervasiveness Good score) – 어디서나 좋음 : 좋은 일을 경험하면 다른 일도 좋아진다고 생각함
PsB(Personalization Bad score) – 개인적으로 나쁨 : 나쁜 일의 원인을 자신에게 돌림
PsG(Personalization Good score) – 개인적으로 좋음 : 좋은 일의 원인을 자신에게 돌림

출처 : 《마틴 셀리그만의 낙관성 학습》, 마틴 셀리그만

3장

고교입시,
재능 나무의
묘목을 옮겨
심어라

맹모삼천지교,
현모재능지교

현모재능지교

지금까지 우리는 4차 산업혁명 시대에 대비한 교육의 변화와 흐름을 살펴보고 자신이 어떤 부모인지 알아보았다. 또한 초등학교 저학년부터 중학교까지 재능의 씨앗이 발아하고 성장하는 데 필요한 요소와 4차 산업혁명 시대에 필요한 역량을 알아보았다.

이제부터 지금까지 잘 키워놓은 '재능의 묘목'을 옮겨 심을 땅을 살펴야 한다. 자녀 교육에 '맹모삼천지교(孟母三遷之敎)'라는 말이 있다면, Z세대 어머니들에게는 '현모재능지교'라는 말이 있다.

맹자의 어머니가 좋은 환경에서 자식을 교육하기 위해 이사를 세 번 했다면, 4차 산업혁명 시대에 현명한 어머니들은 자녀의 재능을 키우기 위해 온라인과 오프라인의 경계를 뛰어넘는다. 현모재능지교를 위해 필요한 것이 고등학교 학제의 변화와 흐름을 읽는 시각이다. 우리 아이의 재능을 살릴 수 있는 현명한 고등학교 선택은 우리 아이가 사회로 내딛는 훌륭한 첫걸음이 될 것이다.

고등학교가 대학처럼 학점제로 변한다

기계공학과에 진학하기를 원하는 고등학교 2학년 정우는 '농업과 테크놀로지'라는 융합 과목을 신청했다. 팀 과제로 지정된 '나무 접목 기계의 알고리즘 분석하기'를 위해 오늘 오전은 인근 농업고등학교에 가서 이론과 실습을 공부한다. 오후에는 지역사회와 연계된 기관을 찾아 기계를 직접 만져보면서 작동 원리를 배운다. 오늘의 학습을 끝낸 정우는 스카이프로 프로젝트 팀원들과 내일 발표할 보고서를 기획하고, 참고자료를 얻기 위해 TED에서 관련 영상들을 찾아본다.

이것은 2030년 고교학점제가 시행되는 고등학교의 모습이다. 고교학점제란 학생이 자기주도학습을 통해 미래 사회에 필요한 역량을 개발할 수 있도록, 자신의 적성과 진로에 따라 다양한 과목을 선택하고 해당 학점을 이수하면 졸업을 인정받는 제도이다.

고교학점제가 시행되면 학생들은 대학처럼 교실을 돌아다니며 자신의 전공 과목을 선택해서 듣는다. 모든 학생은 대학의 전공 필수와 같은 기초 과목을 수강해야 하며, 나머지 과정은 개인이 원하는 진로와 관심에 따라 학년 구분 없이 자유롭게 선택할 수 있다. 고등학교 교육과정은 180단위를 졸업 기준으로 삼는다. 고교학점제는 창의적 체험활동을 제외한 86단위를 학생이 선택할 수 있으며, 나머지 94단위 중 기초 과목 48단위를 제외한 46단위도 교과군 범위 내에서 선택이 가능하다.

고교학점제는 2020년 전국 51개 마이스터고등학교에 우선 적용한 뒤, 2020년 현재 초등학교 5학년이 고등학교에 입학하는 2025년이 되면, 전국 모든 고교생이 희망하는 진로에 따라 원하는 과목을 듣고 필요한 학점을 이수하게 된다.

고교학점제가 시행되면 학교는 학생의 수요를 조사해서 어떤 과목을 개설할지 결정하고 그에 따라 교육과정을 운영한다. 학생들의 수요가 다양한 만큼 학내에서 소화하기 힘든 과목은 인근 학교와 연합해 수업을 개설하거나 계절학기 및 온라인 강의로 대체한다.

고교학점제가 본격 시행되면 학생들의 수요가 다르고 수강하는 과목이 다양하기 때문에, 대학입학 선발의 표준화된 기준이 필요하다. 따라서 고교학점제는 절대평가가 불가피하다.

고교학점제를 위한 고교 평준화

문제는 선택의 다양화이다. 학생의 과목선택권을 보장하는 '학생맞춤형' 교육을 실현함으로써 학생의 학습 동기와 흥미를 불러일으키는 고교학점제는 고교 평준화가 전제되어야 한다.

'특목이'는 1학년 동안 자율동아리 활동을 열심히 하고 적극적이

어서, 후배 선발에 우선권을 부여받았다. 이미 중학교 때 자율동아리 개설 경험이 있던 '특목이'는 좀 더 실력이 좋고, 동아리 선발을 위해 적극적으로 자신을 어필하는 후배를 동아리 구성원으로 뽑았다.

'특목이'의 동아리는 뛰어나고 적극적인 구성원들 덕택에 다른 동아리와 차별된 커리큘럼을 갖게 되었고, 교내 대회에서 수상도 많이 하게 됐다. 다른 친구들은 '특목이'의 동아리에 들어가고 싶지만 이미 선택의 시기를 놓친 것이 안타까울 따름이다.

이런 '특목이'에게 다음 학년에는 선발권이 없으며, 들어오고 싶어 하는 아이들은 모두 받아야한다고 한다면? 심지어 학습동아리 경험이 전혀 없는 아이들을 받아야 한다면 어떠하겠는가? 특목이가 모집방식과 선발방법에 이의를 제기하자 자율동아리는 결국 폐쇄 절차를 밟았다.

이것이 지금 우리 학교의 모습이다. 고교 다양화정책으로 영재고, 과학고, 특목고, 자사고는 상위권 학생들을 우선 선발할 수 있게 되었고, 특성화고와 마이스터 고등학교까지 중·상위 학생들을 우선 선발했다.

결국 우수한 학생들이 대거 특목고로 빠지면서, 일반고와 특목고의 수직적 서열화를 만들었다. 이러한 수직적 구조에서 고교학점제는 선택의 다양성 뿐 아니라 교육의 질을 보장할 수 없다.

생각해보라. 이미 오랜 시간 자체적 교과편성과 시행착오를 거쳐 자리를 잡은 특목고와 자사고가 굳이 교육의 기회균등을 위해,

학교의 문을 열어야 할 이유도 없을뿐더러, 절대평가로 바뀌게 될 경우 학생의 70% 이상이 A가 가능한 특목고의 경우 앞으로 영향력이 더 커질 수밖에 없다.

이러한 상황에서 교육부는 2019년 자사고 특목고 우선선발권을 박탈하고 일반고의 단계적 전환을 발표했지만, 최근 정치인들의 자녀 특혜논란으로 2025년 전면폐지를 결정했다.

개인의 역량을 최대한 지원하는 고교학점제 선도학교

고교학점제 선도학교이자 거점학교인 인천 선인고등학교는 '진로 중심 꿈두레' 공동교육과정을 편성하여, 24개 과목을 무학년제로 운영하고 있다. 10원짜리 동전을 이용해 구리와 아연의 합금을 실험하는 '화학실험'은 인근 인화여고와 함께 진행한다.

선인고등학교는 고교학점제 시행에 따른 공동교육과정을 위해 인근 학교뿐 아니라 특성화고와 중학교까지 교사 인력 풀을 갖춰나가고 있다. 또한 '교육과정 지도팀'을 별도로 구성하여, 학생이 진로 및 학업 계획을 수립할 수 있도록 진로 코칭 프로그램을 진행하고 있다.

고교학점제는 획일적인 교육이 아니라 맞춤형 학습이다. 학생의 학습 동기와 흥미를 유발하기 어려웠던 기존 교육의 한계를 극복하고, 학생 개개인의 역량을 최대한 발휘할 수 있도록 지원한다.

고교학점제는 학생들이 스스로 자신에게 필요한 과목을 찾고 진로를 개척함으로써 진로 개척 역량과 자기주도학습 역량을 기를 수 있다. 또한 학습 속도와 목표가 다른 학생들을 서열화하지 않는다. 다양한 재능과 적성을 가진 학생들이 역량을 최대한 발휘할 수 있도록 유연하고 개별화된 교육으로 수평적 다양화 방안을 실시한다.

고교학점제는 학교의 수업과 평가, 시설과 문화 등 고등학교의 전반적인 변화와 혁신을 유도하는 만큼 충분한 준비 기간이 필요하다. 교육부는 2018년 고교학점제 연구·선도학교 운영을 시작으로, 약 10년에 걸쳐 고교학점제를 완성할 계획이다.

진로 방향 설정을 위한 진로집중학기제

사실상 고교학점제는 내신 절대평가, 종합전형의 확대, 자유학년제, 자사고·특목고 폐지, 거점학교, 교과중점학교 등 주요 교육 현황과 톱니바퀴처럼 맞물려 있다. 또한 이 모든 것은 4차 산업혁명 시대의 미래 인재 육성이라는 과업과 연결되어 있다.

고등학교가 대학처럼 학점제로 바뀌고 문·이과 융합전공 선택이 가능해지면서 고등학교 입학 전 가장 우선적으로 해야 할 것이 진로 선택이다. 자신의 진로 방향을 잡지 못하면 아무리 많은 선택권이 주어져도 진로를 선택할 수 없다.

고교학점제가 시행되면 고등학교 입학 전에 진로에 대한 충분한 탐색과 방향이 정해져야 한다. 이를 해결하기 위해 정부에서는 중학교 3학년 2학기와 고등학교 1학년 1학기에 진로집중학기제를 추진하여 진로 설계를 돕는다.

4차 산업혁명 시대 우리 아이가 고등학교에 들어가서 진로를 고민하는 일이 없도록 아이의 재능과 역량을 꾸준히 개발해나가야 할 것이다.

| 2019년 고교학점제 연구·선도학교 현황 |

일반계고 : 242교

지역 (학교 수)	연구학교(64교)		2019년 지정 선도학교(178교)
	2018년 지정 (31교)	2019년 지정 (33교)	
서울(32)	동북고, 불암고, 서울사대부고, 세현고(4)	당곡고, 배명고, 한서고(3)	경기고, 경신고, 광문고, 구현고, 누원고, 대진여고, 도봉고, 면목고, 목동고, 미림여고, 미양고, 배문고, 삼성고, 선일여고, 신광여고, 신림고, 여의도고, 영일고, 원묵고, 은광여고, 인헌고, 자양고, 잠일고, 중경고, 청원고(25)
부산(10)	부산남고(1)	명호고, 부산동성고(2)	동아고, 부산동고, 부산진여고, 사상고, 성도고, 연제고, 혜화여고(7)
대구(10)	다사고, 덕원고, 비슬고(3)	수성고(1)	강북고, 경상여고, 대구동부고, 대구여고, 상인고, 효성여고(6)
인천(21)	선인고, 제물포고(2)	백석고, 인천세원고(2)	가정고, 검단고, 대인고, 명신여고, 박문여고, 부개여고, 부평여고, 송도고, 연수고, 연수여고, 인천공항고, 인천남동고, 인천대건고, 인천신현고, 인천여고, 인천연송고, 인천해송고(17)
경기(54)	갈매고, 고색고, 위례한빛고, 이우고, 평택고(5)	광남고, 나루고, 봉일천고, 부명고, 운천고, 호평고, 효양고(7)	가온고, 구리여고, 권선고, 능동고, 대평고, 덕산고, 마석고, 미사고, 분당영덕여고, 상원고, 상현고, 성남여고, 성복고, 성포고, 세교고, 소명여고, 송산고, 송우고, 송탄고, 수주고, 신봉고, 신장고, 심원고, 안성여고, 안화고, 양명여고, 양서고, 용호고, 운중고, 율면고, 의정부고, 이산고, 이충고, 일산대진고, 저현고, 중원고, 천천고, 태성고, 판곡고, 평촌고, 풍무고, 현화고(42)
광주(7)	빛고을고(1)	서강고(1)	광주고, 광주인성고, 광주제일고, 상일여고, 첨단고(5)
대전(8)	대전용산고(1)	대전전민고, 대전지족고(2)	대전둔산여고, 대전둔원고, 대전복수고, 대전이문고, 한밭고(5)

지역 (학교 수)	연구학교(64교)		2019년 지정 선도학교(178교)
	2018년 지정 (31교)	2019년 지정 (33교)	
울산(6)	매곡고, 화봉고(2)	남목고, 화암고(2)	삼일여고, 언양고(2)
세종(3)	양지고(1)	–	두루고, 한솔고(2)
강원(6)	황지고(1)	마차고(1)	강일여고, 유봉여고, 장성여고, 치악고(4)
충북(7)	제천고, 충주고(2)	단양고, 청원고, 한국교원대부고(3)	오송고, 주성고(2)
충남(8)	천안신당고(1)	논산대건고, 당진고(2)	건양고, 대산고, 대천고, 설화고, 쌘뽈여고(5)
전북(6)	–	–	순창고, 유일여고, 장수고, 전주고, 전주여고, 전주한일고(6)
전남(13)	장흥고, 중마고(2)	강진고(1)	녹동고, 능주고, 목포덕인고, 목포혜인여고, 부영여고, 삼호고, 여수고, 여천고, 예당고, 해룡고(10)
경북(12)	대영고, 인동고(2)	경북일고, 영주여고, 안동고(3)	경주고, 문명고, 북삼고, 사곡고, 안동여고, 영광고, 영해고(7)
경남(34)	김해임호고, 함안고(2)	김해여고, 마산구암고(2)	거제상문고, 거제제일고, 구산고, 군북고, 김해경원고, 김해고, 김해수남고, 김해율하고, 김해제일고, 김해중앙여고, 남해고, 동원고, 마산고, 마산용마고, 명덕고, 물금고, 범어고, 양산고, 연초고, 웅천고, 진주고, 진주중앙고, 진해용원고, 창원경일고, 창원고, 창원남고, 창원남산고, 창원명지여고, 창원중앙고, 하동여고(30)
제주(5)	대정고(1)	서귀포여고(1)	세화고, 신성여고, 제주제일고(3)

직업계고 : 112교

지역 (학교 수)	연구학교(38교)		2019년 지정 선도학교(74)
	2018년 지정 (23교)	2019년 지정 (15교)	
서울(10)	경기기계공업고, 미림여자정보과학고, 선린인터넷고(3)	서울공고, 서울전자고(2)	대경상업고, 서울디지텍고, 서울아이티고, 서울영상고, 용산공업고(5)
부산(6)	–	경남공고, 부산컴퓨터 과학고(2)	부산기계공업고, 부산자동차고, 부산정보관광고, 부산해사고(4)
대구(7)	경북기계공고, 대구일마이스터고(2)	대구제일 여상(1)	경북여상, 대구농업마이스터고, 대구보건고, 대구소프트웨어고(4)
인천(5)	도화기계공고, 인천마이스터고(2)	인천미래 생활고(1)	영화관광경영고, 인천해사고(2)
광주(2)	광주자동화설비 공업고(1)	–	광주소프트웨어마이스터고(1)
대전(1)	–	–	대전대성여고(1)
울산(6)	울산상업고(1)	–	울산공업고, 울산마이스터고, 울산생활과학고, 울산에너지고, 현대공업고(5)
경기(34)	경기영상과학고, 고양고, 남양주공고, 삼일공고, 성남금융고, 안양공고(6)	경기물류고, 삼일상업고, 하남경영고(3)	경기자동차과학고, 경민IT고, 경화EB고, 광명경영회계고, 광명공업고, 근명여자정보고, 김포제일공업고, 매향여자정보고, 발안바이오과학고, 부천정보산업고, 성남테크노과학고, 성보경영고, 성일정보고, 세경고, 수원공업고, 수원농생명과학고, 수원하이텍고, 안산국제비즈니스고, 안산디자인문화고, 용인정보고, 일산국제컨벤션고, 평촌경영고, 평택기계공업고, 한국디지털미디어고, 한국애니메이션고(25)
강원(6)	도계전산정보고(1)	삼척마이스터고, 정선정보공고(2)	원주의료고, 춘천한샘고, 설악고(3)
충북(5)	–	한국바이오 마이스터고(1)	청주하이텍고, 충북반도체고, 충북에너지고, 충주공업고(4)

지역 (학교 수)	연구학교(38교)		2019년 지정 선도학교(74)
	2018년 지정 (23교)	2019년 지정 (15교)	
충남(6)	당진정보고(1)	병천고(1)	공주마이스터고, 연무대기계공업고, 한국식품마이스터고, 합덕제철고(4)
전북(4)	–	–	군산기계공업고, 김제농생명마이스터고, 전북기계공업고, 한국경마축산고(4)
전남(6)	목포성신고, 순천효산고(2)	–	목포공업고, 전남생명과학고, 진성여자고, 한국항만물류고(4)
경북(6)	금오공고, 한국생명과학고(2)	김천생명 과학고(1)	구미전자공업고, 포항제철공업고, 한국원자력마이스터고(3)
경남(7)	거제여자상업고, 경남자영고(2)	김해건설 공업고(1)	거제공업고, 마산공업고, 밀양전자고, 삼천포공업고(4)
제주(1)	–	–	서귀포산업고(1)

출처 : 2019 고교학점제 연구·선도학교 개요, 교육부

다른 나무와의 조화와 상생을 고려하라

바닷가에 심는 한 그루의 사과나무

묘목으로 자란 아이의 재능은 이제 더 큰 나무로 자라기 위해 더 넓은 토양으로 나가야 한다. 지금까지 부모의 토양에서 관심과 지지를 받아 성장했다면 이제부터 홀로서기를 시작해야 한다.

스위스 알프스 산맥에 한 그루의 야자수가 있다면 어떨까? 여름 피서를 즐기려고 찾아간 바닷가에 한 그루의 사과나무가 있다면 어떻겠는가? 현실적으로 불가능한 일이지만, 설령 그런 일이 가능하다 해도 주변 환경과 조화를 이루기는 쉽지 않을 것이다.

우리 아이가 사과나무인지 야자수인지 살펴보았는가? 묘목을 옮길 장소를 정하기 전에 우리 아이가 어떤 나무인지, 어떤 환경에서 자라야 하는지, 자녀의 성향과 고교 특성을 살펴보는 과정이 필요하다(묘목을 옮기기 전 해야 할 일 체크리스트 참조).

고교 선택 유형 및 필요 역량

고등학교 입학과 동시에 동아리에 가입하고, 학교생활기록부에 전공 관련 활동을 기재해야 하는 현 입시제도에서 진로 탐색은 고등학교 입학 전에 이루어져야 한다. 일관성이 없고 개연성이 떨어지는 활동은 전공 적합성뿐 아니라, 성실성에도 좋은 이미지를 줄 수 없다. 중학교 때 충분한 진로 탐색이 필요한 이유가 여기에 있다. 자신의 진로에 대해 충분히 탐색하고 결정한 학생들은 자신의 선택에 책임을 갖는다.

우리 아이가 묘목으로 잘 자랐다면 이제 성장하는 일만 남았다. 고등학교는 설립 취지에 따라 일반고등학교, 자율고등학교, 특성화고등학교, 특수목적고등학교(특목고)로 나뉜다. 일반고등학교는 국립, 공립, 사립으로 나뉘며, 특수목적고등학교는 과학고, 국제고, 외국어고(외고), 예술고, 체육고, 마이스터고로 구분된다.

고교 교육의 다양성을 위해 학교에 자율성을 부여한 자율고등학교는 자율형 사립고와 자율형 공립고로 나뉜다. 2025년 폐지되는 특목고와 자사고는 외고, 국제고, 자율형 사립고이다. 특정 분야의 기술 인력 양성과 특기·적성 개발을 교육 목적으로 한 특성화고등학교는 대안학교와 직업학교로 구분된다. 기타 유형으로는 영재학교가 있다.

| 고교 유형 및 필요 역량 |

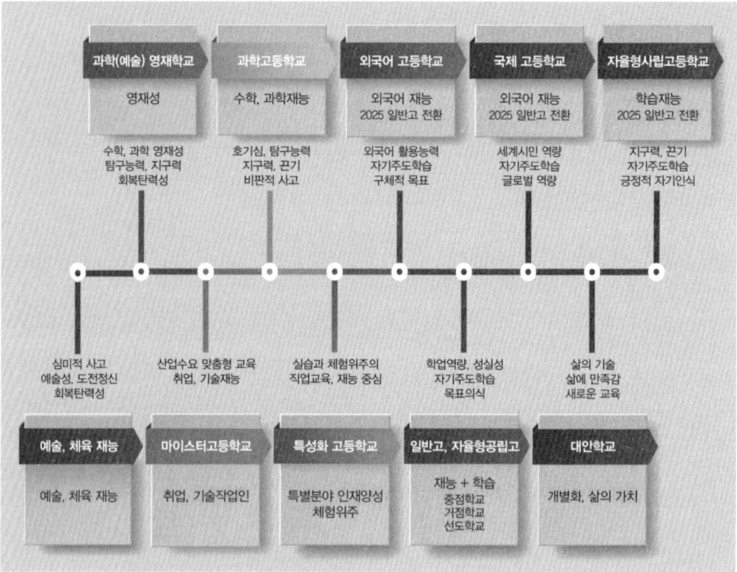

다음은 고교 유형에 필요한 역량 및 재능이다. 우리 아이가 수학과 과학에 탁월한 재능이 있고 지구력과 탐구 능력이 뛰어나다면 영재고와 과학고를 염두해 볼 수 있다. 반면 우리 아이가 외국어 능력과 자기주도학습 능력이 뛰어나다면 외고나 국제고를 선택하면 좋다. 또한 특목고를 선택하지 않고도 과학중점학교에서 과학을 보다 심층적으로 공부하고 거점학교에서 심화탐구 수업을 선택할 수도 있다. 학교 유형에 따라 필요한 역량과 재능을 살펴보고 우리 아이에게 적합한 고교를 선택하는 것이 고교 선택의 첫 번째 과제다.

우리 아이 성향은 일반고인가, 특목고인가?

고교 선택 유형을 살펴보았다면 다음에는 아이의 성향을 살펴봐야 한다. 2025년 일괄 폐지를 앞두고 있는 자사고나 특목고의 막차를 타야 할지 고민 중이라면 아이의 성향과 학업 경쟁력에 대한 평가가 필요하다.

대부분의 특목고나 전국 단위 자사고는 기숙사를 두고 있다. 평소 부모와의 대화나 가족 간에 소통이 잘되었던 학생일수록 외로움을 많이 느낄 수 있다. 또한 자기주도학습이 뛰어나고 시간 관리를 잘하는 학생도 틀에 짜인 학습을 싫어한다면 의무적으로 진행되는 야간 자습 시간에 적응하지 못하는 경우도 많다.

경쟁 구도가 불편하고 예민한 아이는 경쟁 환경에 놓이는 것만으로도 스트레스를 받는다. 평소 다른 사람들의 시선을 의식하는 편이라면 평가에 대한 두려움을 가질 수 있다. 또한 실수나 만족스럽지 못한 결과에 예민한 아이는 스스로를 책망하고 자존감이 저하될 수 있다. 학습 분위기에 쉽게 휩쓸리고 자기주도학습에 어려움을 느끼는 학생 또한 특목고 생활이 어려울 수 있다. 우리 아이 성향을 고려한 학교 선택이 무엇보다 중요하다(우리 아이 성향은 일반고인가, 특목고인가 체크리스트 참조).

우리 아이의 고교 경쟁력은 어떠한가?

자사고는 제약이 없기 때문에 학생 맞춤형 교육과정과 프로그램 운영이 가능하다. 따라서 이공·자연계열, 인문·사회계열, 의대·치대·한의대까지 학생이 목표한 교과와 비교과 관리가 가능하다는 이점이 있다.

교육과정이 유연하기 때문에 중간에 학생의 진로가 바뀌더라도 학습과 비교과 활동을 병행하는 데 어려움이 없다. 수시는 물론 정시 대비까지 가능한 것도 자사고의 장점이다. 특목고와 마찬가지로 자사고 또한 일반고에 비해 상대적으로 학생부종합전형에 유리하며, 수능을 준비하는 데도 도움을 받을 수 있다.

외고와 국제고는 교과와 활동이 전공 계열에 제한되어 있지만, 국외 대학 진학이나 어문학 특기자 전형을 목표로 하고 있다면 도움을 받을 수 있다.

자사고에는 과학과 수학 과목에 우수한 학생들이 많다. 영재고와 과학고에 대비하면서 화학Ⅱ와 생명과학Ⅱ를 선행하고, 수학은 고등학교 2학년 과정을 끝내고 온 학생들이 많기 때문에 내신 대비에 부담이 크다.

특목고 학생들은 내신이 4~5등급이더라도 모의고사에서는 1~2등급을 받는 경우가 많다. 특목고는 내신 경쟁이 치열할 뿐만 아니라 최상위로 좀처럼 치고 올라가기 힘들다. 이런 경쟁 구도가 불편하고 결과에 예민한 아이들은 학교 부적응 문제로 전학하는 경우도 있다. 따라서 우리 아이의 경쟁력은 얼마나 되는지 파악할 필요가 있다(우리 아이의 경쟁력 평가 체크리스트 참조).

우리 아이의 계열 성향은 어떠한가?

일반고와 특목고 선택이 끝났다면 자신의 흥미와 적성에 따른 계열 적성을 살펴보아야 한다. 문·이과가 사라지고 통합교육과정을 공부하고 있지만, 인문·사회계열의 전공을 선택한다면 국어, 사회, 외국어 영역의 교과 및 비교과 활동을 준비해야 한다. 이공 계열을 준비하고 있다면 수학 심화과정과 탐구 심화과정을 준비해야 한다.

일반고를 선택하더라도 학교마다 중점 과목이 다르기 때문에 확인이 필요하다. 이과 학생이 사회중점학교에 지원하는 경우 참여할 수 있는 교내 활동과 대회가 적고 활동이 다양하지 않다. 따라서 지원하고자 하는 고등학교의 중점 과목이 무엇인지 파악하고, 최근 3년간 입시 실적을 고려해 전공 적합성을 입증하는 데 유리한 학교를 선택해야 한다. 우리 아이는 어떤 계열에 적합한지 살펴보자(우리 아이 계열 성향 알아보기 참조).

기후 환경과 토양을 고려하지 않은 재능 나무는 뿌리째 뽑히거나 고사한다. 또한 조화롭지 못한 곳에서 홀로서기를 하는 것은 입시 준비만큼 힘이 들 수 있다. 자신의 성향이나 진로를 고려하지 않은 묘목 옮기기는 성공보다 실패의 확률이 높다.

우리 아이가 어떤 나무인지 충분히 관찰해보고, 그에 적합한 역량을 발휘할 수 있는 환경에서 성장할 수 있도록 고등학교에 대한 이해와 분석이 뒷받침되어야 한다.

최후의 선택이 아닌 최선의 선택

삶의 가치를 삶의 지침으로 체화하는 대안학교

대안학교란 입시교육에서 벗어나 좀 더 다양하고 자유로우며 새로운 방식으로 교육하는 학교이다. 대안학교를 선택한 부모들은 획일화된 입시 위주 교육에서 벗어나 자녀의 선택을 존중하고 삶의 가치를 고민한 끝에 대안학교를 선택한다. 대안학교는 각기 고유한 교육 목표와 특성을 가지고 있으며 학생의 자율성을 인정한다.

산마을고등학교는 삶의 가치를 구체적인 삶의 지침으로 체화하는 과정을 배우는 학교다. 생태농업 수업에서 태양광을 이용하여 전기를 생산하고, 노동의 가치와 최소한의 자립을 위해 텃밭을 가꾸며, 우리 인간도 생태계의 한 고리임을 스스로 깨닫는다.

창작활동 시간에는 목공, 앙상블, 애니메이션, 옷 만들기, 풍물 등 예술적 감성과 창의성을 키울 수 있는 선택 수업이 개설되어 있다. 이외에도 다양한 삶의 기술을 익히는 생활기술 과목을 선택할 수 있다. 학교에서는 선행학습, 수능 대비 문제 풀이 수업 등과 같은 대입 지도를 하지 않는다.

학생들은 진로를 결정할 때 본인의 가치 기준이 무엇인지 고민하고, 2학년 말경에 자신의 진로를 결정하고 졸업 이후의 삶을 준비하는 시간을 가진다. 다음은 학력이 인정되는 전국 대안학교 현황이다. 자녀의 성향을 고려하고, 면밀한 학교 분석을 통해 선택한 대안학교는 이제 최후의 대안이 아닌 최선의 선택이다.

| 2019년 대안학교 및 대안교육 특성화 중·고등학교 현황 |

대안학교

시·도	학교명(과정)	설립 구분	설립 연도	소재지
서울	서울실용음악고등학교(고)	사립	2006	중구 신당동
	여명학교(고)	사립	2010	중구 남산동
	지구촌학교(초)	사립	2011	구로구 오류동
	서울다솜관광고등학교(고)	공립	2012	종로구 숭인동
부산	송정중학교(중)	공립	2019	강서구 송정동
대구	대구해올중고등학교(중·고 통합)	공립	2018	달서구 성당동
인천	인천청담학교(고)	사립	2014	연수구 동춘동
	인천해밀학교(중·고 통합)	공립	2012	남동구 구월동
	인천한누리학교(초·중·고 통합)	공립	2013	남동구 논현동
광주	월광기독학교(초)	사립	2014	서구 화정동
대전	새소리음악고등학교(고)	사립	2009	서구 도마동
	새소리음악중학교(중)	사립	2009	서구 도마동

울산	울산두남중고등학교(중·고 통합)	공립	2017	울주군 두서면
경기	TLBU글로벌학교(초·중 통합)	사립	2008	고양시 덕양구
	화요일아침예술학교(고)	사립	2011	연천군 전곡읍
	쉐마기독학교(초·중·고 통합)	사립	2011	양주시 은현면
	새나래학교(중·고 통합)	사립	2011	용인시(휴교 중)
	경기새울학교(중)	공립	2013	이천시 율면
	광성드림학교(초·중 통합)	사립	2006	고양시 일산구
	하늘꿈학교(중·고 통합)	사립	2016	성남시 수정구
	중앙예닮학교(중·고 통합)	사립	2018	용인시 수지구
강원	해밀학교(중)	사립	2018	홍천군 남면
	노천초등학교(초)	공립	2019	홍천군 홍천읍
충북	글로벌선진학교(중·고 통합)	사립	2011	음성군 원남면
	한국폴리텍다솜고등학교(고)	사립	2012	제천시 강제동
	다다예술학교(초·중 통합)	사립	2017	청주시 상당구
	은여울중학교(중)	공립	2017	진천군 문백면
충남	여해학교(중)	공립	2013	아산시 염치읍
	드림학교(고)	사립	2018	천안시 충절로
전남	월광기독학교(중)	사립	2018	함평군 대동면
	성요셉상호문화고등학교(고)	사립	2018	강진군 강진읍
경북	한동글로벌학교(초·중·고 통합)	사립	2011	포항시 북구
	글로벌선진학교 문경(중·고 통합)	사립	2013	문경시 영순면
	산자연중학교(중)	사립	2014	영천시 화북면
	나무와중학교(중)	사립	2014	영천시 대창면
	링컨학교(중·고 통합)	사립	2017	김천시 대덕면
	대경문화예술고등학교(고)	사립	2018	경산시 자인면
경남	경남꿈키움중학교(중)	공립	2014	진주시 이반성면
	지리산중학교(중)	사립	2014	하동군(휴교 중)
	경남고성음악고등학교(고)	공립	2017	고성군 하일면
	밀양영화고등학교(고)	공립	2017	밀양시 상남면

대안교육 특성화중학교

시·도	학교명(과정)	설립 구분	설립 연도	소재지
대구	한울안중학교	사립	2018	달성군 현풍면
	가창중학교	사립	2018	달성군 가창면
광주	평동중학교	공립	2014	광산구 평동로
경기	두레자연중학교	사립	2003	화성시 우정읍
	이우중학교	사립	2003	성남시 분당구
	헌산중학교	사립	2003	용인시 처인구
	중앙기독중학교	사립	2007	수원시 영통구
	한겨레중학교	사립	2006	안성시 죽산면
강원	팔렬중학교	사립	2011	홍천군 내촌면
	가정중학교	공립	2017	춘천시 남면
전북	전북동화중학교	공립	2008	정읍시 태안면
	지평선중학교	사립	2003	김제시 성덕면
전남	용정중학교	사립	2003	보성군 미력면
	성지송학중학교	사립	2002	영광군 군서면
	청람중학교	공립	2013	강진군 군동면
	나산실용예술중학교	공립	2018	함평군 나산면
경남	상주중학교	사립	2015	남해군 상주면

대안교육 특성화고등학교

시·도	학교명(과정)	설립 구분	설립 연도	소재지
부산	지구촌고등학교	사립	2002	연제구 거제동
대구	달구벌고등학교	사립	2004	동구 팔공산로
인천	산마을고등학교	사립	2000	강화군 양도면
광주	동명고등학교	사립	1999	광산구 서봉동

경기	두레자연고등학교	사립	1999	화성시 우정읍
	경기대명고등학교	공립	2002	수원시 권선구
	이우고등학교	사립	2003	성남시 분당구
	한겨레고등학교	사립	2006	안성시 죽산면
강원	전인고등학교	사립	2005	춘천시 동산면
	팔렬고등학교	사립	2006	홍천군 내촌면
	현천고등학교	공립	2015	횡성군 둔내면
충북	양업고등학교	사립	1998	청주시 흥덕구
충남	한마음고등학교	사립	2003	천안시 동남구
	공동체비전고등학교	사립	2003	서천군 서천읍
전북	세인고등학교	사립	2099	완주군 화산로
	푸른꿈고등학교	사립	2099	무주군 안성면
	지평선고등학교	사립	2010	김제시 성동길
	고산고등학교	공립	2018	완주군 고산면
전남	영산성지고등학교	사립	1998	영광군 백수읍
	한빛고등학교	사립	2098	담양군 대전면
	한울고등학교	공립	2012	곡성군 목사동면
경북	경주화랑고등학교	사립	1998	경주시 양북면
경남	간디고등학교	사립	1998	산청군 신안면
	원경고등학교	사립	1998	합천군 적중면
	지리산고등학교	사립	2003	산청군 단성면
	태봉고등학교	공립	2010	창원시 마산합포구

출처 : 2019년 대안학교 및 대안교육 특성화 중·고등학교 현황, 교육부

기술 직업인을 양성하는 마이스터고등학교

'마이스터'란 각 분야에 통달한 기술 직업인을 가리키는 말이다. 마이스터고는 실제 산업현장에서 실력을 발휘할 전문 인력을 양성

하기 위해 산업체의 수요와 연계한 맞춤형 고등학교다.

산업현장에서 필요로 하는 기술과 기능을 쌓아 졸업 전에 취업할 수 있는 마이스터고등학교는 수업료, 입학금, 학교운영 지원비가 면제된다. 원론적인 이론 학습보다 실습 위주 과정에 흥미가 있고 취업을 원한다면 관심 분야의 마이스터고를 고려해 볼 만하다. 마이스터고의 분야는 기계, 에너지, 로봇, 자동차, 항공, 조선, 소프트웨어, 디자인 등 매우 다양하다.

서울 로봇고등학교 1학년 과정은 로봇 입문, 로봇 요소, 로봇 공학에 대한 기초 지식을 터득하고, 2학년부터는 로봇을 구성하는 요소를 배운다. 고등학교 1학년에 취업 기회가 열리는 이 학교는 1학년 내신이 상위 30%에 해당되면 직무적성 검사를 통해 삼성전자에 특별 채용된다. 채용된 학생들은 2학년과 3학년 방학 동안 인턴 교육을 수료하고 졸업 후 연구·개발직으로 일한다.

2020년 국내 최초로 게임마이스터고등학교가 개설된다. 마이스터고 최초로 교내에 게임 관련 기업을 유치하고 새로운 산학협력을 시도한다. 또한 현업에 있는 게임 개발자들의 멘토링을 직접 받을 수 있다. 교육부는 경기글로벌통상고를 게임 분야 마이스터고로 지정하고, 2020학년도부터 신입생을 모집할 수 있도록 했다.

마이스터고는 취업을 우선으로 하는 학교이므로 산업체에 3년 이상 재직한 후 대학에 진학할 수 있다. 따라서 진학보다 관심 분야의 취업을 목적으로 하는 학생들이 지원하는 것이 좋다.

실습 위주의 전문적인 교육을 실시하는 특성화고등학교

특성화고는 적성과 능력이 비슷한 학생을 대상으로 특정 분야의 인재 양성을 목적으로 실습 위주의 교육을 전문적으로 실시하는 학교다. 특성화고 특별전형을 실시하는 대학이 있기 때문에 관련 대학 진학을 원하는 경우에도 지원할 수 있다.

어릴 때부터 로봇 만들기를 좋아하고 제어에 관심이 많지만 대학 입학 가능성은 열어두고 싶은 경우 특성화고등학교 관련 학과에 진학하는 것도 현명한 방법이다. 다음은 마이스터 로봇고등학교를 선택하지 않은 학생들이 진학할 수 있는 특성화고 로봇 관련 학과다. 취업을 목표로 하지 않고 다양한 가능성을 열어두고 싶다면 마

| 전국 로봇 관련 특성화고등학교 현황 |

해당 교육청	학교명	학과
서울특별시 교육청	유한공업고등학교	로봇전기자동화과
대구광역시 교육청	경상공업고등학교	기계로봇과
	영남공업고등학교	로봇기계과
	조일고등학교	기계로봇과, 로봇콘텐츠과, 자동차로봇과, 전자로봇과
인천광역시 교육청	인천정보산업고등학교	로봇응용과
충청북도 교육청	청주공업고등학교	로봇시스템제어과
충청남도 교육청	부여전자고등학교	로봇제어과
전라북도 교육청	남원용성고등학교	전자로봇과
	전북기계공업고등학교	로봇자동화과
경상북도 교육청	구미전자공업고등학교	로봇제어전공
	안강전자고등학교	로봇전자과
경상남도 교육청	경남로봇고등학교	로봇소프트웨어과, 로봇제어전자과

이스터고보다 특성화고를 선택하는 것이 좋은 대안이 될 수 있다.

특성화고인 리라아트고등학교는 컴퓨터 미디어과, 디지털사운드 콘텐츠과, 건강과학과, 영상음악 콘텐츠과로 구성되어 있다. 디지털사운드 콘텐츠과는 문화에 대한 깊은 이해와 음악적 기량을 갖추고 대중문화 선도에 기여하는 인재를 양성하는 것을 목적으로 한다. 음악이론과 연구, 컴퓨터와 음악, 음악사 등을 배우는 이 학교는 협력 교육과정 거점학교로, 서울 소재 일반계 고등학교 2학년에 재학 중인 학생들은 선발 과정을 통해 리라학교에서 관련 수업을 받을 수 있다.

일반고 2, 3학년 중 참여를 원하는 학생은 재학 중인 학교의 소속 지역 교육지원청 및 인근 지역 교육지원청 관내 거점학교에 지원하면 된다. 희망 과정이 없다면 서울시 전체 거점학교 중에서 선택 지원할 수 있다.

예술·체육고등학교

특목고에 속하는 예술·체육고는 음악, 미술, 연기, 체육 등 예체능에 재능 있는 학생들을 양성하는 학교다. 거주하는 해당 지역에서만 지원 가능한 학교들과 달리 예술·체육고는 거주지와 무관하게 전국 단위로 지원할 수 있다.

초등학교 때부터 꾸준히 준비한 미술 역량 중 애니메이션에 집중하고 싶다면 경기예고의 만화창작과, 경남예고의 애니메이션과,

충남디자인예고의 만화애니메이션과 등을 고려해볼 수 있다. 글짓기 능력이 탁월하거나 방송작가 또는 극작가를 꿈꾼다면 문예창작학과가 있는 경기예고, 고양예고, 안양예고 등을 고려해볼 수 있다. 체육고도 마찬가지다. 골프에 재능 있다면 대전체육고, 펜싱을 전공하고 싶다면 서울체육고를 염두에 두고 진학을 준비하는 것이 좋다.

| 전국 단위 지원 가능한 예술·체육고등학교 |

예술고등학교

연번	시·도	시·군·구	학교명	설립
1	서울	구로구	서울공연예술고등학교	사립
2	서울	종로구	서울예술고등학교	사립
3	서울	금천구	국립전통예술고등학교	국립
4	서울	광진구	선화예술고등학교	사립
5	서울	강남구	국립국악고등학교	국립
6	서울	강서구	덕원예술고등학교	사립
7	부산	금정구	부산예술고등학교	사립
8	부산	금정구	브니엘예술고등학교	사립
9	부산	남구	한국조형예술고등학교	공립
10	대구	남구	경북예술고등학교	사립
11	인천	남동구	인천예술고등학교	공립
12	광주	북구	광주예술고등학교	공립
13	세종	연기면	세종예술고등학교	공립
14	대전	유성구	대전예술고등학교	사립
15	울산	울주군	울산예술고등학교	사립
16	경기	성남시	계원예술고등학교	사립
17	경기	안양시	안양예술고등학교	사립
18	경기	고양시	고양예술고등학교	사립
19	경기	부천시	경기예술고등학교	공립

20	강원	강릉시	강원예술고등학교	공립
21	충북	청주시	충북예술고등학교	공립
22	충남	서천군	충남디자인예술고등학교	공립
23	충남	천안시	충남예술고등학교	공립
24	전북	완주군	전주예술고등학교	사립
25	전남	무안군	전남예술고등학교	사립
26	전남	진도군	진도국악고등학교	공립
27	경북	포항시	포항예술고등학교	사립
28	경북	김천시	김천예술고등학교	사립
29	경남	진주시	경남예술고등학교	사립
30	경남	김해시	경남애니메이션고등학교	사립

체육고등학교

연번	시·도	시·군·구	학교명	설립
1	서울	송파구	서울체육고등학교	공립
2	부산	영도구	부산체육고등학교	공립
3	대구	북구	대구체육고등학교	공립
4	인천	도화동	인천체육고등학교	공립
5	광주	북구	광주체육고등학교	공립
6	대전	유성구	대전체육고등학교	공립
7	울산	북구	울산스포츠과학고등학교	공립
8	경기	수원시	경기체육고등학교	공립
9	강원	온의동	강원체육고등학교	공립
10	충북	충덕구	충북체육고등학교	공립
11	전북	완주군	전북체육고등학교	공립
12	충남	논산시	충남체육고등학교	공립
13	전남	무안군	전남체육고등학교	공립
14	전남	함평군	함평골프고등학교	공립
15	경북	경산시	경북체육고등학교	공립
16	경남	진주시	경남체육고등학교	공립

출처 : 전국 단위 지원 가능한 예술·체육고등학교, 교육부

어떤 학교를 선택할 것인가?

일반고로 전환되는 자사고, 특목고

2019년 11월 7일 정부는 '고교서열화 해소 및 일반고 역량 강화 방안'을 발표했다. 자사고·외고·국제고 등 특목고 설립 근거인 「초·중등교육법」 시행령을 개정해 2025년부터 모든 자사고·특목고를 일반고로 전환한다.

고교학점제가 도입되는 2025년부터 외국어고 30개교, 자사고 42개교, 국제고 7개교 등 총 79개 학교가 일반고로 전환된다. 2024년 자사고와 외고, 국제고에 입학한 학생들까지만 자사고·외고·국제고 신분이 유지된다. 자사고와 특목고는 2025년부터 고입 선발과 배정이 일반고와 동일하게 진행되며 학교 이름과 특성화된 교육과정은 그대로 유지된다.

이렇게 되면 현실적으로 학생부(학교생활기록부) 기재 격차가 발생할 수밖에 없다. 이미 많은 학생들을 상위권 학교에 입학시킨 비교과 활동과 노하우를 가진 특목고와, 상위권부터 지방대학까지 모든 대학의 선발 기준에 맞춰 기재해야 하는 일반고의 학교생활기록부는 동일할 수 없다. 이를 완화하기 위해 정부는 기재표준안을 마련하고, 교과 세부 능력, 특기사항 기록을 단계적으로 의무화하기로 했다.

고교입시의 가장 큰 변화, 우선 선발권 폐지

'우선 선발권 폐지'는 고입의 가장 큰 변화다. 지금까지는 일반고 진학에 앞서 영재학교, 외고, 국제고, 과학고, 자사고, 전국 단위로 선발하는 자율학교까지 희망하는 학교를 선택해 입시를 치렀다. 하지만 2019학년도부터는 자사고와 외고, 국제고가 후기 지원으로 바뀌면서 학교 선택의 기회가 줄어들었다.

반면 이공계열 학생들은 영재학교 입시 결과에 따라 과학고를 지원할 수 있다. 그리고 과학고에 불합격하더라도 자사고 지원이 가능하다. 이공계열 학생에게는 대안이 하나 더 생긴 것이다.

일반고 배정 방식은 평준화 지역과 비평준화 지역에 따라 달라진다. 평준화 지역 일반고 배정은 선지원 후추첨 방식으로 진행된다. 비평준화 지역은 중학교 성적에 따라 학교가 직접 선발한다.

자사고는 선발 지역이 전국 단위에서 광역 단위로 축소되고, 전국 단위 모집이 가능한 고등학교의 모집 특례가 폐지된다. 전북의 상산고는 현재 전국 단위에서 지원할 수 있지만, 2025년부터는 평준화 지역 전주 학군과 비평준화 지역의 학생만 지원 가능하다.

특목고를 선택할 것인가, 일반고를 선택할 것인가, 특성화고등학교를 선택할 것인가의 문제는 결국 목표하는 것이 무엇이냐에 따라 달라진다.

대학과 관련 없이 삶의 가치와 살아가는 법, 자유로운 면학 분위기를 원한다면 대안학교가 해답이 될 수 있다. 경쟁에 취약하고 비교 평가에 예민한 아이는 특목고의 막차를 타기보다 면학 분위기가 좋은 일반고등학교를 선택하는 것이 유리하다.

실질적인 기술을 익히고 취업하기를 희망한다면 마이스터고등학교를 선택하는 것도 좋다. 영재고와 과학고가 부담스럽다면 과학중점학교를 선택하는 것도 좋은 전략이며, 막차라 하더라도 대학입시에서 영향력을 가진 자사고를 선택하는 것도 하나의 방법이다.

'어떤 학교에 지원할 것인가'보다 지원하고자 하는 학교가 우리 아이의 진로에 적합한 교육 환경인지, 적합한 동아리와 교내 활동이 있는지 살펴보는 것이 더 중요하다. 아이의 특성을 살릴 수 있는 학교 선택이 재능의 열매를 맺는 데 유리하다.

재능이 발현되는 고등학교 선택법

일반고 슬럼화를 극복하다

영재고와 특목고, 자사고, 특성화고까지 고등학교 선발 경쟁률이 치열해지면서 '일반고 슬럼화' 우려가 계속되었다. 실력 있는 학생들이 다 빠져나가고, 상대적으로 학습 동기가 없는 학생들이 일반고에 모여 면학 분위기가 좋지 않다는 인식이 생겼다. 이렇게 침체되었던 일반고가 고교학점제를 앞두고 변신을 꾀하고 있다.

'고교 교육력 제고 사업'이란 일반고 학생들의 소질과 적성, 다양한 학습 기회 보장을 위해 고등학교 교육과정의 다양화, 수업 및 평가 방법 혁신 등을 지원하는 사업이다. 고교학점제 도입에 대비해 고등학교의 교육 역량 강화를 도모하기 위한 이 사업은 4차 산업혁명 시대 인재 양성을 위한 방안이다. 고교 교육력 제고 사업 중 하나인 교과중점학교는 과학, 예술, 체육, 국제, 경제, 사회, 제2외국어, 융합 중점학교 등이 있다(부록 "교과중점학교 현황" 참조).

지원하고자 하는 학교가 어떤 특색을 가지고, 무엇을 중점적으로 교육하는지는 해당 학교 홈페이지와 학교 알리미(www.schoolinfo.go.kr)에서 확인할 수 있다.

특목고가 아닌 이상 고등학교가 다 비슷비슷하다거나 고등학교 배정에 선택권이 없다고 생각한다면 지금부터라도 인근 고등학교에 관심을 갖고 홈페이지에 들어가 보자. 4차 산업혁명 시대에 부모의 능력은 더 이상 부모의 배경이 아니라 관심이다.

과학중점고등학교

영재학교와 과학고, 자사고에 입학하지는 못했지만 수학과 과학 내신 성적이 우수한 경우 과학중점학교에 지원해보는 것도 좋은 방법이다. 과학중점학교는 수학과 과학에 대한 심화과정이 개설된 학교다. 보통 학년당 2~4개의 일부 학급에만 적용되어 '과학중점학급 운영 학교'라고 불린다. 최근에는 시·도 교육청이 개별적으로 지정하는 과학중점학교도 늘어나고 있다. 과학중점학교는 중점반 학생들을 대상으로 심화 프로그램을 운영하고, 추첨 방식으로 선발하기 때문에 시기를 놓치지 않고 지원하는 것이 좋다.

과학중점학교는 수학과 과학 수업의 비중이 전체 교과 이수 단위의 45% 이상으로, 30%인 일반고와 60%인 과학고의 중간쯤이다.

단순히 시수만 많은 것이 아니라 다양한 R & E(Research & Education)와 연구활동, 동아리 활동을 진행하기 때문에 전공 적합성을 입증하기에 매우 좋은 환경이다.

예술중점고등학교

예술중점학교의 가장 큰 장점은 사교육비 절감이다. 1시간당 15만 원의 개인 레슨을 감당해야 하는 예고는 레슨비로 최소 200만 원을 지출해야 한다. 그러나 음악중점학교는 방과 후 1시간당 3만 5천 원이면 주 1회 30분 일대일 레슨이 가능하다.

중점반의 커리큘럼은 예술고와 거의 비슷하다. 비올라, 바이올린 등을 가르치는 외부 전문 강사가 있으며, 일주일에 11~13시간 음악사, 시청청음, 음악철학 등의 전공 교과 수업을 진행한다. 다만 중간에 전공을 바꿀 수 없기 때문에 신중하게 진로를 고민해야 한다. 다른 전공으로 바꿀 경우 전학은 불가피하다. 학교장 선발로 학생을 뽑는 경우 일반반에서 중점반으로 옮기기 위해서는 전학과 편입 전형을 거쳐야 한다. 단, 대원여고는 학생이 원하면 일반반으로 이동이 가능하다.

체육중점고등학교

송곡고는 체육을 특화해 가르치는 교과중점학교다. 학생들은 전문적인 이론부터 다양한 분야의 체육 수업을 받는다. 일반고등학교에서는 들을 수 없는 체육 전문 교과인 육상, 수상, 단체운동, 스포츠 경기 실습, 투기운동, 체조운동 등에 대한 수업을 들을 수 있다. 체육중점고등학교는 일반고의 두 배 이상 체육교과 수업이 가능하다. 또한 진로에 도움이 되는 자격증 교육을 함으로써 해당 분야의 전문적 기술과 지식을 함양할 수 있다.

| 묘목을 옮기기 전 해야 할 일 체크리스트 |

	문항	체크
1	지원하고자 하는 학교의 특성에 대해 알고 있다.	
2	최근 2년 동안 관련 입시 설명회에 꾸준히 참석했다.	
3	우리 아이만의 스트레스 해소법을 알고 있다.	
4	고교 유형 및 중점학교에 대해 알고 있다.	
5	아이가 원하지 않는다면 억지로 공부시킬 생각이 없다.	
6	고교입시와 고교배치 기준을 알고 있다.	
7	고등학교 교과 편성과 평가 기준을 알고 있다.	
8	주변에 교육에 대한 정보를 주고받을 수 있는 엄마들이 있다.	
9	고교학점제에 대해 알고 있다.	
10	아이가 요청하지 않는 한 학업에 개입하지 않을 수 있다.	
11	우리 아이의 강점과 약점을 알고 있다.	
12	특목고, 자사고, 일반고, 특성화고, 마이스터고, 영재고, 과학고에 대해 알고 있다.	
	결과	
	체크된 문항이 10개 이상이라면 꾸준히 자녀의 성향에 맞는 환경을 고려하고 있다고 볼 수 있다. 6개 이하이면 사과나무를 바닷가 모래밭에 심을 수도 있다.	

| 우리 아이 성향은 일반고인가, 특목고인가 체크리스트 |

	문항	체크
1	다른 사람들을 의식하는 편이고 평가에 민감하다.	
2	해결되지 않는 문제가 있으면 끝까지 붙들고 늘어지는 편이다.	
3	경쟁 구도가 불편하고 결과에 예민하다.	
4	개성이 강하다는 소리를 자주 듣는다.	
5	중요한 일을 결정할 때 부모님의 의견을 많이 따르는 편이다.	
6	오래 앉아 있기보다는 짧은 시간 효율적으로 쓰는 것이 좋다.	
7	친구들과 어울리다 해야 할 일을 못 한 적이 종종 있다.	
8	무언가에 집중하다 몇 시간씩 훌쩍 넘긴 적이 많다.	
9	공부할 때 항상 시간이 부족한 편이다.	
10	다른 사람들 시선을 별로 신경 쓰지 않는다.	
11	잠이 많고 체력이 약한 편이다.	
12	어떤 일이든 끝을 봐야 속이 후련하다.	
13	평소 실력보다 실전에 약한 편이다.	
14	모든 걸 다 잘할 순 없어도 내가 좋아하는 것만큼은 잘해야 속이 시원하다.	
15	만족스럽지 못한 결과에 자책할 때가 많다.	
16	나 자신의 능력을 믿는다.	
17	노력한다는 말보다는 머리가 좋다는 말을 듣고 싶다.	
18	실수에 대해 반성하고 반복하지 않기 위해 노력하는 편이다.	
19	딱히 하고 싶은 일은 없지만 공부는 해야 할 것 같다.	
20	어디 가서나 잘 적응하는 편이다.	
21	결정 장애가 있다는 소리를 좀 듣는다.	
22	나만의 생활 패턴이 있고 규칙적인 편이다.	
23	뭔가를 이해하는 데 남들보다 시간이 좀 더 걸리는 편이다.	
24	부모님께서 항상 내 결정을 믿고 지지해주는 편이다.	
25	모르는 문제는 답안지를 참고해서 다시 풀어본다.	
26	뚜렷한 목표와 꿈이 있다.	
27	환경이 바뀌면 쉽게 적응하지 못하는 편이다.	
28	선의의 경쟁을 즐기고 승부욕이 있는 편이다.	

29	처음 보는 유형의 문제는 도전하기 두렵다.	
30	친구들이 잘 모르는 문제를 자주 물어보러 온다.	

검사 방법

1. 자신에게 해당되는 문항에 체크한다.
2. 문항별로 점수를 체크한 후 개수를 파악한다.
   짝수(2, 4, 6, 8, 10, 12, 14, 16, 18, 20, 22, 24, 26, 28, 30) 문항
   홀수(1, 3, 5, 7, 9, 11, 13, 15, 17, 19, 21, 23, 25, 27, 29) 문항
3. 합산한 개수가 높은 쪽(짝수 또는 홀수)이 우리 아이의 성향이다.

결과

짝수형 문항이 8개 이상 체크한 아이는 자기주도학습이 가능하고 경쟁적 환경에서도 충분히 적응할 수 있는 성향이다. 따라서 특목고에서도 잘 적응할 수 있다. 반면 홀수 문항에 6개 이상 체크했다면 면학 분위기가 좋은 일반고에 진학하는 것이 유리할 수 있다. 마지막으로 짝수와 홀수에 체크된 개수가 비슷하다면 학교별 평가 방법과 교육 커리큘럼을 확인하고 선택해도 늦지 않다.

| 우리 아이 경쟁력 평가 체크리스트 |

	문항	체크
1	중학교 학업 성취도 평가 순위가 상위 20% 이내에 든다.	
2	인강을 들을 때는 잘 이해되는데 막상 혼자 하면 잘 안 된다.	
3	국어, 영어, 수학 성적은 상위 5% 이내이다.	
4	과제가 밀리거나 닥쳐서 하는 경우가 많다.	
5	초등학교 4학년 이후 국어, 영어, 수학, 과학 관련 교내외 대회에서 수상한 경험이 3회 이상 있다.	
6	공부하다가 핸드폰을 하는 경우가 많다.	
7	수학 서술형 문제 및 응용 문제를 초등학교 때부터 꾸준히 풀어왔다.	
8	부모님께 공부하라는 잔소리를 많이 듣는 편이다.	
9	컴퓨터 활용 능력과 프레젠테이션 능력이 좋은 편이다.	
10	모든 과목 시험 대비를 다 하고 시험을 본 적이 없다.	
11	앉아서 집중하기까지 시간이 오래 걸린다.	
12	관심 있는 분야의 독서를 꾸준히 하는 편이다.	
13	자주 돌아다니는 편이다.	

14	문제집을 주로 외운다.	
15	고등학교 2학년 영어 모의고사를 무난하게 풀 수 있다.	
16	평소 규칙적인 학습 시간이 정해져 있지 않다.	
17	시험 기간에만 공부하는 편이다.	
18	수학 선행이 고등학교 2학년까지 되어 있다.	
19	처음 접한 유형의 문제는 주로 틀린다.	
20	영어 단어를 몰라서 독해가 안 되는 경우가 많다.	
21	글의 논점과 핵심을 잘 파악하고 문제를 이해하지 못해 풀이하지 못하는 경우는 거의 없다.	
22	단답형 문항을 좋아한다.	
23	수학과 과학의 개념을 정의할 수 있다.	
24	서술형 문제는 어려워서 도전하지 않는다.	
25	영어, 수학 자기주도학습을 매일 2시간 이상 꾸준히 해오고 있다.	
26	영어, 수학 학원을 다니는 것 외에 자기주도학습은 하지 않는다.	
27	수학 문제집은 교과서 문제집 한 권만 풀고 있다.	
28	중학교에서 상위 10% 이내에 든다.	

검사 실시 방법

1. 자신에게 해당되는 문항에 체크한다.
2. 28번까지 문항별로 점수를 체크한 후 개수를 파악한다.
   A타입(1, 3, 5, 7, 9, 12, 15, 18, 21, 23, 25, 28)
   B타입(2, 4, 6, 8, 10, 11, 13, 14, 16, 17, 19, 20, 22, 24, 26, 27)
3. 합산한 개수가 높은 쪽이 아이의 성향이다.

테스트 결과

A타입이 9개 이상이면 경쟁력 있는 자기주도학습이 가능하고 특목고에서도 충분히 능력을 발휘할 수 있는 학생이다. A타입이 9개 미만이면 고등학교 생활에 성실함과 노력이 뒷받침되어야 한다. B타입이 많으면 일반고에 가는 것이 유리하다. B타입이 7개 이상이면 학습 환경에 영향을 많이 받는 학생이므로 면학 분위기가 좋은 일반고를 선택해야 한다. A타입과 B타입이 비슷하다면 일반고를 선택하는 것이 유리하지만 자녀의 성향에 따라 달라지기 때문에 충분한 상담과 비교 분석을 통해 선택해야 한다.

| 우리 아이 계열 성향 체크리스트 |

	문항	체크
1	공간감각이 뛰어나다.	
2	팀 프로젝트보다 혼자 하는 것이 더 편하다.	
3	다양한 나라와 문화에 관심이 많다.	
4	물건을 분해하거나 조립하는 것을 좋아한다.	
5	외국어를 배우는 것에 관심이 많고 좋아한다.	
6	모르는 문제가 나오면 꼭 끝까지 풀어야 직성이 풀린다.	
7	어려움이 닥쳤을 때 주변 사람들에게 도움을 청하는 편이다.	
8	'왜?'라는 질문을 많이 하는 편이다.	
9	어떻게 하면 일을 효율적으로 할지를 많이 생각한다.	
10	아이디어가 많고 창의적이다.	
11	과학에 관심이 많고 분석적이고 논리적이다.	
12	다양한 문화에 관심이 많고 다양한 사람들과 교류하는 것을 즐긴다.	
13	모르는 문제가 있으면 고민 없이 바로 말하는 편이다.	
14	주변을 주의 깊게 잘 살피지 못하지만 하나를 아주 깊게 파는 편이다.	
15	자연현상에 관심이 많고 감성적이고 감각적이다.	
16	교육청 영재 과정이나 영재학급에 신청한 경험이 있다.	
17	사람의 사고는 다양하고 보는 시각에 따라 해석이 달라질 수 있다고 생각한다.	
18	어려움이 닥쳤을 때 누군가의 도움을 받기보다 스스로 극복하려고 애쓴다.	
19	어떤 문제가 발생하면 원인부터 찾는다.	
20	남들에 비해 언어감각이 뛰어난 편이다.	
21	비슷하거나 다른 것끼리 분류를 잘하는 편이다.	
22	사람들과의 의사소통 능력이 뛰어나고 분위기 파악을 잘하는 편이다.	
23	수학 공식을 유도해가는 과정이 재미있다.	
24	물건을 분해하거나 조립하는 것을 좋아하지 않는다.	
25	어떤 문제가 발생하면 해결책부터 찾는다.	
26	수학의 원리가 궁금해서 책을 찾아본 적이 있다.	
27	같은 말을 해도 다른 친구들에 비해 쉽게 설명한다.	

28	완전한 진리는 없다고 생각한다.	
29	외우는 것은 자신 있다.	
30	과학탐구 활동과 직접 실험해보는 것을 좋아한다.	
31	혼자 공부할 때보다 함께 공부할 때 더 능률이 오른다.	
32	친구들과 끊임없이 대화하고 고민을 나누는 것을 좋아한다.	

검사 실시 방법

1. 자신에게 해당하는 문항에 체크한다.
2. 문항별로 체크한 후 개수를 파악한다.
   A타입(1, 2, 4, 6, 8, 9, 11, 14, 16, 18, 19, 21, 23, 26, 28, 30)
   B타입(3, 5, 7, 10, 12, 13, 15, 17, 20, 22, 24, 25, 27, 29, 31, 32)
3. 합산한 개수가 높은 쪽이 우리 아이의 계열 성향이다.

테스트 결과

A타입이 많으면 이과적 성향이고 B타입이 많으면 문과적 성향이다. A타입과 B타입이 비슷하다면 자신의 적성에 맞는 융합 교과목을 탐색하고 중학교 과정의 과목 경쟁력을 고려한 선택이 필요하다.

4장

대학입시,
뿌리 깊은 재능
나무로 만들어라

변화하는 대입 전형에 흔들리지 않는 전공 뿌리 내리기

대학의 전공 계열

대학의 전공은 인문·어문계열과 사회계열, 자연계열, 공학계열, 의·약계열, 교육계열, 예체능계열로 나뉜다.

인문·어문계열은 모든 학문의 근간이 되는 인문학 분야로 인간과 문화, 인간의 가치와 삶의 근본적인 문제에 대해 연구하는 분야이다. 인간에 대한 이해는 언어와 문화를 이해하는 데 있으며 문화 및 철학, 윤리에 대한 식견, 외국어 역량이 필요하다. 평소 어학에 관심이 많고, 깊이 있는 독서를 즐긴다면 인문·어문계열을 선택한다면 대학에서 깊은 탐구와 연구가 가능하다.

사회계열은 사회의 모든 현상을 과학적이고 체계적으로 연구하고 사회 변화를 분석해 대안을 제시할 수 있는 기본 소양을 배운다.

어문계열에 비해 사회계열의 취업률이 비교적 높은 편이었으나, 4차 산업혁명 시대에 인공지능과 기계화로 일자리의 위협을 받고 있는 계열이기도 하다.

인문·어문계열이 이상적이고 삶의 근본적인 문제를 고민한다면 사회계열은 현실적인 문제를 다룬다. 예를 들어 법과 제도, 금융 등 인간의 삶에 질서를 부여하는 모든 것이 해당된다. 평소 합리적이거나 분석력이 뛰어나고 수치로 성과를 예측하는 것을 좋아한다면 사회계열을 선택하는 것이 유리하다. 다만 이 계통은 통계가 필요하므로 수학에 대한 기초 역량을 갖추는 것이 유리하다. 사회계열에는 경제학, 경영학, 무역학, 법학, 사회학, 사회복지학, 행정학, 정치외교학, 언론학 등이 있다.

자연계열은 자연현상의 원리를 탐구하고 자연법칙을 발견하는 기초과학 연구에 근간을 둔다. 우주의 기원부터 멘델의 유전법칙까지 자연과 생명 현상의 원리를 과학적으로 연구함으로써 국가 기초과학 발전의 중추적 기능을 하는 계열이다. 농림, 수사, 생물, 화학, 환경, 수학, 물리, 천문, 지리, 생활과학 등이 해당한다. 생활과학은 가정생활에서 이루어지는 인간의 활동을 분석하고 연구하는 학문으로 의류학과 식품영양학 등이 있으며, 원예학과 농업학도 자연계열에 해당한다.

공학계열은 진리를 탐구하는 자연계열과 달리 실용적인 학문으로 산업에 활용할 수 있는 기술을 개발하고 지도적 인재 육성을 목표로 하는 학문이다. 어떤 작품을 만들어보고 싶거나 과학적 이론을 적용해 무언가를 만들어내는 능력이 뛰어나다면 공학계열이 적합하다고 볼 수 있다. 수리 능력과 공간지각력, 언어 능력이 뛰어나면 잘 적응할 수 있다.

교육계열은 인류 역사에 축적된 지식과 문화를 다음 세대에 전달하는 학문으로 새로운 지식과 문화를 창출하는 전인적인 학문이다. 교육 관련 학과는 사회학, 자연교육학, 교육학과 같은 교육일반학과와 유아교육학과, 특수교육학과, 초등교육학, 중등교육학과들이 있다. 평소 가르치는 데 흥미를 느끼거나 지식을 전달하는 일에 보람을 느낀다면 교육학과를 선택하는 것도 좋다.

의·약계열은 인간의 신체와 기능을 연구하는 학문으로 임상과 반복을 통한 숙달이 중요한 분야이다. 의·약계열 학과는 정교한 동작, 듣기, 읽기, 기억력, 자기통제력을 갖춘 학생들에게 적합하다. 평소 인간에 대한 관심과 생명존중사상이 뛰어난 학생이라면 전공적합성이 있다고 볼 수 있다.

의·약계열이 인간의 몸을 치료하는 분야라면 예체능계열은 예술이라는 표현 수단을 통해 인간의 마음을 치료하는 분야로, 꾸준한 신체 활동을 통해 건강하게 살 수 있도록 체육인을 양성하는 것을 목표로 둔다.

융합전공은 또 다른 선택지를 만든다

4차 산업혁명 시대에는 융합과 통섭이 가능한 인재를 필요로 한다. 대학도 학문의 벽을 허물고 융합전공 과정으로 바뀌고 있다. 인문학적 소양을 가진 과학자, 수학적 사고를 가진 디자이너와 같은 통섭형 인재는 4차 산업혁명 시대를 이끌어갈 역량 있는 인재라고 할 수 있다.

우리가 진로를 선택할 때 항상 완벽한 결정을 내리는 것은 아니다. 융합전공은 개인에게 진로 선택의 영역을 넓히고, 불확실한 선택을 했을 때 다른 영역으로 확장해나갈 수 있는 발판을 제공한다.

고교학점제가 시행되면 이러한 선택권이 고등학교로 넘어간다. 개인의 진로와 관심을 고려한 과목 선택은 전공 적합성을 높이고, 다양한 학습 방법과 심화 과목을 통해 진로에 대한 확신을 갖는다.

또한 다양한 부분의 기초 지식을 습득하는 융합전공과정은 진로 선택에 문제가 생겼을 때 다른 선택지를 마련해준다. 고등학교에서 선택한 과목에 대한 흥미가 높고 좀 더 심화과정의 학습이 필요하다면 관련 대학을 찾아 더 많은 지식과 경험을 할 수 있다.

학습의 방향이나 개인의 성향, 개인의 능력이나 흥미와 적성에 따른 계열 선택은 아이의 재능 정체성이 된다. 따라서 자유학년제를 이용하여 관심 있는 전공 계열과 학과를 알아보고 교과 편성에 대해 살펴볼 필요가 있다. 원하는 전공과 관련된 맞춤학습 전략은 원하는 학교로 한 발 더 다가가게 해줄 것이다.

역량을 진단해 병해충 방지하기

적성과 수준에 맞는 학교 탐색

진로 선택이 끝났거나 아직도 진로를 고민하고 있다면 학교에서 진행하는 진로 상담을 신청해보는 것이 좋다. 진로 상담은 학교생활기록부에 작성 가능한 것은 물론 진로에 대한 불확실성을 줄여준다.

학교 상담이 부담되고 시간적 여유가 없다면 커리어넷(https://www.career.go.kr)과 워크넷(https://www.work.go.kr)에서 무료 검사가 가능하다. 워크넷의 경우 초등학생은 진로인식 검사가 가능하고, 중·고등학생용 적성검사를 비롯해 청소년 흥미 검사, 청소년 직업 발달 검사, 청소년 인성 검사, 대학전공 흥미 검사를 실시할 수 있다. 커리어넷은 직업적성 검사 및 직업흥미 검사, 직업가치관 검사, 진로성숙도 검사가 가능하다. 고등학생은 대학전공 흥미 검사와 진로

성숙도 검사, 고등학생용 적성검사를 실시해보는 것이 좋다.

진로적성 검사와 본인의 학과 지원이 일치한다면 본격적으로 현재 내 수준에 맞는 학교를 탐색하고 목표를 설정해야 한다. 비교과 활동과 모의고사 성적을 제외하고 내신 2등급은 유지해야 서울권 대학 지원이 가능하다. 500명이 정원인 학교라면 전교 35등 내외, 7개 반인 경우 반에서 5등 안에 들어야 적어도 2등급이 가능하다.

고등학교 1학년은 주요 과목에서 단위수를 고려해 내신 대비 전략을 짜고 전체 학업 역량을 보여주는 것이 중요하다. 간혹 고등학교 1학년 1학기 중간고사 성적이 좋지 않아도 좌절하지 말자. 앞으로 성적을 올리는 모습을 보여주기 위해 '큰 그림'을 그린 것이다.

2학년부터는 전략이 필요하다. 고등학교 2학년은 적어도 전공과목 성적만큼은 2등급 이내로 유지해야 한다. 또한 3학년은 성적과 상관없이 마지막 학기 성적이 떨어지는 '내리막 그래프'만은 막아야 한다.

고등학교 1학년 월별 체크 항목

중학교 3학년 기말고사 이후 고등학교 입학 전까지 3개월은 중위권이 상위권으로 도약할 수 있는 좋은 기회이다. 또한 상위권은 심화 선행을 할 수 있는 황금 같은 시기다. 하위권은 공부 습관을 잡을 절호의 기회이므로 이 기간을 잘 보내면 고등학교 출발선상이 달라지고 목표한 대로 고등학교 과정을 꾸려나갈 수 있다. 고등학교

1학년 과정을 체계적으로 준비한다면 2학년과 3학년 과정도 스스로 계획할 수 있다.

3월 모의고사 성적은 중학교 과정 전반에 대한 평가이다. 따라서 현재 객관적인 내 위치를 파악할 수 있으며 고등학교 과정의 출발점이다. 3월은 학습 패턴 및 효율성에 대해 점검해야 할 시기이기도 하다. 중학교에 비해 상대적으로 긴 학교 시간표와 학원 일정으로, 하루에 실질적인 자기주도학습 시간이 상대적으로 부족하다. 따라서 효율적인 시간 관리 능력이 요구되는 시기다. 이 기간에는 동아리 활동, 봉사활동, 자율활동, 교내 대회의 일정을 확인하고, 수행평가 일정과 평가 방식을 확인하여 자신의 진로와 관련 있는 활동을 설계하고 중간지필고사를 대비해야 한다.

4월 말에 치르는 중간지필고사는 주요 과목 위주로 시험을 보는 경우가 많다. 대비 기간은 한 달 정도를 계획하는 것이 일반적이지만 실력에 따라 3주에서 2주에 끝내는 경우도 있다. 지필평가뿐 아니라 수행평가 반영 비율도 높다. 반영 비율은 학교에 따라 다르며 수행평가 비중이 상당 부분을 차지하므로 홈페이지에서 미리 일정을 체크해두고, 주말에 이러한 과정을 준비할 수 있도록 계획해야 자율학습 시간을 확보할 수 있다.

고등학교 1학년 1학기 말에 선택 과목에 대한 설문조사를 실시한다. 따라서 학기 중에 자신이 관심 있는 계열과 학과를 살펴봐야 한다. 전공에 대한 탐색과 진로 검사를 실시해야 하고, 필요하다면 학습동기 유형 검사 및 자기조절 학습 검사를 통해 학습 방법과 패턴을 분석해보는 것이 좋다. 교내 수상의 경우 한 학기당 하나의 수상 기록만을 대학에 제공할 수 있기 때문에, 관심 분야를 중심으로 교내 대회에 참가해야 한다.

6월은 수행평가와 학력평가, 선택과목 설문조사와 지필고사 등 해야 할 일이 산더미다. 이 시기에 가장 중요한 것이 집중력과 체력이다. 6월 모의고사는 1학년 과정에서 배운 범위가 포함되기 때문에 현재 자신의 객관적인 수준을 알 수 있다. 과학과 사회 내신을 잘 대비하고 있다면 별다른 공부를 하지 않아도 2등급 이상 나올 수 있다. 두 번의 모의고사를 토대로 모의고사에 대한 경험과 시간 분배 및 역량을 파악하고 다음 모의고사의 목표를 설정해야 한다.

6월 말이나 7월 초는 1학기 기말지필고사 기간이다. 전 과목을 보지만 음악과 미술 같은 과목은 성취도 A, B, C로 학교생활기록부에 기재된다. 방학 전 7월은 1학기 성적표가 배부되는 달이다. 모의고사 성적과 교과 성적을 토대로 부족한 과목에 대한 분석과 학습 일정을 계획하고 2학기 성적 목표를 설정해야 한다.

8월 말은 1학기 학교생활기록부 기재가 마감되는 달이다. 따라서 마감 기간을 확인하고 활동한 내용이나 필요한 자료를 제출해야 한다. 여름방학을 계기로 열심히 공부한 학생과 하지 않은 학생이 극명하게 갈린다. 방학 동안 학업계획을 세우고 열심히 공부한 학생은 9월 모의고사에서 좋은 성적을 받을 수 있다.

2학기는 1학기에 부족했던 비교과 활동과 교내 대회에 신경 써야 한다. 독서활동도 신경 써야 하는 부분 중 하나다. 2학기 중간지필고사는 9월 말부터 10월 초에 실시하며, 11월은 수행평가와 비교과 활동이 비교적 많은 달이다.

12월에 기말지필고사를 앞두고 있기 때문에 충분한 시간 배분과 시험 대비책이 마련되어야 한다. 기말고사가 끝나면 학교생활기록부 수정 기간에 필요한 자료를 제출하고 기재 사항을 확인해야 한다. 이 시기를 놓치면 수정이 불가능하므로 일정을 꼭 확인하고 자료를 준비해야 한다.

선택과 집중의 내신 교과 가지치기

자신의 난이도에 맞는 수학 학습

고등학교는 중학교와 내신 성적 산출 방법이 다르다. 중학교가 과목 평균으로 전체 등수를 결정했다면 고등학교는 단위수를 반영하여 성적을 산출한다. 따라서 단위수가 높은 과목부터 전략적으로 공부해야 좋은 성적을 올릴 수 있다.

수학은 상위권이 아니라면 방학을 이용해 중학교 수학 전체를 한 번 정리하는 것이 좋다. 중학교 3학년 과정을 정리한 책을 선택해서 계통별로 수학 문제를 풀다 보면 취약한 영역을 확인할 수 있다. 고1 수학(상)은 중학교 1·2·3 과정의 학습이 부족한 경우 이해하기 어려울 뿐 아니라 문제를 풀고 넘어가더라도 응용 부분에서 성적을 얻기가 힘들다.

짧은 시간을 이용한다면 난이도가 비교적 낮은 《개념+유형》을, 기초가 부족하다면 《수학의 왕도》를 공부하길 권한다. 중·상위권 학생이라면 《수학의 왕도》 대신 《수학의 정석》과 《개념원리》, 심화 문제집을 공부하는 것이 좋다.

수학은 정말 많은 출판사와 문제집이 있을 뿐 아니라 난이도도 체계적으로 나눠져 있다. 수학 문제집을 고를 때는 맨 뒤 혹은 맨 앞에 있는 난이도표를 살펴본다. 우리 아이가 실력이 부족하다면 과감하게 제일 쉬운 것부터 시작하는 것이 좋다. 쉬운 것부터 시작하면 정리도 되고 자신감도 붙기 때문에 생각보다 빠른 시간 안에 원하는 단원으로 진도가 나갈 수 있다.

고등수학 문제집 난이도는 다음과 같다.

- 개념 1단계 : 《개념 SSEN 중등수학》(좋은책신사고), 《수학의 왕도》(EBS), 《개념원리 수학》(개념원리수학연구소)
- 개념 2단계 : 《수학의 바이블》(이투스북), 《기본 수학의 정석》(성지출판), 《풍산자 수학》(지학사)
- 개념 3단계 : 《실력 수학의 정석》(성지출판), 《숨마쿰라우데 수학 기본서》(진북)
- 유형 1단계 : 《개념+유형》(비상교육), 《라이트 쎈》(좋은책신사고), 《개념원리 RPM 수학》(개념원리수학연구소)
- 유형 2단계 : 《마플시너지 수학》(시너지), 《쎈 고등수학》(좋은책신사고), 《올림포스 수학》(EBS)

- 유형 3단계 : 《blacklabel 수학》(진학사), 《일품 고등수학》(좋은책신사고), 《최강 TOT 고등수학》(천재교육), 《1등급 만들기 고등수학(상) 686제》(미래엔에듀)

통합사회, 통합과학, 한국사, 교과서부터 시작하자

사회, 한국사, 과학은 공부해야 할 내용도 많고 암기해야 할 내용도 많은 편이다. 중간지필고사 이후 기말지필고사 준비 기간이 상대적으로 짧고 국어, 영어, 수학을 중점적으로 매일 학습하다 보면 자칫 놓치기 쉬운 과목이기도 하다.

사회, 과학, 한국사 교과서에 나오는 그림은 도표 하나 그림 하나 이유 없이 등장하는 것이 없다. 현재 방대한 문제집을 위주로 공부하고 있다면, 교과서를 공부하고 핵심 노트를 작성해보기를 권한다. 장담하건대 교과서로 공부하는 것만으로도 가장 단시간에 충분히 좋은 성적을 올릴 수 있다.

자기주도학습의 핵심은 반복이다. 꾸준히 학습해야 수행평가를 준비할 시간적 여유가 생기고 시험 기간에 쫓기지 않는다. 또한 교과서 위주의 학습은 매년 시행하는 모의고사 진도와 같기 때문에 별다른 학습 없이도 좋은 성적을 받을 수 있다.

오늘부터라도 꾸준히 매일 배운 과목들을 조금씩 읽어보자. 처음에는 이해하기 어려운 내용도 반복해서 학습하다 보면 어느새 체득할 것이다.

충분한 학습이 가능하다고 판단되면 문제집을 사서 풀어보자. 과학은 문제집에 따라 난이도가 조금씩 다르다. 본인에게 맞는 문제집을 선택해 한 달간 계속 풀어본다면 모의고사 성적뿐 아니라 교과 성적도 눈에 띄게 달라질 것이다.

이룸 입시컨설팅 학생들은 매일 교과서로 학습한 것을 보고하는 '교과 학습 코칭' 과정을 거친다. 일명 '곰 프로젝트'라고 하는데, 단군신화에서 곰이 동굴에서 100일을 채우고 사람이 된 것에 빗댄 표현이다. 처음에는 동굴 속에 들어가 죽을 것 같다고 말하지만 대부분의 아이들은 동굴 밖으로 나오지 않는다.

100일을 채운 아이들은 아름다운 실력을 보여준다. 기억하자. 내 몸이 죽을 만큼 힘들어도 죽지 않는다는 것을! 원하는 결과가 나오면 언제 그랬냐는 듯이 어느새 또 달리고 있을 것이다.

국어 비문학, 하루 2개부터 시작하자

국어를 꾸준히 공부하지 않은 학생들은 영어와 같이 국어도 한 문장을 읽고 주어와 서술어를 파악하는 것이 중요하다. 수사어가 발달한 국어는 생각하는 만큼 문장을 늘릴 수 있고, 문장 안에 '수사구'를 넣어 다양한 표현을 할 수 있기 때문에 내용이 심화될수록 어렵다.

국어는 지시문을 읽기 전에 문제부터 파악해야 하고, 지시문을 읽어 내려가다가 풀이해야 할 문제의 순서가 있다. 짧은 시간에 많은 문장을 빠르게 읽어야 하는 국어 영역의 특성상 읽어 내려가다가 문제를 읽고 또다시 본문 내용을 찾아본다면 시간이 부족하다. 따라서 문장에 대한 이해력과 문제 풀이 방법이 선행되어야 한다.

이러한 핵심 맥락을 놓치지 않기 위해서는 매일 꾸준히 2개의 비문학 독해가 필요하다. 학습 시간은 20분을 넘어서는 안 된다. 고등학교 1학년부터 영역별로 매일 2개씩 비문학을 학습한다면 언어 영역에서 성적 향상은 물론 시중에 있는 문제집은 거의 다 풀게 될 것이다. 또한 다른 과목 성적도 동시에 오르는 효과를 볼 수 있다.

국어의 경우 고등학교 1학년까지는 중학교 과정과 비슷하기 때문에 배운 범위 안에서 평가가 이루어지지만 고등학교 2학년부터 범위가 방대해지고 독해력과 응용력을 요하는 문제가 많이 출제된다. 따라서 평소 비문학의 꾸준한 연습을 통해 독해력과 분석력을 향상할 필요가 있다.

독해가 무리 없이 잘 진행된다면 화법, 작문, 문법을 같은 방법으로 매일 2개씩 풀이해보자. 실제로 이 과정이 고등학교 1학년에 습관화되고 정착되어야 2학년부터 문학에 대한 학습이 가능하다.

| 교과 체크리스트 |

번호	교과(내신 및 수능)	체크
1	나의 학습 패턴 및 효율성에 대해 점검하고 있다.	
2	수업시간 외에 교과서를 따로 공부하고 있다.	
3	모의고사 준비를 별도로 하고 있다.	
4	내가 공부하고 있는 문제집이 내신 대비 유형인지 수능 대비 유형인지 알고 있다.	
5	수행평가 일정과 평가 방법에 대해 알고 있다.	
6	현재 성적으로 갈 수 있는 대학을 알고 있다.	
7	지원하는 학과의 전망을 알고 있다.	
8	목표하는 대학의 합격자 내신 평균 등급을 알고 있다.	
9	과목별 시간 배분을 잘하고 있다.	
10	모르는 부분에 도움을 줄 사람이 있다.	
11	학원을 많이 다니기보다 자기주도학습 시간을 많이 갖는 편이다.	
12	스트레스를 푸는 나만의 방법이 있다.	

체크 문항이 10개 이상이면 내신 대비를 잘하고 있는 것이다. 지원하고자 하는 대학의 전형 방법과 과목별 반영 비율 등을 체크하면서 꾸준히 학습을 이어나가면 좋은 결과를 얻을 수 있다.
체크 문항이 7~9개이면 전문가를 찾아 학습 방법을 점검받고 현재 객관적인 학업 역량을 파악하는 것이 좋다.
체크 문항이 6개 이하이면 학습 태도와 학습 방법에 대한 점검과 동시에 효율적으로 공부하는 법을 찾는 것이 가장 중요하다.

나만의 비교과 포트폴리오 접붙이기

비교과 포트폴리오 작성

학년이 시작되면 가장 먼저 해야 할 일이 학교 일정 파악이다. 교내 대회 및 동아리 행사 등 연간 일정을 파악해야 비교과활동을 계획할 수 있다.

학교 연간 일정이 학교 홈페이지에 공지되어 있는데도 대회를 미처 준비하지 못하거나 알고 있더라도 수행평가 및 내신 대비로 잠시 소홀한 틈에 대회가 진행되는 경우도 있다.

교내 대회가 한 학기당 1회 기록으로 바뀌기 때문에 대부분의 학생들은 1개만 참가해서 수상하면 된다고 생각하는 경향이 있다. 이는 대학에 전송하는 자료가 1개에 해당하는 것이지, 수상 자체가 1개여야 한다는 뜻은 아니다. 진로가 구체적이지 않거나 좀 더 고민하고 싶을 때 다양한 교내 대회 수상은 선택의 폭을 넓혀준다.

다음은 2022년 학교생활기록부 기재 개선안이다. 인적 사항과 학적 사항이 통합되고, 자격증 취득 사항은 대학에 제공되지 않으며 진로 희망 사항 부분은 삭제된다. 동아리 소논문 기재 금지와 개수 제한, 봉사활동과 특기사항 미기재 등의 변화를 보인다.

다음을 잘 활용하여 비교과활동의 방향을 잡고 구체적인 계획을 실천해보자.

| 학교생활기록부 기재 개선 비교 2022 대입제도 개편안 |

	항목	현행	개선
1	인적 사항	• 학생 정보, 가족 상황(부모 성명, 생년월일), 특기사항	• 학적 사항과 통합 • 부모 정보(부모 성명, 생년월일) 및 특기사항(가족 변동 사항) 삭제
2	학적 사항	• 졸업 연월일, 학교명, 검정고시 합격 정보 등	• 인적 사항과 통합
3	출결 상황	• 질병·무단·기타	• 질병·미인정·기타 ※ '무단'→'미인정'
4	수상 경력	• 수상명, 등급(위), 수상 연월일, 수여 기관명, 참가 대상(참가 인원) 입력	• 상급학교 진학 시 제공하는 수상 경력 개수 제한
5	자격증 및 인증 취득 상황(고)	• 대입 자료로 제공	• 대입 자료로 미제공
6	진로 희망 사항	• 진로 희망, 희망 사유 입력	• 항목 삭제 • 학생의 진로 희망은 창체 진로 활동 특기사항에 기재(대입 미제공)

7	창의적 체험 활동 상황	봉사 활동	• 실적 및 특기사항 기재	• 봉사활동, 특기사항 미기재(필요 시 행동 특성 및 종합 의견란에 특기사항 기재 가능)
		동아리 활동	• (자율 동아리) 자율 동아리명, 활동 내용 등을 특기사항란에 기재	• 가입 제한은 두지 않되 기재 가능 동아리 개수를 제한(학년당 1개)하고, 객관적으로 확인 가능 사항(동아리명, 동아리 소개)만 기재
			• (소논문) 동아리, 교과세특란에 (논문명, 참여 시간, 참여 인원) 기재	• 소논문 기재 금지
			• (청소년단체) 교육과정에 편성된 청소년단체, 학교교육계획에 포함된 청소년단체, 학교 밖 청소년단체 활동 모두 기재 (단체명, 활동 내용)	• (교육과정에 편성된 청소년단체) 단체명, 활동 내용 모두 기재 • (학교 교육계획에 따른 청소년단체 활동) 단체명만 기재 • (학교 밖 청소년단체 활동) 미기재
			• (학교스포츠클럽활동) 구체적 활동 내용 기재 포지션, 대회 출전 경력, 역할, 특성 등	• 학교스포츠클럽활동 기재 간소화 ※ 정규 교육과정 내 : 개인 특성 중심 ※ 정규 교육과정 외 : 클럽명(시간)
		진로 활동	• 진로 관련 활동 내용 및 상담 내용 등 기재	• 진로활동 특기사항에 진로 희망 분야 기재 추가(대입 자료로 미제공)
		기재 분량	• 특기사항 기재 분량 : 3,000자	• 특기사항 기재 분량 축소 : 1,700자
		누가 기록	• NEIS 활용 전산 기재·관리 원칙	• 누가 기록 기재·관리 방법 시도 위임
8	교과학습 발달 상황		• (방과 후 학교) 방과 후 학교 활동(수강) 내용 기재	• 방과 후 학교 활동(수강) 내용 미기재
			• (교과세특) 특기할 만한 사항이 있는 과목 및 학생에 한해 기재	• 현행 유지

9	자유학기 활동 상황(중)	• 특기사항 입력	• 현행 유지
10	독서활동 상황(중·고)	• 제목과 저자만 입력	• 현행 유지
11	행동 특성 및 종합 의견	• 기재 분량 : 1,000자 • 누가 기록 나이스에서 관리	• 기재 분량 축소 : 500자 • 누가 기록 기재·관리 방법 시도 위임

출처 : 학교생활기록부 기재 개선 비교표, 교육부

| 비교과 체크리스트 |

번호	비교과	체크
1	교내 대회 일정을 파악하고 체계적으로 준비하고 있다.	
2	전문가와 진로 및 진학에 대해 꾸준히 체크하고 있다.	
3	원하는 대학의 인재상을 알고 있다.	
4	전공과 관련해 꾸준히 독서하고 기록하고 있다.	
5	학급활동 및 자율활동을 하고 있다.	
6	학교생활기록부 항목별 기재를 어떤 선생님이 담당하는지 알고 있다.	
7	학교생활기록부 수정 기간을 알고 수정한 적이 있다.	
8	학교 봉사 외에 꾸준히 개인 봉사활동을 하고 있다.	
9	자율동아리 개설 방법과 절차를 알고 있다.	
10	활동을 할 때마다 탐구보고서를 작성하고 있다.	
11	비교과 활동 기록을 남기고, 기록하는 나만의 양식이 있다.	
12	학교생활기록부 변경안과 기록하면 안 되는 것을 알고 있다.	

체크 문항이 10개 이상이면 전공 적합성 및 학업 역량을 보여주기에 충분한 자질을 갖고 있다.
체크 문항이 7~9개이면 전문가를 찾아 지원하고자 하는 전공 계열과 자신의 비교과 활동 방향을 점검해볼 필요가 있다.
체크 문항이 6개 이하이면 종합전형을 준비하기 어려운 상태다. 지금부터 학교생활기록부를 체크하고 방향을 잡는 것이 중요하다.

독서활동

독서활동은 지원자의 관심 영역과 성실성을 평가하는 좋은 지표가 된다. 특히 상위권 대학은 다양한 영역의 독서활동이 학생의 지적 호기심과 수학 능력을 평가하는 자료로 활용된다.

독서활동은 전공 적합성과 자기주도성, 학생의 발전 가능성과 가치관을 보여줄 수 있는 항목이다. 지원 분야와 관련된 도서를 읽고 전공에 대한 관심과 심화학습이 가능하다는 것을 입증할 수 있는 항목도 바로 이 부분이다. 독서활동은 세부 능력 특기사항을 작성하는 데도 훌륭한 자료가 될 수 있다.

서울대학교 자기소개서 4번 문항은 세 권의 독서활동과 연관 지어 수행한 활동 중에서 그 책의 의미와 변화를 기재하는 것이다. 이때 지적 호기심에서 출발한 독서활동이 수상이나 다른 영역으로 심화 확장되어야 한다.

독서활동 상황은 독서기록장과 독서 포트폴리오 및 독서교육 종합지원 시스템의 자료를 근거로 입력된다. 따라서 독서할 때마다 그 내용을 꾸준히 기록하는 것이 중요하다. 기본적으로 학년, 과목이나 영역 그리고 책의 제목과 저자만 기록하면 된다.

봉사활동

봉사활동은 자발적으로 다른 사람을 돕거나 사회에 기여하는 활동을 통해 인간의 존엄성과 사회에 대한 이해 등의 의미를 부여할 수 있는 활동이다. 봉사에서 중요한 것은 시간보다 지속성과 진정성이다. 한 달에 1~2회 정도 지속적으로 봉사활동을 하는 것이 가장 좋다.

자신의 진로와 관련된 봉사활동을 자기주도적으로 일관되게 하는 것이 봉사활동의 핵심 역량이다. 진로가 의학 분야라면 병원이나 요양원 등 관련 기관에서 봉사활동을 하는 것이 좋으며, 일회성보다는 지속적이고 진정성 있는 봉사활동이 중요하다. 다음은 봉사활동 인정 시간과 종류이다. 방향을 잡고 꾸준히 활동해보자.

| 학생 봉사활동 활용 내용별 인정 기준 |

활동 영역	세부 유형	세부 내용	권장 시간
지역 사회 봉사 활동	지역사회 개발 발전	집 짓기, 수리 보조(전기 및 보일러 수리, 도배장판, 도색 등), 지역 행사 지원활동	6시간
		공동체 마을 만들기, 아파트 공동체 실천 활동, 주민자치활동, 농촌봉사활동, 텃밭 가꾸기, 알뜰시장 및 벼룩시장 봉사활동, 꽃길 가꾸기, 놀이터 보수 활동	4시간
		지역사회 바자회	3시간
	문화·관광·예술·체육 진흥	문화재·관광 가이드, 문화해설, 문화·예술·체육행사 지원활동, 문화체험, 취약아동 대상 수련활동 보조지도, 문화·예술·체육 분야에서 (보조)지도자 활동	4시간
		문화예술시설 견학안내	3시간
	민주시민 사회 구현	인권옹호 및 평화 구현 분야 봉사활동, 부패 방지 및 소비자보호 분야 봉사활동, 선거 관련 봉사활동	4시간
		여성 차별 개선 활동, 아동 인권 보호 활동, 외국인 노동자 및 결혼이민자 지원활동	3시간

활동 영역	세부유형	세부 내용	권장 시간
	민원 안내, 업무보조	장애인 및 노인 민원 접수 보조 및 안내, 헌혈자 접수 및 안내, 김장김치 만들기, 나들이 보조, 노인·장애인 수발, 도시락, 밑반찬, 물품 배달, 급식소 봉사활동, 보육, 음식 조리, 사무보조, 장애인 직업재활작업장 보조, 청소, 빨래, 주변 환경 정리, 식사보조, 목욕 봉사활동, 체육 보조 활동, 국제기구 및 단체 지원활동, 공공기관, 사회복지시설 등 행사 지원활동	4시간
		병동 내 및 재가세대 대상 도서대출 및 회수, 공공기관 내 민원 안내, 사무 협력, 서가 정리, 노인 놀이, 말벗 봉사	3시간
	일손돕기 재능나눔	음식 조리(제과 제빵 포함), 이·미용 봉사활동, 영정사진촬영 및 제작지원	4시간
		통·번역 봉사활동(A4용지 10페이지 기준), 장애우 점자 입력 봉사활동(A4용지 10페이지 기준)	3시간
	교통안전활동	등하교 횡단보도 지도, 교통안전교육 지도, 아동 안전지킴이 활동	4시간
	지도활동 재능나눔	멘토링(멘토링 사업 참가자) 활동, 학교 교과목과 관련된 학습지도, 교육 관련 지도활동(예술, 컴퓨터, 언어 등)	4시간
	위문공연 재능나눔	교도소, 감호소 위문(공연) 활동, 공연 봉사활동	4시간
	재난관리, 구호활동	피해 복구 활동, 피해 복구 참여자 대상 급식 활동, 피해 지역 현장사무소 업무보조	6시간
		북한 동포 돕기 활동	4시간
		재해예방교육 보조지도, 피해 지역 모니터 활동	2시간
자연 환경 보호 활동	환경보호, 시설 정비 활동	환경정화활동, 재활용품 수거 및 분류, 문화재 지역 환경정화활동	4시간
	환경 감시	환경 보호 모니터링	4시간
캠페인 활동	의식 개선 활동 의식 개선 활동	모금활동 및 후원 캠페인, 헌혈 거리 캠페인, 청소년 보호 관련 캠페인 활동, 북한 동포 돕기 캠페인, 부정주차 금지 캠페인, 대민 안전 캠페인 및 재난 재해 모금 캠페인, 청소년 유해업소 추방 캠페인 활동, 의식 계몽 활동, 소비자보호 캠페인활동, 문화재보호 캠페인	4시간
		건전한 사이버 문화 조성 캠페인(1년 12시간 이내)	1시간
	헌혈	헌혈	4시간
기 타	기타 구체적 활동 내용은 학생, 학급, 학년, 학교 및 지역사회의 특성에 맞게 학교에서 기준을 정하여 자율적으로 운영		

출처 : 2019학년도 학생봉사활동 운영 계획, 교육부

자율활동

자율활동은 학교 자치 활동이나 행사 활동 등을 말한다. 학급 임원으로 활동하는 것은 자치활동에 해당하며 입학식이나 졸업식 또는 학예회 등에서 발표하거나 활동한 내용은 행사 활동으로 기록될 수 있다.

자율활동의 특기사항은 활동 결과보다는 맡은 역할과 수행 과정, 결과와 깨달은 점을 기록해할 필요가 있다. 구체적 내용과 리더십, 학생의 주도성과 책임감을 평가할 수 있는 활동을 구체적으로 기록할 필요가 있다.

| 자율활동 종류 및 내용 |

종류	활동 내용
적응활동	입학, 진급, 전학, 기본생활습관형성, 축하, 친목, 사제동행, 학습, 건강, 성격, 교우, 상담활동
자치활동	학급회, 학생회, 모의 의회, 토론회, 자치 법정 활동
행사활동	입학식, 졸업식, 종업식, 전시회, 발표회, 학예회, 경연대회, 학생 건강 체력 평가, 체육대회, 수련 활동, 현장 학습, 수학여행, 문화 답사, 국토 순례 등
창의적 특색활동	학생, 학급, 학년, 학교, 지역 특색활동, 전통 활동 등

출처 : 창의적 체험활동상황 기재요령, 교육부

동아리 활동

대입에 유리한 동아리의 인기는 상당하다. 그렇다 보니 가입하기조차 쉽지 않은 동아리도 많다. 실제 서울 강서고 화학실험 동아리 홍보자료에 나온 '신입생 모집 방법'을 보면 모집 인원의 2배수보다 많은 인원이 지원할 경우 간단한 필기시험을 치를 수 있다는 내용이 담겨 있었다. 면접을 보는 곳도 있다. 동아리 활동은 전공 적합성에 영향을 미친다.

2019년부터는 동아리 개수를 학년당 1개로 제한하고, 객관적으로 확인 가능한 동아리명이나 동아리 설명만 기재할 수 있다. 동아리 활동은 전공 준비 역량을 평가하는 데 도움이 되는 기재 항목이다. 따라서 관련 학과에 지원한다면, 자기소개서에 동아리 활동을 구체적으로 기록하는 것도 좋은 전략이다.

| 동아리 활동 종류 및 내용 |

종류	활동 내용
학술활동	외국어 회화, 과학탐구, 사회조사, 컴퓨터, 인터넷, 신문활용, 발명, 다문화탐구 등
문화예술 활동	문예, 창작, 회화, 조각, 서예, 전통예술, 현대예술, 성악, 기악, 뮤지컬, 오페라, 연극, 영화, 방송 등
스포츠 활동	구기, 육상, 수영, 체조, 배드민턴, 인라인스케이트, 하이킹, 야영, 민속놀이, 씨름, 태권도, 택견, 무술 등
실습노작활동	요리, 수예, 꽃꽂이, 조경, 사육, 재배, 설계, 목공, 로봇제작 등
청소년 단체 활동	스카우트 연맹, 걸스카우트 연맹, 청소년 연맹, 청소년 적십자, 우주 소년단, 해양소년단 등
학교스포츠클럽활동	정규교육과정 내에서 이루어지는 중학교 '학교스포츠 클럽 활동'과 정규교육과정 이외의 학교스포츠 클럽 활동(방과 후 학교스포츠 클럽 등)
또래조력활동	또래 상담, 또래 중재(조정, 중조)

출처 : 창의적 체험활동상황 기재요령, 교육부

진로활동

진로활동은 자신의 특기나 진로 희망 사항과 관련해 학생의 노력과 활동을 기록한다. 따라서 선생님과 상담한 결과나 참여도, 활동 의욕 등을 입력할 수 있다. 각종 심리검사나 직업 정보 탐색 등은 진로활동에 포함되며, 학생부에 기재 가능한 교육청 직속 산하기관 도서관을 찾아 진로 특강이나 도서관 독서 프로그램을 활용해보는 것도 좋다. 이때 학생부에 기재하고 싶다면 도서관 홈페이지에서 해당 도서관이 '교육부와 교육부 직속기관, 시·도 교육청과 교육청 직속기관, 교육지원청'인지 확인할 필요가 있다.

학생부는 담임선생님과 과목별 선생님이 학생 개인을 관찰하고 기록하므로 평소 선생님과의 관계가 중요하다. 수업시간에 잠을 자거나 평소 선생님에게 미운털이 박히지 않도록 학교 생활에서 모범을 보여야 한다. 학생부는 학생이 만드는 것이다. 학생이 움직이지 않으면 선생님은 그 많은 학생부에 기록할 내용이 없다. 학기 말 학교생활기록부 수정 기간에 주도적으로 자신의 활동을 어필하고 담임선생님에게 제출하는 것 역시 자기주도성과 미래 역량이라고 볼 수 있다.

열매를 맺기 위한 자기소개 꽃피우기

자기소개서 문항

자기소개서는 고등학교 과정을 의미 있게 연결하고 자기주도학습 역량과 전공 적합성을 보여줄 수 있는 가장 좋은 수단이다. 따라서 학교생활기록부에서 부족한 역량을 드러내거나, 의미 있는 활동들을 연결할 필요가 있다. 자기소개서는 적어도 여름방학이나 기말고사 이후에 작성하는 것이 좋다.

자기소개서는 한국대학교육협의회의 자기소개서 공통 문항을 활용한다. 모두 4개의 문항 중 1, 2, 3번 문항은 공통이며, 4번 문항은 학교마다 다르지만 보통 학업 계획이나 진로 계획, 지원 동기와 노력한 과정 등을 묻는다.

자기소개서 1번 문항은 고등학교 재학 기간 중 학업에 기울인 노력과 학습 경험을 통해 배우고 느낀 점, 학업 역량과 앞으로의 성장 가능성 및 잠재력, 지적 호기심과 탐구하는 자세, 전공 적합성 등을 평가한다.

자기소개서 2번 문항은 교내 활동을 통해 느낀 점을 묻는다. 동아리 활동이나 자율활동에서 맡은 구체적인 역할과 활동 과정 및 느낀 점을 자기소개서에 연계하여 작성하는 것도 좋은 방법이다. 이때 단순히 활동 목록을 나열하기보다는 구체적으로 어떤 역할을 수행했는지, 그것을 통해 느낀 점, 확장된 사고를 설명하면 좋다. 2번 문항의 활동은 보통 2개 정도로 작성하는데 다양한 방면의 활동을 했다면 3개로 작성해도 무관하다.

자기소개서 3번 문항은 학교 생활 중 배려와 나눔, 협력, 갈등에 관한 사례를 통해 느낀 점을 기록한다. 학교 생활 중 리더십을 발휘한 사례나 꾸준한 봉사활동, 갈등을 극복한 사례를 구체적으로 제시할 필요가 있다.

자기소개서 4번 문항은 지원 동기를 작성하거나 학업 계획, 진로 계획을 묻는다. 1번에서 3번 문항을 토대로 전공 선택을 위해 기울인 노력을 연결하여 진학 후 학업 계획에 대해 작성하는 것이 좋다.

자기소개서를 작성하기 전에 해야 할 것은 스토리를 구성할 소재를 추출하는 것이다. 학교생활기록부를 토대로 학교의 인재상과 부합하는 소재들을 추출한 후 나열하면서 동기와 계기, 활동 과정과 노력한 점, 결과, 배우고 느낀 점으로 큰 마인드맵을 그린다. 독서활동과 봉사활동, 자율활동, 세부 능력 특기사항과 연결할 수 있는 활동을 찾아보고 확장된 부분까지 언급하는 것이 좋다.

자기소개서는 가독성이 가장 중요하다. 수많은 자기소개서를 검토해야 하는데 비슷한 자기소개서가 눈에 들어올 리 없다. 참신한 서두, 두괄식 서두는 자기소개서 작성의 기본이다.

자기소개서는 3년 과정을 모두 담은 활동 보고서이다. 따라서 학기별 또는 학년별로 자기소개서에 적합한 소재를 추출하고 여러 가지 활동을 기록해두면 학업의 방향뿐 아니라 자기소개서 역량을 한 층 더 높일 수 있다.

다음은 이룸 입시컨설팅에서 자기소개서를 준비하는 학생들이 소재를 추출하고 문장을 작성하는 방법이다. 1단계부터 학교생활기록부에 기록할 만한 소재를 넣어 글을 완성해보자. 근사한 자기소개서가 작성될 것이다.

| 자기소개서 소재 추출과 문장 완성 방법 |

소재 추출	
1단계	의미 있었던 활동 찾기
문장 완성 방법	
2단계	○○시간에 했던 ○○ 활동으로 인해 관심을 갖게 됐고
3단계	이로 인해 ○○을 하게 됐으며
4단계	그 결과 ○○을 느끼게 됐고
5단계	더 나아가 ○○ 활동으로 이어졌다.

면접 준비 시기

열심히 준비한 자기소개서가 통과됐다면 이번에는 면접을 대비해야 한다. 대부분은 합격하고 나서 면접을 준비하는데, 상위권 학생들은 1차 당락과 상관없이 빠르면 여름방학, 늦으면 원서 접수 후에는 면접을 준비해야 한다.

면접은 학교생활기록부와 자기소개서 등 제출한 서류의 사실 확인과 학생의 역량, 소통 능력을 직접 평가하는 자리다. 면접은 학생 1명과 입학사정관 2~3명이 진행하는 면접, 학생 다수와 2~3명의 입학사정관이 진행하는 면접이 있다.

면접 전형 요소에 따라 심층 면접과 일반 면접, 인·적성 면접으로 구분된다. 심층 면접은 2~3개의 제시문을 제공하면 문제 간의 연관성을 분석하고 자신의 생각을 논리적으로 전개하고 답변하는 방식이다. 일반 면접은 학교생활기록부와 자기소개서를 바탕으로 서류 내용과 인성을 파악하는 면접이다.

학교 선발 전형에 따라 학생부 기반 면접에서 짧은 제시문을 분석하고 답변하라고 한 후 학교생활기록부 관련 질문을 하는 경우도 있다. 블라인드형 면접은 학교생활기록부의 인적 사항과 학적 사항, 학교명, 수험번호 등을 블라인드로 처리하고 교복 착용도 금지하는 것을 말한다. 원서 접수를 하고 받은 번호가 아닌 면접장에서 받은 가번호를 수험번호로 사용하며, 이름 대신 수험번호로 면접을 진행한다.

면접을 준비하기 전에 학과가 원하는 인재상을 조사해야 한다.

지원 학교의 홈페이지나 공지 사항 등 및 학생부종합전형 안내책자 및 전형안내서를 참고하면 된다. 지원자는 면접을 통해 자신이 해당 학교 인재상에 부합한다는 것을 학교생활기록부에 기재된 활동과 연결하여 대답하는 것이 좋다.

서울대학교 제시문은 평소 독서량이 많지 않고 심도 있게 교과서를 공부하지 않은 경우 단기간에 준비하기 어려운 부분이 많다. 1차에 합격하더라도 2차에서 합격을 장담할 수 없는 이유는 제시문 분석 능력 때문이다.

자신의 논리와 정확한 해석으로 전공 또는 사례와 연결해야 하는 면접은 단시간에 준비하기 어렵다. 따라서 서울대를 준비하고 있다면 3학년부터 깊이 있는 독서와 분석력을 키워야 하며, 늦어도 여름방학부터 제시문 면접을 준비해야 한다.

다음은 이룸 입시컨설팅 학생들이 준비하는 제시문 분석 노트 작성과 면접 문항 중 일부이다. 제시문은 키워드를 추출해서 문장을 분석해나가는 연습부터 시작하면 컨설팅의 도움 없이도 충분히 스스로 해낼 수 있다.

| 제시문 키워드 추출 및 정리 과정 |

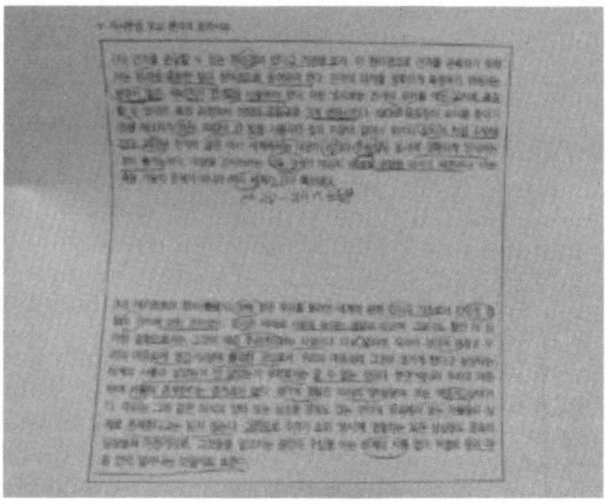
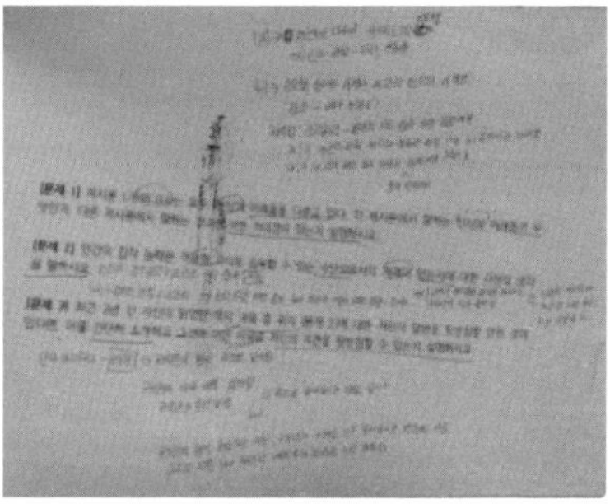

| 면접 대비 기초 문항 |

	문항 / 1분, 1분 30초, 2분으로 답할 것
1	자기소개를 해보시오.
2	우리 학교에 지원하게 된 동기를 말해보시오.
3	교내외 활동에서 큰 성과를 이룬 경험이 있는가? 이때 역할이 무엇이었는가?
4	자신의 학생부에 있는 교과, 비교과 활동을 포함한 다양한 영역 중 어느 분야가 가장 중요하다고 생각하는가?
5	그것이 진학 후 어떤 활동과 연계될 수 있는가?
6	동아리를 만든 계기가 있는가? 어떤 활동을 진행했는가?
7	봉사활동을 한 경험이 있으면 말해보시오.
8	살면서 큰 깨달음을 얻었던 경험 혹은 새롭게 자아를 발견한 경험이나 활동이 있는가?
9	특별히 힘들었던 경험이 있는가? 어떻게 극복했는가?
10	지원한 전공이 어떤 점에서 자신에게 적합하다고 판단했는가?
11	앞으로의 진로를 어떻게 설계하고 있는지 구체적으로 설명하시오.
12	고교 생활을 하면서 좋은 성적이나 성과를 이룬 경험과 이를 위해 어떤 노력을 했는지 말해보시오.
13	인간관계와 정직성 사이에 갈등이 생긴다면 어떻게 대처할 것인가?
14	가치관이 무엇인가? 가치관을 갖게 된 동기는 무엇인가?
15	존경하는 인물은 누구인가? 왜 존경하는가?
16	평소에 좌우명이나 지표로 삼는 글귀가 있다면 무엇인가?
17	마지막으로 할 말이 있는가?

5장

내 아이의
재능 나무 열매 맺기

열매의 가치를 알게 하라

가치에 따라 삶의 만족감이 달라진다

한국보건사회연구원이 우리나라 11세부터 15세까지 학생들의 스트레스를 조사한 결과 유니세프 29개국의 전체 평균인 33.3%보다 높은 50.5%를 기록했다. 대부분의 학생들이 만성적인 학업 스트레스에 시달리고 있다. 대학 진학률이 41%인 OECD 평균보다 20% 이상 높은 69%인데도 불구하고 아이들은 여전히 하고 싶은 일을 찾아 헤매고 있다.

왜 우리는 전문가들이 말하는 '1만 시간의 법칙'을 넘기고도 아직 이렇다 할 재능을 찾지 못하는 것일까? 초등학교부터 고등학교 과정까지 2만 시간을 무엇을 위해 노력하는 것일까? 여기에 우리의 직업 가치가 있다.

선생님이 되고 싶은 희수는 임용고시만 네 번째 준비하고 있다. 처음에는 임용고시를 준비하는 사람들을 한심하게 생각했다. 학원에서 열심히 경력을 쌓은 희수는 2년간 학원강사 생활을 하던 끝에 임용고시를 다시 준비하기로 했다. 자신이 생각하는 직업 가치에 소속감과 명예가 중요하다는 것을 깨달았기 때문이다.

경영학과를 다니는 우주는 졸업을 1년 앞두고 휴학했다. 1년만 공무원 시험 준비를 해볼 생각이다. 졸업하고 교육업체에 취업하자니 저녁이 있는 삶을 누릴 시간이 없을 것 같았다. 게다가 소확행을 중요하게 여기는 우주에게 토요일 근무는 있을 수 없는 일이다.

식품영양학과를 졸업한 민유는 잘 다니던 회사를 그만두었다. 대학 졸업 후 직장에 다니던 민유는 취미 생활로 문화센터에서 POP 강좌를 듣게 됐고, 예쁜 물감을 만지며 행복해하는 자신의 모습을 발견했다.

한번은 자신이 정말 원하는 삶을 살아봐야겠다는 생각에 민유는 과감하게 직장을 그만두고 POP 강사로 뛰어들었다. POP뿐 아니라 미술공예에 관심이 있었던 민유는 다양한 활동을 융합했다. 학교 강의는 물론 토탈 공예 강사 자격을 발부하는 민간기관을 만들어 대기업 못지않은 수입을 창출하고 있다.

직업 가치는 개인이 삶을 대하는 태도와 방식에 따라 다르다. 1만 시간이 걸려 어떤 분야의 전문가가 된다고 하더라도 우리가 어떤 삶을 원하느냐, 어떤 가치를 중요하게 여기느냐에 따라 삶의 만족감이 다르다.

우리 아이들도 마찬가지다. 하루 종일 뭔가를 조립하는 것이 행복한 아이도 있고, 상상의 세계를 도화지에 옮기며 행복해하는 아이도 있다. 부모에게 행복했던 삶의 방향이 아이에게도 행복을 가져올 것이라고 확신할 수 있을까? 아이의 삶은 아이의 직업 가치에 따라 결정된다.

내 삶의 가치 찾기

다음은 우리의 진로 가치에 관한 검사이다. 먼저 삶에서 가장 중요하다고 생각하는 단어를 '매우 중요함'부터 '전혀 중요하지 않음'

| 내 삶의 중요 가치 알아보기 |

삶의 가치			
가족	인간관계	기술 개발	명예
모험심	실용성	재산 증식	리더십
도전	변화	예술성	건강
완벽성	안정성	삶의 질	봉사
사회공헌	성장 가능성	예측 가능성	정신적 연대감
지적 탐구	우정	성취감	자율성
창의성	유머와 재치	사회공헌	사회적 영향력
공유	일과 삶의 균형	일에 대한 만족감	전문성
동반 성장	자기주도성	주목성	정직과 성실
팀워크	협력	합리적 보상	혁신
미적 탐구	존경과 인정	독립성	풍요로운 소비
경쟁	희생정신	위대한 업적	자아실현

1. 중요하다고 생각하는 순서대로 아래 빈칸을 채운다.
2. 중요도 순으로 구분한 가치 중에 내 삶에서 가장 중요한 가치 3개를 적는다.
3. 중요도 순으로 구분한 가치 중에 미래 삶을 위해 꼭 필요한 가치 3개를 적는다.
※ 주의 : 내 삶에서 가장 중요한 가치와 꼭 필요한 가치가 반드시 '매우 중요함'에 해당하지 않아도 된다.
4. 선택한 6개의 가치 중에 가장 중요한 가치 3개를 삶의 중요 가치에 적는다.
마지막으로 선택한 3개가 내 삶의 가장 중요한 가치다.

매우 중요함	중요함	보통임	중요하지 않음	전혀 중요하지 않음

내 삶에서 가장 중요한 가치	미래 삶을 위해 꼭 필요한 가치
1.	1.
2.	2.
3.	3.
삶의 중요 가치	
( ), ( ), ( )	

순으로 빈칸을 채운다. 빈칸을 채운 다음 그중 삶에서 가장 중요한 가치 3개와 꼭 필요한 가치 3개를 고른다.

이때 꼭 필요한 가치는 '매우 중요함'에 해당하지 않아도 된다. 마지막으로 중요한 가치 3개와 필요한 가치 3개 중에 자신의 인생에서 가장 중요하다고 여기는 단어 3개를 뽑는다. 이것이 내가 가장 중요하게 생각하는 진로 가치이다.

4차 산업혁명 시대에 재능 열매를 맺기까지는 그 무엇보다 험난한 과정과 시련이 따를 것이다. 어떤 나무는 가상현실과 실제 현실 그 어디에도 뿌리내리지 못하고 다른 나무에 접수될 수도 있고, 어떤 나무는 줄기와 잎이 말라 다른 나무뿌리와 공존해야 생명력을 유지할 수도 있다. 또한 너무 빨리 성장하는 나무는 수직의 무게를 버티지 못해 쓰러질 수도 있다.

열매를 맺기까지의 과정이 다양하듯 사람마다 중요하게 생각하는 가치가 다르다. 어떤 사람은 새벽 일찍 일어나 따뜻한 음식을 만들어서 대접하는 것에 가치를 느끼며, 그러한 가치를 실현할 수 있는 직업을 통해 삶의 의미를 발견한다. 또 어떤 사람은 사람들과 소통하며 어울리는 것에 가치를 두고 그러한 일을 하면서 만족감을 느낀다.

나무 모양이 똑같지 않은 것처럼 우리 아이의 삶의 가치도 제각기 다르다. 4차 산업혁명 시대에는 다양함 속에 공존해야 한다. 다양함 속에 개인의 정체성을 유지하기 위해서는 삶의 가치가 무엇보다 중요하다.

나무가 잘 자랄 수 있는 지지대와 병해충 방지

성장의 높이는 뿌리의 깊이에 의해 좌우된다

나무의 높이는 뿌리의 깊이에 의해 좌우된다. 깊이 뿌리내리기도 전에 빨리 성장하는 나무는 높이 자라더라도 무게를 감당하지 못하고 쉽게 쓰러진다. 잡초는 8 : 2의 비율로 뿌리와 줄기가 자란다. 겉으로 드러난 잡초의 모습은 20%에 불과하다. 이것이 잡초가 강인한 생명력을 갖고 있는 이유다. 아이의 재능을 키우는 것도 이와 같다. 겉으로 드러난 아이의 재능이 있다면 그만큼의 뿌리를 땅속 깊이 내리고 있는 것이다. 초등학교 때부터 관심을 가지고 진로를 탐색한 아이들은 다양한 학습 경험을 통해 자기 효능감과 결과 기대를 갖게 된다.

사람들에게 받은 칭찬과 피드백, 은근과 끈기, 넘어지고 일어나는 실패의 경험, 아주 작은 성공 경험이 겹겹이 쌓여 재능 나무가 된다. 그렇게 어려운 과정을 거쳐 드러나는 아이의 재능을 그 깊이만큼 든든한 뿌리가 있기에 가능한 일이다.

흔들리지 않는 재능 나무가 되기 위한 지지대 설치법

우리 아이가 미술에 재능이 있다면 색채 감각이 발달했는지, 공간적 지능이 발달되어 있는지, 표현 능력이 창의적인지 등을 빠르게 파악하여 미술지능과 소질을 지속적으로 개발할 수 있도록 도와주어야 한다. 또한 다양한 작품을 접하고 이해하는 과정을 통해 예술을 바라보는 시각과 분별력, 사물을 바라보는 비판적 시각도 길러야 한다. 방과 후 과정도 미술 재능을 지속할 수 있는 좋은 환경이다.

방과 후 과정이 부담되거나 지속적인 학습이 어렵다면 지역 여성회관이나 청소년센터에서 진행하는 융합 프로그램을 통해 미술 학습 기회를 늘릴 수 있다. 진로에 대한 포부가 확실하다면 예술중점중학교를 선택해보는 것도 하나의 대안이 될 수 있다. 다만 기초 학습 역량을 강화하고 실력을 향상해야 할 시기에 미술에 편중되지 않도록 학습에도 신경 써야 한다. 미술 재능을 평가할 수 있는 대회에 참여하는 것도 중요하다. 자신의 실력을 객관적으로 평가해볼 수 있고, 이러한 경험을 토대로 고등학교 입학과 동시에 기록되는 학교생활기록부의 비교과 활동을 무리 없이 소화할 수 있다.

예체능 교육은 레슨비로 기둥뿌리가 뽑힌다고 말한다. 경제적인 부담으로 예술고등학교 입학을 망설이고 있다면 미술중점고등학교

과정을 알아보자. 방과 후 활동 비용으로 예술고등학교와 비슷한 수준의 교육을 받을 수 있다. 중점학교는 매년 12월경 원서 접수를 받고 추첨을 통해 진행된다. 일반학교에서 수강하기 어려운 심화과목은 거점학교에서 수강할 수 있다.

거점학교는 1년에 두 차례 지원 가능하다. 소수 인원을 선발하기 때문에 면접이나 성적으로 선발하거나 실기를 시행하기도 한다. 먼 거리를 통학하는 학생은 토요일 수업을 듣는 것도 좋다.

미술중점고등학교의 장점은 기초과목 관리에 신경 쓰는 면학 분위기가 또 다른 경쟁력을 키워준다는 것이다. 또한 자신이 선택한 진로가 자신의 직업 가치와 부합하지 않는다고 생각했을 때 다양한 분야로 뻗어나갈 수 있는 토대를 제공한다.

화가이자 건축가인 미켈란젤로는 수학자 출신이었고, 비디오 아티스트 백남준은 음악을 전공했다. 다양한 분야의 융합 학습은 재능의 가지를 다양한 방향으로 뻗어나갈 수 있게 한다. 재능 발달에 따라 적시에 적절한 교육을 하는 것, 가지가 흔들리지 않게 지지대를 설치하고, 때때로 병해충을 예방하는 일이 부모가 해야 할 마지막 과제다.

나무가 일정 기간 땅속에 뿌리를 내리고 나면 반드시 지지대를 떼어내야 한다. 그대로 방치하면 쓰러지는 것을 막기 위해 설치한 지지대는 오히려 나무가 폭넓게 성장하는 것을 방해할 수 있다. 나무를 지지하기 위해 조여맨 철사줄과 지지대가 재능 성장에 방해가 되지 않도록, 이제 성장의 과정을 온전히 아이에게 맡겨야 한다.

줄기와 잎이 죽었다고 뿌리가 썩은 것은 아니다

아이의 무능함을 얼마나 기다려줄 수 있는가?

나는 우리 아이의 무능함을 얼마나 기다려줄 수 있는가? 재능 나무를 심어놓고 기다릴 수 있는 것은 열매가 열릴 거라는 희망이 있기 때문이다. 하지만 줄기와 잎이 죽어버린 나무를 보고 다시 살아날 수 있을 거라는 믿음을 가질 수 있을까? 절망적인 상황에서 기다림만큼 고통스러운 것은 없다. 재능의 씨를 뿌리면서 우리는 참 아름다운 꿈을 꾼다. 부모들은 무엇도 확실한 것 없는 4차 산업혁명 시대에 재능을 활짝 펼치는 자녀의 모습을 기대한다. 우리는 때때로 재능 나무를 보며 좀 더 크게 자라지 못하는 것을 자책하기도 하고, 병든 가지를 잘라내며 우리 마음에 생채기가 나기도 한다. 주변 나무와 조화를 이루지 못한 아이의 모습에서 잘못된 환경을 선택한 것을 후회하기도

하고, 울창하게 잘 자라는 모습을 보면서 뿌듯함을 느끼기도 한다.

그런데 아이의 재능 나무가 적당한 때에 햇빛을 받지 못하고 열매를 맺지 못해 마르기 시작한다면 어떨까? 큰 나무들 아래 가려 제대로 숨을 쉬지 못하고, 뿌리 깊은 나무에게 영양분을 다 빼앗기거나, 너무 많은 비로 인해 나무줄기가 썩어가는 모습을 과연 얼마나 오래 지켜볼 수 있을까?

세상 모두가 아이의 재능을 기다려주지 않고, 무능하다 말해도 올곧이 기다려야 할 부모가 아이의 재능에 빛이 보이지 않는다는 이유로 썩은 둥치를 잘라내려 하지는 않는가? 줄기와 잎이 죽었다고 뿌리가 썩은 것은 아니다. 겉으로 드러나는 높이만큼 땅속 깊이 박힌 뿌리는 무던히 줄기와 잎을 키우기 위해 고군분투하고 있을지도 모른다.

기둥의 높이만큼 가능성을 믿어야 한다

뉴질랜드 오클랜드 공과대학의 시배스천 루징거 교수는 웨스트 오클랜드를 하이킹하다 이상한 카우리 나무 둥치와 맞닥뜨렸다. 잎이 없는 나무는 광합성을 할 수 없고, 증산작용을 하지 못하면 뿌리에서 물을 빨아들이지 못해 죽는다. 루징거를 비롯한 대학 연구진은 수분과 수액 이동을 측정해 살아남은 둥치와 이웃한 카우리 나무가 뿌리로 연결되어 서로 물과 양분을 주고받는다는 사실을 밝혔다.

나무는 독립적으로 보이지만 무수히 많은 뿌리를 통해 다른 나무들과 연결되어 있다. 식물은 자기 뿌리 사이에서, 또는 같은 종이나 다른 종의 나무뿌리와 접붙이기 방식으로 연결되기도 한다. 온전한 나무가 하나의 둥치와 연결되는 것은 아니다. 온전한 나무는 둥치의 것까지 합쳐 확장된 뿌리 체계를 갖춰 비탈에서도 든든하게 버틸 수 있고, 가뭄에도 물을 확보할 수 있다.

우리 아이의 재능을 얼마나 기다려줄 수 있는가? "너 그렇게 공부 안 해서 앞으로 뭐가 될래?", " 음악은 무슨 음악이야? 공부 안 할 거면 다 때려치워"라는 말을 하고 있지 않은가? 부모와 기질이 다른 아이일수록 예측할 수 없기에, 불안한 부모는 한 발 나아가 아이의 길을 터주고 여러 방향을 모색한다. 공부를 안 하는 학생이 엉덩이를 붙이기까지 얼마나 걸릴까? 초등학교 때부터 공부하는 습관을 들이지 못한 고등학생이 진득하게 앉아서 공부를 하기는 쉽지 않다.

그런데 부모들은 기다리지 못한다. 가장 안타까운 것은 나와 아이가 다르다는 것을 인정하지 못하는 태도이다. 모든 관심이 온전히 자녀에게 쏠려 있을수록 더하다. 요즘은 자녀의 사회적인 성공과 실패를 부모의 인생 성적표로 여긴다. 이 때문에 좋은 엄마가 되기 위해 본인이 하고 싶은 일을 참아가며 헌신한다. 전업주부는 아이에게 더 못 해주는 것을 안타까워하고, 워킹맘은 일과 양육 사이에서 갈팡질팡한다. 지금 우리 아이의 모습이 상처투성이에 죽어가는 줄기라 하더라도 포기하지 말고 그 기둥의 높이만큼 가능성이 있음을 믿어야 한다. 공유와 공동의 가치를 아는 우리 아이는 분명 싹을 틔우기 위해 오늘도 열심히 자라고 있을 것이다.

세계시민 역량을 통해 다양한 열매 맺기

공유를 통해 또 다른 기회가 열린다

튼튼한 뿌리를 가진 재능 나무는 열매를 맺는 과정을 통해 또 다른 재능의 씨앗을 뿌리기도 하고, 다른 가지와 접수해서 새로운 열매를 맺기도 한다. 접수가 또 다른 기회가 되는 것이다. 마찬가지로 아이의 재능을 다양한 사람들과 공유함으로써 또 다른 가능성이 열릴 수 있다.

4차 산업혁명 시대에 인공지능이나 기계로 대체하지 못할 직업은 거의 없다. 디지털 노마드 세대들은 기존의 업무 방식에서 벗어나 다양한 곳을 돌아다니며 프로젝트를 시행하고, 일과 여가의 균형을 즐길 것이다. 직접 찾아가지 않고도 3D 도면을 전송해 사막에서 3D 프린터로 건축물을 출력해낼 수 있는 시대에 필요한 능력이 세계시민 역량이다.

세계시민 역량이란 인종이나 성별, 국적, 계급, 종교와 상관없이 모두가 사회 구성원이라는 생각을 토대로, 문화에 대한 개별성과 다양성을 존중하고, 공동체 역량을 쌓아가는 것을 말한다.

다양한 정보통신과 소셜미디어의 발달로 우리는 시공간의 제약을 벗어나 지구촌 곳곳의 사람들과 다양한 정보와 경험을 공유하고 있다. 교통·통신의 발달로 가속화된 국제 이주는 단일국가였던 우리의 문화적 다양성을 높였고, 세계시민 교육의 필요성이 대두되었다.

2016년 교육부에서 발표한 '세계시민교육' 과정에 따라 초등학교 저학년은 세계시민 여권 만들기, 이웃에게 편지 쓰기 등 다양한 체험활동과 수업을 하고 있다. 초등학교 고학년은 사회 시간과 창의적 체험활동 시간에 세계시민 교육에 관한 토론을 진행한다.

중학생은 자유학기제를 이용해 모의 유네스코 총회를 실시하고, 고등학생은 K-무크(K-MOOC) 강좌를 이용해 세계 평화, 인권, 문화의 다양성과 보편성에 대한 이해를 높이고 있다.

세계시민 교육의 나비효과

1948년 프레이밍햄 심장연구는 5,209명의 성인을 대상으로 사회적 거리에 따라 행복의 전염성 차이를 조사했다. 우리가 직접적으로 아는 1단계 거리의 사람이 행복할 경우 내가 행복할 확률이 15.3%, 친구의 친구처럼 2단계 거리의 사람이 행복할 경우 9.8%,

마지막으로 3단계 거리의 사람이 행복할 경우 5.6%로 조사됐다. 행복은 사람들 사이의 상호 연결성과 관련이 있으며, 가까운 사람이 행복할수록 주변에 행복이 전염될 확률이 크다.

4차 산업혁명 시대에 우리 아이들은 시공간을 뛰어넘어 다양한 사람들과 소통하고 관계를 맺을 것이다. 따라서 행복도 단시간에 더 많은 곳으로 전염될 수 있다.

'나비효과'는 나비의 날갯짓처럼 아주 작고 경미한 일이 지구 반대편에서 태풍을 일으킬 수 있다는 과학이론이다. 아주 작은 변화가 결과적으로 엄청난 변화를 만들어낼 수 있다. 정보의 생성과 소멸이 실시간으로 이뤄지는 4차 산업혁명 시대에 인간의 존엄성과 공동체의식을 바탕으로 한 세계시민 역량은 더욱 강력한 나비효과를 발휘할 것이다(세계시민 역량 체크리스트 참조).

또 다른 재능 포트폴리오를 심는 사람이 돼라

지금 우리의 삶이 우리가 꿈꾸던 삶인가?

살다보면 우리는 의도치 않게 길을 헤매거나 돌아갈 때가 있다. 늘 다니던 길이 아닌 새로운 길을 가야 할 때도 있고, 막히는 줄 알면서도 익숙한 길이 좋아 그 길을 선택할 때도 있다. 현재 하고 있는 일이 우리가 꿈꾸던 직업인가? 우리의 꿈은 언제 사라졌을까? 상황이 열악해서, 부모가 반대해서, 실력이 없어서, 좋아하는 일이 없어서, 잘하는 게 없어서, 그럴 필요가 없어서, 우리가 갖고 있던 꿈을 마음에 묻고 살고 있는지도 모른다.

직업전문학교 강의에서 종종 해외 취업을 위해 연수 과정을 밟고 있는 청년들을 만난다. 대부분 명문대 출신에 영어부터 컴퓨터까지 다양한 능력을 보유하고 있음에도 불구하고 취업을 위해 꼼꼼히 작성한 자기소개서는 그들의 성실성을 여실히 보여준다.

대학을 졸업하고도 자신이 무엇을 잘하는지, 어떤 직업을 찾아야 하는지를 모르는 사람들은 "로또에 당첨되면 무엇이 하고 싶냐?"라는 물음에 자신이 좋아하는 일을 하며 살고 싶다고 말한다.

여성인력개발센터에서 경력 단절 여성들을 대상으로 강의할 때도 마찬가지다. 그들은 아이가 학업을 마치고 경제적 상황이 여유로워지면 그동안 해보지 못한 일을 하고 싶다고 말한다.

지금까지 4차 산업혁명 시대에 변화하는 교육과 직업 세계에 대해 살펴보았다. 그 누구도 예측할 수 없는 4차 산업혁명 시대, 더 이상 스펙 쌓기가 자녀의 미래를 보장해주지 않는다. 이러한 시대에 재능의 씨앗을 뿌리고 거두기 위해서는 우리 아이만의 '재능 포트폴리오'가 무엇보다 필요하다.

우리 스스로 자녀에게 어떠한 토양인지 살펴보고, 자녀 교육에 대한 정보력과 현재 수준에 대해 생각해보자. 어떤 부모는 평생의 에너지를 다 쏟아 오히려 씨앗을 썩게 만들고, 어떤 부모는 아이가 제대로 흡수하지 못하는데도 목적 없는 투자를 계속하고 있다.

초등학교 아이들에게 진로 탐색이 왜 필요한지, 유능감이 발달하는 시기에 작은 성공 경험의 필요성과 실패를 받아들이는 태도에 대해서도 알아보았다. 뇌의 가지치기 시기인 10~12세까지 다양한 분야의 체험과 학습 경험은 진로 영역을 넓히고 다양한 분야의 흥미가 발달하는 데 도움이 된다.

초등학교와 중학교의 모든 활동은 결국 4차 산업혁명 시대 교육의 변화와 맞닿아 있다. 기업은 융합적 사고와 협업이 탁월한 인재를 찾고 있고, 대학은 이미 4차 산업혁명 시대가 원하는 인재를 양성하기 위해 변화하고 있다. 영원히 변할 것 같지 않던 초등학교 교실의 모습도 바뀌고 있다. 아이들은 4차 산업혁명 시대의 인재로 거듭나기 위해 스마트 교과서로 공부하고 소프트웨어 능력을 개발하고 있다.

19세기형 고교체제와 입시제도도 점차 변하고 있다. 학생들의 하향 평준화를 초래한다는 거센 항의에도 불구하고 자유학기제를 시행했던 학생들은 이제 고등학교 2학년이 되었고, 시행착오와 경험을 통해 다양한 진로 체험 프로그램과 진로 상담이 가능한 환경이 조성되었다. 이제 선도학교와 중점학교를 통해 충분히 진로 탐색과 수행 과정을 거쳐 2025년에는 대학과 같은 학점제로 변경될 것이다.

대학입시는 한 줄 세우기식 수능 모의고사에서 학생들을 다면적으로 평가할 수 있는 학생부종합전형으로 바뀌었다. 2025년에는 고교학점제와 더불어 개인별 맞춤학습과 거꾸로 학습이 가능한 온·오프라인의 교육 시스템으로 변화될 것이다.

문·이과 통합과 융합과목은 고교 진로 선택의 리스크를 줄이고 영역을 확장해줌으로써 잘못 선택한 길이라는 생각이 들더라도 다양한 방면으로 가지를 뻗어나갈 수 있다. 우리 아이가 AI보다 사람과 실제 삶의 현장에서 소통하길 바란다면 더불어 사는 가치에 대해 배워야 할 것이다. 결국 기술의 답은 인문학에 있다.

재능의 씨앗이 숲을 이룰 때까지

이제 우리도 학부모로서 짐을 덜어내고 아이들 앞에 어떻게 서야 할지 고민해야 한다. 아이만을 바라보며 변화를 민감하게 받아들일 것이 아니라 한 걸음 물러서서 바람에 흔들리지 않도록 지지대를 세워주고, 필요할 때 도움의 손길을 내밀어야 한다.

오늘부터 우리 아이와 함께 흔들리지 않는 뿌리 깊은 나무가 되기 위한 포트폴리오를 만들어보자. 우리가 흔들리지 않으면 우리 주변의 모든 것들이 우리와 함께 공존할 수 있다. 우리가 공유한 재능이 더 많은 나무의 씨앗이 되어 결국 숲을 이루게 될 것이다.

공부만 열심히 하면 되는 줄 알았던 우리 아이들 모두에게 희망의 씨앗이 될 수 있도록 재능 나무 심기는 계속되어야 한다.

| 세계시민 역량 체크리스트 |

	문항	그렇다 (5점)	보통이다 (3점)	아니다 (5점)
1	나는 온·오프라인을 통해 만나는 외국인과 거리감 없이 대화하는 편이다.			
2	서로 다른 문화와 사고를 가진 사람들이 만나면 다양한 문제 해결 방법이 나올 수 있다고 생각한다.			
3	환경을 생각하지 않는 사소한 행동이 지구에 영향을 미칠 수 있다고 생각한다.			
4	전쟁, 가난, 환경 파괴는 전 세계가 함께 해결해나가야 할 문제라고 생각한다.			
5	'인류는 결국 하나다'라고 생각한다.			
6	한 달 이내에 일어난 지구촌 소식을 알고 있다.			
7	인종 구분 없이 사람을 대하는 태도는 일관성이 있어야 한다고 생각한다.			
8	해외 봉사활동이 의미 있다고 생각한다.			
9	난민 문제에 관심을 가지고 있다.			
10	전 세계의 기후 변화가 심각해지는 것에 대해 각성하고 있다.			

※ 자신에게 해당하는 문항에 체크하고 점수를 합산한다.
10점 이하 : 전 세계가 하나의 지구촌이라는 생각부터 시작해야 한다.
11~20점 : 이제 막 세계시민으로 성장하려고 한다.
21~35점 : 세계시민에 가까워지고 있으니 조금만 더 노력한다.
36~50점 : 이미 완벽한 세계시민이다.

- 에필로그 -

이 책을 쓰는 동안 가장 먼저 든 생각은 '너무 어려운 책을 시도했구나' 하는 것이었다. 석사 논문 이후에 다시는 글을 쓰지 않겠다고 다짐했던 내가 많은 사람들이 봐야 하는 '잘 읽히는 책'을 쓴다는 것이 쉬운 작업은 아니었다.

그동안의 경험과 전문성을 녹여 4차 산업혁명 시대와 연결하는 글을 쓰는 것이 생각보다 만만치 않고 어려운 과정임을 1장을 시작하고 나서야 깨달았다.

책을 쓰고 있는 동안에도 기술은 하루가 다르게 변하고, 어느새 '플라잉 자동차' 박람회까지 열리게 되었다. 날아다니는 자동차는 공상과학 영화에서나 가능한 일이라고 생각했는데, 어느덧 현실로 다가왔다.

4차 산업혁명 시대의 기술 변화와 관련된 정보를 더 자세히 제공하고 싶었지만, 책의 흐름상 진로와 진학을 중심으로 제한된 정보만을 수록했다. 앞으로 직업과 기술에 대한 더 많은 정보는 개인 유튜브 채널 '잡다한 차널'(JOB 多한 차코치의 채널)에서 하나씩 소개할 예정이다.

다음으로 아이들의 다양한 재능과 경로를 예로 들고 싶었지만 지면의 한계로 초등학교에서 발견한 미술 재능에 한정했다. 이것이 '두 번째 책을 써야 한다'고 생각한 계기였다. 부디 다음 책이 나올 그날까지 '재능 포트폴리오'의 과정에 따라 자녀의 재능을 발견하고 씨앗을 뿌리고 기둥이 흔들리지 않도록 튼튼하게 뿌리내리기를 바란다.

초등학교 때 영재였던 아이들이 중학교에 들어가면 대부분의 부모들은 "예체능은 거기까지 하면 충분해. 이제 됐어"라고 생각하는 경향이 있다. 가능성이 열려 있는 재능에 거름을 주고 뿌리를 내리는 것은 부모의 역할이다. 조금만 관심을 기울인다면 아이의 재능을 살릴 수 있는 학교를 선택할 수 있다. 많은 돈을 투자하지 않고도 충분히 다양한 과일이 열리는 재능 나무로 자랄 수 있다.

마지막으로 진로와 진학에 관련된 부분은 자칫 어려운 전공 서적 읽는 느낌을 줄 수 있기에 최대한 가볍게 언급하고자 노력했다. 특목고와 자사고 폐지에 대한 언급은 나름의 고뇌와 노력이 필요했다. '특목이'라는 친구를 설정해 이해하기 쉽도록 스토리로 구성하는 과정은 창의력을 요하는 일이었다. 누구나 쉽게 읽을 수 있는 책을 쓰기 위해 고민한 결과였다.

조금 아쉬운 점이 있다면 진로 발달과 학부모와 자녀의 관계에 대해 더 많이 언급하지 못한 것이다. 이것 역시 다음 책을 써야 하는 이유 중 하나이다. 진로에 대한 부분은 이룸 입시컨설팅 블로그와 '잡다한 차널'에서 꾸준히 업데이트할 예정이다.

책을 쓰는 동안 베스트셀러가 될 거라며 끊임없이 글을 읽게 하고 때때로 음성 지원을 요구했던 사랑하는 남편에게 이 책에 대한 지분이 있음을 밝히면서, 아낌없는 응원에 진심으로 감사하는 마음 전한다.

이 책이 나오기까지 묵묵히 함께해주고 지켜봐준 이룸 입시컨설팅의 진로 진학 코치님들, 이룸 입시컨설팅이 추구하는 가치를 알아봐 주고 더 많은 아이들의 꿈을 찾아주고자 노력하시는 양문교회 목사님께 감사드린다.

마지막으로 옆에서 '끝까지 포기하지 말라'고 응원해준 사랑하는 우리 딸과 부모님께 감사의 마음을 전한다. 그 외에 많은 분들께 감사의 인사를 드려야겠지만 이 또한 다음 책을 써야 하는 이유로 남겨두겠다.

많은 아이들이 기회가 없어서 꿈을 펼치지 못하고, 상황이 여의치 않아서 포기하는 일이 없도록 우리 아이의 재능 심기는 계속되어야 한다. 더불어 보다 많은 사람들이 우리 아이들의 미래와 꿈에 관심을 갖고 재능 나무 심기에 동참할 수 있기를 바란다.

그런 가치에 뜻이 있는 사람이라면 이룸의 진로 진학 전문가 과정에 문을 두드려보길 바란다.

| 교과중점학교 현황 |

서울특별시

1	서울 용산구	중경고등학교	공립	사회
2	서울 은평구	선일여자고등학교	사립	융합 : 정보·국제경제
3	서울 강서구	한서고등학교	사립	융합 : SW·정보
4	서울 강서구	공항고등학교	공립	사회
5	서울 강서구	명덕여자고등학교	사립	융합 : 과학·기술·사회
6	서울 종로구	상명대학교사범대학 부속여자고등학교	사립	인문환경과학예술융합
7	서울 서대문구	인창고등학교	사립	SW
8	서울 용산구	보성여자고등학교	사립	사회
9	서울 동대문구	경희여자고등학교	사립	사회·인문학융합
10	서울 광진구	건국대학교사범대학 부속고등학교	사립	사회

인천광역시

1	인천 부평구	인천영선고등학교	공립	미래창의융합
2	인천 서구	인천초은고등학교	공립	HIT 과정/ESD 과정
3	인천 남동구	동인천고등학교	공립	국제사회
4	인천 연수구	송도고등학교	사립	IT융합
5	인천 남동구	신명여자고등학교	사립	글로벌국제이해융합
6	인천 연수구	연수여자고등학교	공립	바이오창의융합
7	인천 중구	인성여자고등학교	사립	융합IT
8	인천 남동구	인제고등학교	사립	글로벌 경제통상
9	인천 미추홀구	인항고등학교	사립	글로벌경영
10	인천 연수구	박문여자고등학교	사립	언론홍보미디어
11	인천 미추홀구	선인고등학교	공립	창의IT/영상창작
12	인천 연수구	옥련여자고등학교	공립	문화콘텐츠
13	인천 남동구	인제고등학교	사립	융합공학
14	인천 남동구	인천고잔고등학교	공립	창의융합

15	인천 연수구	인천여자고등학교	공립	언론미디어/국제통상
16	인천 계양구	작전여자고등학교	공립	일본어·중국어
17	인천 남동구	도림고등학교	공립	국제경영
18	인천 남동구	동인천고등학교	공립	융합기술경영
19	인천 남동구	신명여자고등학교	사립	산업인문융합
20	인천 남동구	인천논현고등학교	공립	국제경제통상
21	인천 남동구	인천만수고등학교	공립	국제경제통상
22	인천 남동구	인천송천고등학교	공립	로봇컴퓨터공학
23	인천 서구	인천신현고등학교	공립	제2외국어
24	인천 부평구	명신여자고등학교	사립	미디어융합사회
25	인천 연수구	연수여자고등학교	공립	글로벌통상융합
26	인천 중구	인성여자고등학교	사립	교육·복지
27	인천 연수구	인천해송고등학교	공립	정치·경제
28	인천 서구	대인고등학교	사립	사회
29	인천 연수구	인천대건고등학교	사립	경제/컴퓨터공학/로봇공학
30	인천 부평구	부개여자고등학교	공립	인문융합
31	인천 남구	학익여자고등학교	공립	사회
32	인천 남구	인항고등학교	사립	기술·공학융합/인문·문예창작
33	인천 남구	인하대학교사범대학 부속고등학교	사립	국제경영
34	인천 연수구	송도고등학교	사립	사회
35	인천 서구	인천세원고등학교	공립	중국어
36	인천 부평구	부개고등학교	공립	중국어

대전광역시

1	대전 유성구	대전전민고등학교	공립	융합 : 과학+인문
2	대전 중구	충남여자고등학교	공립	국제사회

세종특별시

1	세종 고운동	고운고등학교	공립	과학정보융합/미술
2	세종 다정동	다정고등학교	공립	인문사회/과학융합

3	세종 소담동	소담고등학교	공립	일어·중국어융합/ 생명과학·보건융합
4	세종 도담동	양지고등학교	공립	과학공학
5	세종 종촌동	종촌고등학교	공립	사회국제화/과학보건
6	세종 보람동	보람고등학교	공립	융합/사회·국제화/정보·기술
7	세종 동작구	성남고등학교	사립	국제화·IT융합
8	세종 조치원읍	세종고등학교	공립	사회융합/과학융합

대구광역시

1	대구 북구	경명여자고등학교	사립	사회·외국어
2	대구 남구	대구고등학교	공립	SW
3	대구 북구	매천고등학교	공립	SW
4	대구 북구	성화여자고등학교	사립	사회·외국어
5	대구 달성군	포산고등학교	공립	국제경영/융합공학
6	대구 서구	경덕여자고등학교	공립	다학문적 교과융합
7	대구 달서구	호산고등학교	공립	로봇공학
8	대구 달서구	와룡고등학교	공립	중국어
9	대구 달서구	대구상원고등학교	공립	국제/SW
10	대구 달서구	효성여자고등학교	사립	국제
11	대구 동구	영신고등학교	사립	사회·외국어융합
12	대구 서구	대구제일고등학교	사립	미술
13	대구 중구	신명고등학교	사립	음악
14	대구 달서구	경화여자고등학교	사립	문예창작/기술·SW·과학융합
15	대구 북구	매천고등학교	공립	미술
16	대구 동구	대구동부고등학교	사립	사회·국제·경제융합형
17	대구 북구	경상여자고등학교	사립	정보·수리융합형

광주광역시

1	광주 동구	조선대부속고등학교	사립	SW융합 : 수리+과학+정보
2	광주 남구	송원고등학교	사립	SW과학융합 : 정보+과학
3	광주 남구	동아여자고등학교	사립	국제정치
4	광주 북구	서강고등학교	사립	SW융합

부산광역시

1	부산 금정구	브니엘고등학교	사립	AI로봇기계
2	부산 동래구	혜화여자고등학교	사립	ISL:International Society Leader
3	부산 부산진구	개금고등학교	공립	SW·정보공학
4	부산 동래구	학산여자고등학교	사립	국제사회융합
5	부산 해운대구	부산국제외국어고등학교	사립	글로벌·창의융합
6	부산 동래구	동래고등학교	공립	SW
7	부산 금정구	동래여자고등학교	사립	SW
8	부산 해운대구	반여고등학교	공립	미술

울산광역시

1	울산 울주군	온산고등학교	공립	국제경제&국제정치
2	울산 북구	효정고등학교	공립	SW교과
3	울산 남구	광여고등학교	사립	심리문화콘텐츠융합
4	울산 남구	우신고등학교	사립	국제경제
5	울산 울주군	남창고등학교	공립	중국어
6	울산 울주군	언양고등학교	공립	SW·과학융합
7	울산 남구	대현고등학교	공립	SW
8	울산 울주군	세인고등학교	사립	스포츠경영
9	울산 북구	화봉고등학교	공립	ICT·과학융합형

경기도

1	경기 김포시	김포제일고등학교	공립	기술·과학융합
2	경기 용인시	동백고등학교	공립	중국어
3	경기 시흥시	군서고등학교	공립	미술
4	경기 포천시	포천고등학교	공립	기술·과학융합
5	경기 부천시	상동고등학교	공립	중국어
6	경기 안성시	가온고등학교	사립	미술
7	경기 안양시	동안고등학교	공립	미술

8	경기 용인시	태성고등학교	사립	중국어
9	경기 수원시	수원여자고등학교	공립	일본어
10	경기 평택시	라온고등학교	사립	미술
11	경기 용인시	풍덕고등학교	공립	중국어/일본어
12	경기 화성시	화성반월고등학교	공립	미술
13	경기 이천시	부원고등학교	사립	음악
14	경기 화성시	송산고등학교	사립	체육
15	경기 고양시	일산대진고등학교	사립	기술·과학융합
16	경기 평택시	송탄제일고등학교	사립	과학
17	경기 남양주시	마석고등학교	공립	사회·정보융합
18	경기 김포시	사우고등학교	공립	국제·제2외국어융합
19	경기 김포시	장기고등학교	공립	사회
20	경기 양주시	양주백석고등학교	공립	기술·정보·과학융합
21	경기 수원시	천천고등학교	공립	정보·과학융합
22	경기 시흥시	신천고등학교	공립	정보
23	경기 여주시	세종고등학교	공립	과학·보건·복지융합
24	경기 화성시	봉담고등학교	공립	정보기술
25	경기 화성시	예당고등학교	공립	융합
26	경기 오산시	운암고등학교	공립	IT과학융합
27	경기 안성시	가온고등학교	사립	융합
28	경기 안성시	경기창조고등학교	공립	사회교과
29	경기 안성시	안성여자고등학교	공립	융합
30	경기 안성시	죽산고등학교	공립	융합
31	경기 안성시	안법고등학교	사립	융합
32	경기 안성시	안성고등학교	공립	융합
33	경기 안성시	한겨레고등학교	사립	융합
34	경기 광명시	광명고등학교	공립	소트프웨어 융합
35	경기 광명시	광명북고등학교	공립	융합생명공학
36	경기 광명시	명문고등학교	공립	디자인, 정보융합
37	경기 광명시	운산고등학교	공립	융합, 지속가능한 삶
38	경기 부천시	범박고등학교	공립	일본어
39	경기 부천시	상원고등학교	공립	스페인어
40	경기 양평군	용문고등학교	사립	사회

41	경기 부천시	원종고등학교	공립	중국어
42	경기 구리시	구리고등학교	공립	사회
43	경기 부천시	부천북고등학교	공립	국제화
44	경기 광주시	광남고등학교	공립	국제화
45	경기 의정부시	효자고등학교	공립	교양교육/메이커교육
46	경기 부천시	심원고등학교	공립	문화컨텐츠
47	경기 안성시	가온고등학교	사립	빅데이터융합
48	경기 군푸시	흥진고등학교	공립	휴먼IT융합
49	경기 군포시	군포중앙고등학교	공립	인문학융합
50	경기 부천시	수주고등학교	공립	과학국제
51	경기 남양주시	별내고등학교	공립	정보과학융합
52	경기 의왕시	의왕고등학교	공립	인문과학융합
53	경기 광명시	소하고등학교	공립	국제화
54	경기 남양주시	심석고등학교	사립	융합
55	경기 부천시	계남고등학교	공립	일본어
56	경기 부천시	덕산고등학교	공립	일본어
57	경기 부천시	상일고등학교	공립	국제화
58	경기 부천시	소명여자고등학교	사립	국제화
59	경기 부천시	심원고등학교	공립	국제화
60	경기 부천시	역곡고등학교	공립	국제화
61	경기 부천시	시온고등학교	사립	공연예술융합
62	경기 부천시	중흥고등학교	공립	사회
63	경기 부천시	송내고등학교	공립	지속가능발전교육
64	경기 부천시	수주고등학교	공립	공학·예술
65	경기 부천시	소사고등학교	공립	인문학융합
66	경기 성남시	낙생고등학교	사립	사회
67	경기 성남시	서현고등학교	공립	융합
68	경기 성남시	위례한빛고등학교	공립	과학공학
69	경기 수원시	고색고등학교	공립	융합
70	경기 수원시	권선고등학교	공립	일본어·아랍어
71	경기 시흥시	서해고등학교	공립	문화콘텐츠융합
72	경기 안성시	가온고등학교	사립	로봇공학
73	경기 안양시	안양고등학교	공립	정보

74	경기 파주시	한민고등학교	사립	융합/사회
75	경기 평택시	태광고등학교	사립	국제화
76	경기 하남시	신장고등학교	공립	국제화
77	경기 화성시	화성반월고등학교	공립	중국어
78	경기 화성시	능동고등학교	공립	과학·기술·정보융합

강원도

1	강원 원주시	치악고등학교	공립	정보·수리과학
2	강원 동해시	동해삼육고등학교	사립	IT융합
3	강원 강릉시	강릉명륜고등학교	사립	S/W·과학·기술 융합
4	강원 강릉시	강릉문성고등학교	사립	사회
5	강원 강릉시	강릉여자고등학교	공립	인문융합
6	강원 원주시	대성고등학교	사립	공학융합
7	강원 원주시	원주삼육고등학교	사립	보건의료융합
8	강원 춘천시	유봉여자고등학교	사립	글로벌융합
9	강원 원주시	진광고등학교	사립	글로벌SW융합
10	강원 강릉시	강릉제일고등학교	공립	인문예술융합
11	강원 원주시	북원여자고등학교	공립	일본어·중국어
12	강원 원주시	춘천여자고등학교	사립	사회
13	강원 춘천시	상지여자고등학교	공립	인문학
14	강원 원주시	대건고등학교	사립	미술
15	강원 춘천시	봉의고등학교	공립	음악

충청남도

1	충남 보령시	대천고등학교	공립	로봇·자동차융합
2	충남 서천군	서천고등학교	공립	예술문화융합
3	충남 아산시	온양한올고등학교	사립	토론(인문·사회·과학 융합)
4	충남 천안시	천안신당고등학교	공립	인문·교육학 융합
5	충남 천안시	천안청수고등학교	공립	국제정치경제
6	충남 공주시	한일고등학교	사립	사회
7	충남 논산시	강경고등학교	공립	보건복지
8	충남 공주시	공주금성여자고등학교	사립	미술융합

9	충남 공주시	공주영명고등학교	사립	중국어
10	충남 홍성군	광천고등학교	사립	인문예술융합
11	충남 금산군	금산여자고등학교	공립	인문·연극융합
12	충남 당진시	당진고등학교	공립	정보통신
13	충남 천안시	천안오성고등학교	공립	정보통신
14	충남 논산시	대건고등학교	사립	SW

충청북도

1	충북 청주시	금천고등학교	공립	글로벌시티즌
2	충북 청주시	청주대성고등학교	사립	과학ICT융합
3	충북 제천시	세명고등학교	사립	사회
4	충북 청주시	주성고등학교	공립	SW·과학기술 융합
5	충북 충주시	충주중산고등학교	사립	국제·인문융합
6	충북 청주시	청주여자고등학교	공립	ESD
7	충북 청주시	충북고등학교	공립	스마트창의융합/ 국제문화·사회융합
8	충북 제천시	제천고등학교	공립	사회
9	충북 청주시	오송고등학교	공립	사회
10	충북 청주시	충북여자고등학교	사립	사회
11	충북 충주시	충주고등학교	공립	사회
12	충북 음성군	음성고등학교	공립	소프트웨어융합미디어영상
13	충북 충주시	충주여자고등학교	공립	사회
14	충북 제천시	제천여자고등학교	공립	사회
15	충북 청주시	산남고등학교	공립	국제융합
16	충북 증평군	형석고등학교	사립	사회
17	충북 청주시	흥덕고등학교	공립	글로벌경제·사회융합
18	충북 청주시	청석고등학교	사립	인문융합과학

경상남도

1	경남 거제시	거제옥포고등학교	공립	사회
2	경남 남해군	남해고등학교	사립	사회
3	경남 창원시	마산고등학교	공립	공학융합

4	경남 창원시	마산중앙고등학교	사립	로봇공학
5	경남 양산시	범어고등학교	공립	인문·사회·공합융합
6	경남 밀양시	세종고등학교	사립	사회
7	경남 창원시	창원고등학교	사립	제2외국어
8	경남 창원시	창원경일고등학교	사립	사회
9	경남 창원시	창원중앙고등학교	공립	공학중심융합
10	경남 함안군	군북고등학교	사립	융합과학
11	경남 함안군	함안고등학교	공립	사회
12	경남 창원시	창원대산고등학교	사립	음악·미술
13	경남 통영시	동원고등학교	사립	음악·미술
14	경남 창원시	창원용호고등학교	공립	사회
15	경남 창원시	창원남고등학교	사립	사회
16	경남 창원시	창원경일여자고등학교	사립	중국어
17	경남 거제시	거제중앙고등학교	공립	사회
18	경남 창원시	경상고등학교	사립	사회
19	경남 진주시	경상대학교사범대학 부설고등학교	국립	인문·과학융합
20	경남 김해시	김해경원고등학교	공립	사회
21	경남 김해시	김해수남고등학교	공립	공학중심융합
22	경남 진주시	대아고등학교	사립	사회
23	경남 창원시	마산여자고등학교	공립	인문·영어융합
24	경남 함안군	명덕고등학교	사립	사회
25	경남 양산시	양산고등학교	공립	정보·과학·수학 융합
26	경남 진주시	진주동명고등학교	사립	인문·사회융합
27	경남 통영시	충렬여자고등학교	사립	인문·사회융합

경상북도

1	경북 경주시	경주고등학교	사립	정보·과학융합
2	경북 청도군	모계고등학교	사립	과학·예술·체육융합
3	경북 구미시	오상고등학교	사립	체육
4	경북 청도군	모계고등학교	사립	과학
5	경북 영주시	영광고등학교	사립	사회·경제·수학융합
6	경북 경주시	경주고등학교	사립	과학

7	경북 김천시	성의고등학교	사립	SW융합
8	경북 구미시	경구고등학교	사립	과학·보건
9	경북 안동시	길원여자고등학교	사립	사회·국제
10	경북 청도군	이서고등학교	사립	SW융합
11	경북 경주시	경주여자고등학교	공립	사회융합
12	경북 영주시	옥련여자고등학교	사립	기술공학융합

전라남도

1	전남 목포시	목포혜인여자고등학교	사립	사회·논술융합
2	전남 순천시	순천여자고등학교	공립	사회
3	전남 목포시	목포덕인고등학교	사립	수학·과학·융합형

전라북도

1	전북 전주시	전주근영여자고등학교	사립	인문·정보융합
2	전북 전주시	전주성심여자고등학교	사립	인문·융합
3	전북 전주시	전주신흥고등학교	사립	인문·상경융합/과학·수리융합
4	전북 전주시	전주중앙여자고등학교	사립	인문·사회융합
5	전북 전주시	전주한일고등학교	사립	융합사회
6	전북 익산시	함열고등학교	공립	미디어·사회융합
7	전북 김제시	김제서고등학교	사립	정보/체육
8	전북 김제시	만경여자고등학교	사립	인문·과학·정보융합
9	전북 장수군	장수고등학교	공립	사회교과융합
10	전북 순창군	순창고등학교	사립	과학·정보융합/인문·사회융합
11	전북 고창군	고창북고등학교	사립	제2외국어
12	전북 고창군	해리고등학교	공립	정보·항공융합
13	전남 화순군	인제고등학교	사립	융합공학

제주시

1	제주 제주시	오현고등학교	사립	사회
2	제주 제주시	세화고등학교	공립	사회

출처 및 참고 자료 : 고입정보포털

| 전국 진로체험 지원센터 |

서울특별시

강남센터	서울특별시 강남구 논현로64길 7 역삼청소년수련관 2층	02-550-3628
서초센터	서울특별시 서초구 강남대로 190 대관빌딩 1층	02-574-0304
강동센터	서울특별시 강동구 구천면로 395 자기주도학습지원센터 2층 상상팡팡	02-481-7010
송파센터	서울특별시 송파구 석촌호수로 93 지하1층 송파진로직업체험지원센터	02-6713-2394
강서센터	서울특별시 강서구 우현로 34 우장산동 주민센터 3층	02-2699-8723
양천센터	서울특별시 양천구 중앙로 250 내일그림 양천구진로직업체험지원센터	02-2084-5417
구로센터	서울특별시 구로구 남부순환로 946 구로 평생학습관 2F 구로 진로직업체험지원센터	02-2689-8754
금천센터	서울특별시 금천구 문성로 38	02-2627-2823
영등포센터	서울특별시 영등포구 선유동1로 80 자기주도학습지원센터 1층	02-2636-6521
동대문센터	서울특별시 동대문구 답십리로38길 19 A동 3층	02-6238-2020
중랑센터	서울특별시 중랑구 망우로 353 상봉 프레미어스 엠코 지하 2층	02-496-5692
관악센터	서울특별시 동작구 상도2동 173~175	02-873-8817
동작센터	서울특별시 동작구 상도로15바길 5 3층, 동작진로직업체험지원센터	02-815-3371
노원센터	서울특별시 노원구 노해로 502	02-936-3326
도봉센터	서울특별시 도봉구 도봉로 552 3층	02-2091-2345
마포센터	서울특별시 마포구 성산로 128 마포중앙도서관 5층 마포진로직업체험지원센터	02-322-2605
서대문센터	서울특별시 서대문구 홍은동 8-150 구립홍은청소년문화의집 내	02-395-1318
은평센터	서울특별시 은평구 응암2동 산 6-46	070-7113-4996
광진센터	서울특별시 광진구 광장동 구천면로 2	02-2204-3137
성동센터	서울특별시 성동구 고산자로 270 성동구청 2층	02-2286-6166
강북센터	서울특별시 강북구 4·19로 74 지하 1층 진로직업체험지원센터	02-6715-6681
성북센터	서울특별시 성북구 오패산로3길 87 성북진로직업체험지원센터	02-2241-2488
용산센터	서울특별시 용산구 한강대로 255	070-7165-1034
종로센터	서울특별시 종로구 이화장길 81 3층 303호, 종로구 진로직업체험지원센터	02-6956-1152
중구센터	서울특별시 중구 동호로5길 19	02-2250-0580

광주광역시

동부센터	광주광역시 북구 서양로 111	062-380-4774
서부센터	광주광역시 서구 상무번영로 98	062-367-7942

전라북도

고창센터	전라북도 고창군 고창읍 교촌리 76-4	063-560-1683
군산센터	전라북도 군산시 대학로 558 두드림센터 2층 군산진로교육지원센터	063-469-7526
김제센터	전라북도 김제시 요촌북로 70	063-540-2574
남원센터	전라북도 남원시 충정로 72 1층	063-625-3363
무주군센터	전라북도 무주군 무주읍 배움길 58	063-320-5132
부안군센터	전라북도 부안군 부안읍 매창로 113 전라북도부안교육지원청 교육지원과	063-580-7421
순창군센터	전라북도 순창군 순창읍 이도리 142-10	063-650-6170
완주센터	전라북도 완주군 용진읍 완주로 456-39 완주가족문화교육원 2층	063-261-4724
익산시센터	전라북도 익산시 마한로 11 익산진로직업체험지원센터	063-850-2003
임실군센터	전라북도 임실군 임실읍 봉황로 247 교육지원과	063-644-2010
장수센터	전라북도 장수군 장수읍 장수리 312	063-350-5220
전주센터	전라북도 전주시 덕진구 태진로 100	063-270-6071
정읍센터	전라북도 정읍시 상동 319-12	063-530-3022
진안센터	전라북도 진안군 진안읍 군상리 222-1	063-430-6210

전라남도

강진센터	전라남도 강진군 강진읍 영랑로1길 10 310	061-433-3366
고흥센터	전라남도 고흥군 고흥읍 백련장전길 36	061-830-2063
곡성센터	전라남도 곡성군 곡성읍 곡성로 855 진로지원센터 꿈길 사람길	061-360-8552
광양센터	전라남도 광양시 광양읍 우산길 3 광양교육지원청 1층 교육지원과	061-760-3315
구례센터	전라남도 구례군 구례읍 구례2길 구례교육지원청	061-780-6632
나주센터	전라남도 나주시 완사천길 15	061-330-0124
담양센터	전라남도 담양군 담양읍 신성길 2-8 청죽골꿈나래 진로체험지원센터	061-380-8144
목포센터	전라남도 목포시 교육로 5 전라남도목포교육지원청	061-280-6624
무안센터	전라남도 무안군 무안읍 승달로 63	061-450-7024
보성센터	전라남도 보성군 보성읍 녹차로 771	061-888-7020
순천센터	전라남도 순천시 연향2로 15 1층 교육지원과(체육복지팀)	061-729-7783
신안센터	전라남도 목포시 영산로 139 목포YWCA	061-242-1611
여수센터	전라남도 여수시 관문동1길 39 여수교육지원청 교육지원과	061-690-5523
영광센터	전라남도 영광군 영광읍 중앙로 204	061-353-6189
영암센터	전라남도 영암군 영암읍 월출로 84 영암교육지원청 영암진로체험지원센터	061-470-4134
완도센터	전라남도 완도군 완도읍 개포로159번길 41 청소년문화의 집	061-555-4200
장성센터	전라남도 장성군 장성읍 문화로 110 장성청소년수련관내별관	061-393-1387

장흥센터	전라남도 장흥군 장흥읍 동교로 64-17	061-860-1235
진도센터	전라남도 진도군 진도읍 달동네길 12 진도교육지원청	061-540-5138
함평센터	전라남도 함평군 함평읍 서부길 96 드롭탑 3층 함평나飛진로체험지원센터	061-322-1318
해남센터	전라남도 해남군 삼산면 대흥사길 88-88	061-535-6000
화순센터	전라남도 화순군 화순읍 중앙로 65 2층	061-374-7915

강원도

강릉센터	강원도 강릉시 옥계면 평촌길 10-4 이을협동조합	033-644-2012
고성센터	강원도 고성군 간성읍 간성로 80	033-680-6017
동해센터	강원도 동해시 천곡로 117	033-531-3007
삼척센터	강원도 삼척시 청석로3길 32	033-576-0530
속초센터	강원도 속초시 청호로3길 57 속초시청소년문화의집	033-631-8909
양양센터	강원도 속초시 교동 미시령로 3336 속초양양교육지원청	033-671-9873
양구센터	강원도 양구군 양구읍 관공서로 32	010-8653-2011
영월센터	강원도 영월군 영월읍영월로 1892	033-813-1114
원주센터	강원도 원주시 원일로 151-1 2~3층	033-742-2040
인제센터	강원도 인제군 인제읍 인제로 193번기 15	033-463-5155
정선센터	강원도 정선군 사북읍 사북6길 12-6 사북청소년장학센터	033-592-1310
철원센터	강원도 철원군 갈말읍 명성로139번길 47 2층 교육과정과	033-450-1051
춘천센터	강원도 춘천시 백령로119번길 26 춘천시청소년수련관 1층	033-244-1388
태백센터	강원도 태백시 하장성1길 14	033-554-0411
평창센터	강원도 평창군 평창읍 노성로 193-9	033-330-1761
홍천센터	강원도 홍천군 홍천읍 산림공원2길 31 홍천군청소년수련관	033-433-4351
화천센터	강원도 화천군 화천읍 노신로 20-8	010-6264-6604
횡성센터	강원도 횡성군 횡성읍 한우로242번길 9 교육과 2층	033-340-0316

인천광역시

강화센터	인천광역시 강화군 불은면 중앙로 742-2 강화진로체험지원센터	032-930-4124
동구센터	인천광역시 동구 금곡로 67 동구청 4층 교육아동청소년실(동구진로체험지원센터)	032-770-6087
미추홀구센터	인천광역시 미추홀구 주안로 82 미추홀구진로교육지원센터	032-880-4897
중구센터	인천광역시 중구 차이나타운로51번길 45 남부교육지원청 교육지원과	032-245-7901
남동센터	인천광역시 남동구 소래로 633 6층 남동구진로체험지원센터	032-453-5893
연수센터	인천광역시 연수구 앵고개로 235 연수구청소년진로지원센터	032-833-2015

부평센터	인천광역시 부평구 부평대로 168 부평구청 4층(평생교육과)	032-509-3966
계양센터	인천광역시 계양구 계산새로 88	032-450-5837
서구센터	인천광역시 서구 원창로 92 서구청소년수련관	032-577-7979

제주특별자치도

서귀포센터	제주특별자치도 서귀포시 토평동 토평로 43	064-762-1405
제주센터	제주특별자치도 제주시 남광북3길 46-12 2층	064-758-8848

경상남도

거제센터	경상남도 거제시 거제중앙로 1809	055-630-9232
거창센터	경상남도 거창군 거창읍 거함대로 3235	055-940-6137
고성센터	경상남도 고성군 고성읍 동외로 108 경상남도고성교육지원청	055-670-8121
김해센터	경상남도 김해시 주촌면 골든루트로 80-16 김해중소기업비즈니스센터 2층 206호	055-338-2689
남해센터	경상남도 남해군 남해읍 화전로 95번길 14	055-860-4122
밀양센터	경상남도 밀양시 상남면 밀양대로 1522	055-350-1531
사천센터	경상남도 사천시 삼상로 85	055-830-1532
산청센터	경상남도 산청군 산청읍 친환경로 2720번길 10	055-970-3021
양산센터	경상남도 양산시 양주3길 40-13 양주초등학교 내 1층	055-785-0151
의령센터	경상남도 의령군 의령읍 충익로 62 의령교육지원청	055-570-7121
진주센터	경상남도 진주시 비봉로23번길 8	055-740-2025
창녕센터	경상남도 창녕군 창녕읍 창녕대로 135	055-530-3532
창원센터	경상남도 창원시 성산구 충혼로72번길 16 창원과학체험관 3층 창원시 진로교육지원센터	055-287-7391
통영센터	경상남도 통영시 광도면 죽림2로 25-32	055-649-1318
하동센터	경상남도 하동군 하동읍 군청로 191	055-880-1922
함안센터	경상남도 함안군 가야읍 함안대로 497	055-580-8023
함양센터	경상남도 함양군 함양읍 함양로 1157	055-960-2720
합천센터	경상남도 합천군 동서로 150	055-930-7041

대구광역시

남부센터	대구광역시 달서구 학산로 185	053-234-0033
달성군센터	대구광역시 남구 대명복개로 1길 38 달성교육지원청	053-235-0023
동부센터	대구광역시 중구 관덕정길 35	053-232-0013
서부센터	대구광역시 서구 서대구로 3길 5	053-233-0014

충청남도

공주센터	충청남도 공주시 금성동 왕릉로 18(금성동 79-2)	041-850-6016
금산센터	충청남도 금산군 금산읍 진악로 87(아안리 64-3)	041-754-1318
논산계룡센터	충청남도 논산시 대학로 121 자연학관 110호	041-730-5675
당진센터	충청남도 당진시 정미면 대학로 1	041-350-1067
보령센터	충청남도 보령시 보령북로 167	041-930-6351
부여센터	충청남도 부여군 부여읍 금성로 79(가탑리 413-4) ~9	041-837-1898
서산센터	충청남도 서산시 시장6로 35 2층	041-662-2727
서천센터	충청남도 서천군 서천읍 서천로 105(군사리 716-3) ~5	070-4286-3310
아산센터	충청남도 아산시 온천대로 1509-8 3층 아산YMCA	041-532-9877
예산센터	충청남도 예산군 예산읍 대학로 59 로뎀나무숲 B01	041-331-3002
천안센터	충청남도 천안시 서북구 광장로 239(불당동 459-1)	041-621-0179
청양센터	충청남도 청양군 남양면 구용길 586 사무동	041-942-9795
태안센터	충청남도 태안군 원북면 대기길 12-20 갈두천협동조합	041-675-4840
홍성센터	충청남도 홍성군 홍성읍 문화로33번길 33 홍성군청소년수련관	070-4210-6602

경상북도

경산센터	경상북도 경산시 갑제동 657-6	053-810-7525
경주센터	경상북도 경주시 초당길 9	054-740-9164
고령센터	경상북도 고령군 고령읍 쾌빈2리 433-5	054-950-2521
구미센터	경상북도 구미시 야은로 37 (부곡동)	054-440-1428
군위센터	경상북도 군위군 군위읍 동부리 230-2	054-380-8220
김천센터	경상북도 김천시 충효길 19	054-420-5261
문경센터	경상북도 문경시 호계면 태봉1길 25	054-550-5518
봉화센터	경상북도 봉화군 봉화읍 내성리 280-1	054-679-1741
상주센터	경상북도 상주시 만산동 34	054-530-2361
성주센터	경상북도 성주군 성주읍 삼산리 432-3	054-930-2061
안동센터	경상북도 안동시 당북동 경동로 554	054-857-2324
영덕센터	경상북도 영덕군 영덕읍 덕곡리 310-1	054-730-8011
영양센터	경상북도 영양군 영양읍 동부리 96	054-680-2250
영주센터	경상북도 영주시 가흥1동 279-2	054-630-4211
영천센터	경상북도 경산시 한의대로 1 대학본부 1층 대외협력지원팀	053-330-2323
예천센터	경상북도 예천군 예천읍 남본리 222	054-650-2551
울릉센터	경상북도 울릉군 울릉읍 도동2리 175-3	054-790-3024

울진센터	경상북도 울진군 울진읍 월변7길 17 경상북도울진교육지원청	054-780-3322
의성센터	경상북도 의성군 의성읍 도동리 647-1	054-830-1131
청도센터	경상북도 청도군 청도읍 고수3리 508	054-370-1121
청송센터	경상북도 청송군 청송읍 월막리 438-1	054-870-1122
칠곡센터	경상북도 칠곡군 왜관읍 왜관6리 272-5	054-979-9548
포항센터	경상북도 포항시 북구 양덕동 894번지	054-288-6747

경기도

가평센터	경기도 가평군 가평읍 향교로 17	031-580-5165
고양센터	경기도 고양시 일산동구 일산로 220 4층 고양시청소년진로센터	031-995-9552
광명센터	경기도 광명시 소하일로 9 4층 청소년진로지원센터	02-6673-8136
광주센터	경기도 광주시 송정동 광주대로 178	031-760-0451
하남센터	경기도 하남시 역말로 71	070-4216-7102
구리 남양주센터	경기도 남양주시 경춘로 522 3층 남양주시 인재육성지원센터	031-550-6136
군포센터	경기도 군포시 청백리길 6 군포시청 별관3층	031-390-1463
의왕센터	경기도 의왕시 문화공원로 33 의왕시청소년수련관 의왕시진로지원센터	031-346-8257
김포센터	경기도 김포시 걸포로 76 중공수련관 진로체험지원센터	031-980-1664
동두천 양주센터	경기도 동두천시 지행동 중앙로 110-32	031-865-2000
부천센터	경기도 부천시 원미구 길주길 147	032-625-4736
성남센터	경기도 성남시 중원구 둔촌대로 332 (3층 사무실, 중원청소년수련관) 진로직업체험지원센터	031-729-9307
수원센터	경기도 수원시 팔달구 권광로 293 3층 수원청소년희망등대센터	031-218-0355
시흥센터	경기도 시흥시 은행로 179	031-316-0867
안산센터	경기도 안산시 상록구 삼일로 696 (성포동214-1)	031-412-1751
안성센터	경기도 안성시 명륜길 82	031-678-6834
과천센터	경기도 과천시 과천동 과천대로 607	02-502-1318
안양센터	경기도 안양시 만안구 능곡로 84 4층	031-469-9275
양평센터	경기도 양평군 양평읍 양근강변길 126	070-8894-1914
여주센터	경기도 여주시 청심로 181 경기도여주교육지원청	031-880-2333
연천센터	경기도 연천군 연천읍 연천로 356-1	031-839-0130
용인센터	경기도 용인시 수지구 포은대로 435 수지복지센터 5층	031-328-9845
의정부센터	경기도 의정부시 의정로 27 의정부시청소년수련관	031-828-9558
이천센터	경기도 이천시 이섭대천로 1311번길 18 경기도이천교육지원청	031-637-6591

파주센터	경기도 파주시 회동길 145 3층(아시아출판문화정보센터)	031-949-1133
평택센터	경기도 평택시 비전동 평택1로 80	031-646-5436
포천센터	경기도 포천시 소흘읍 호국로523번길 59-56 청소년교육문화센터 어울림동 2층	031-538-3268
화성오산센터	경기도 오산시 오산대역로 214 G플레이스 501호	031-898-5066

충청북도

괴산증평센터	충청북도 괴산군 괴산읍 괴강로 209 3층	043-834-8388
단양센터	충청북도 단양군 매포읍 우덕길 18 2층 205호	043-422-1389
보은센터	충청북도 보은군 보은읍 장신로 26	043-544-5511
영동센터	충청북도 영동군 영동읍 학산영동로 1220 42-5	043-745-5800
옥천센터	충청북도 옥천군 옥천읍 대학길 15 충북도립대학교 산학협력단 옥천진로체험지원센터	043-730-6556
음성센터	충청북도 음성군 감곡면 대학길 278 강동대학교	043-879-3384
제천센터	충청북도 제천시 대학로 316 대원대학교 교양관 203호	043-649-3335
진천센터	충청북도 진천군 진천읍 상산로 10-4 와이엠빌딩 6F	043-537-5900
청주센터	충청북도 청주시 흥덕구 2순환로 1322 MBC충북 경영전략국 (사)꿈디자인	043-229-7094
충주센터	충청북도 충주시 중앙로 120(성내동 229) 229	043-856-7802

대전광역시

대덕센터	대전광역시 대덕구 쌍청당로 25 대덕구청소년수련관	070-4446-5643
동구센터	대전광역시 동구 대전천동로 508 대전청소년위캔센터	042-349-7004
중구센터	대전광역시 동구 대전천동로 508 대전청소년위캔센터	042-349-7004
서구센터	대전광역시 서구 둔산대로 201 평송청소년문화센터	042-480-1630
유성센터	대전광역시 유성구 북유성대로 158 유성구청소년수련관 1층 유성구청소년진로진학지원센터	042-862-0153

부산광역시

남구센터	부산광역시 남구 못골로 13 5층	051-637-7100
동구센터	부산광역시 동구 중앙대로 360 협성타워 906호	051-468-6480
진구센터	부산광역시 부산진구 전포대로 148 상가동 101호	051-710-1740
금정구센터	부산광역시 금정구 중앙대로 1610 대동대학빌딩 301호	051-510-4970
동래구센터	부산광역시 동래구 시실로 129 동래안전드림센터 3층	051-525-7801
연제구센터	부산광역시 연제구 배산북로 8 배산평생학습관 3층	051-866-7556

강서구센터	부산광역시 강서구 명지오션시티11로 33 강서구진로교육지원센터	051-999-7666
북구센터	부산광역시 북구 효열로 158 금곡청소년수련관 3층	051-361-6477
사상구센터	부산광역시 사상구 덕상로 129 사상구청소년수련관 1층	051-316-7942
사하구센터	부산광역시 사하구 다대로 716-1 사하구청소년문화의집	051-261-9924
서구센터	부산광역시 서구 꽃마을로 33	051-250-0445
영도구센터	부산광역시 영도구 절영로 321 함지골청소년수련관 2층	051-404-5200
중구센터	부산광역시 서구 꽃마을로 33	051-250-0445
기장군	부산광역시 기장군 정관읍 달음산길 106 기장군청소년수련관	051-792-4924
수영구센터	부산광역시 수영구 수영로521번길 77 청소년문화의집 2층	051-791-1319
해운대구센터	부산광역시 해운대구 센텀중앙로 170 해운대구문화복합센터 4층	051-749-2936

출처 : 꿈틀 www.ggoomgil.go.kr

이룸입시컨설팅

'꿈을 이루어 가는 곳'이룸은 고객과 함께 꿈을 이뤄냅니다 !
적직한 실력, 확고한 믿음으로 고객의 꿈과 함께합니다.

뜻을 이루는 공간 '이룸 입시컨설팅'은 국내 최고의 진로 진학 전문가와 상담학 교수로 구성된 교육컨설팅 기관이다. 이룸의 교육컨설팅은 초등학교부터 취업준비생까지 개인의 흥미·적성에 맞는 진로설정부터 진로 정체성에 영향을 미치는 환경적 영향을 고려해 진로장벽을 극복할 심리적 힘을 배양한다. 또한, 진로 의사결정능력을 높이고 자신만의 진로 진학 포트폴리오를 준비할 수 있도록 돕는 것을 목표로 하고 있다.

진로진학 컨설팅 전문가 양성

이룸입시컨설팅

이룸입시컨설팅은 진로진학 전문가를 양성하고 있다. 사진은 차현정 대표.

교육플롯 개발 전문 이룸입시컨설팅이 2019 소비자만족 브랜드 대상 1위를 수상했다.

현재 사교육 현장에서 대부분의 진로 상담은 직업과 학과, 진로 검사 및 성향에 대한 정보는 제공하지만 꿈의 실현을 위해 뭘 해야 하는지는 알려주지 않는다. 구체적인 진학 가이드라인을 제시할 수 없어 진로 탐색 과정이 실행 과정으로 이어지기 어려운 실정이다. 또 진학 상담의 경우 입시정보와 전략을 많은 전문가들이 제시하지만 아이들의 진로를 고려한 진로 선택은 찾아보기 어렵다.

이룸입시컨설팅은 이런 문제점을 인지하고 진로진학 전문가를 양성했으며 다양한 분야에서 활동 중이다. 차현정 대표는 "앞으로 많은 사람들이 진로와 진학의 전문성을 갖고 4차 산업혁명 시대 꿈나무를 키우는 일에 앞장서는 데 일조하기 위해 더욱 노력하겠다"고 수상 소감을 전했다.

이룸 입시컨설팅은 진로 진학 전문가를 양성하는 교육 전문기관으로 교육 프로그램 및 진로 코칭 과정을 연구한다. 교육기관을 상대로 미래 교육의 변화와 학습자 관리방법을 지도하고 있는 이룸 입시컨설팅은 진로와 진학, 시대를 연결하는 교육플롯을 개발하고 전문가를 양성하는 것에 뜻을 두고 있다.

전화 : 02-6104-2024 010-8688-2024
이메일 : erumcoach@naver.com
홈페이지 : www.이룸입시컨설팅.com, erumconsulting.modoo.at
블로그 : blog.naver.com/erumcoach

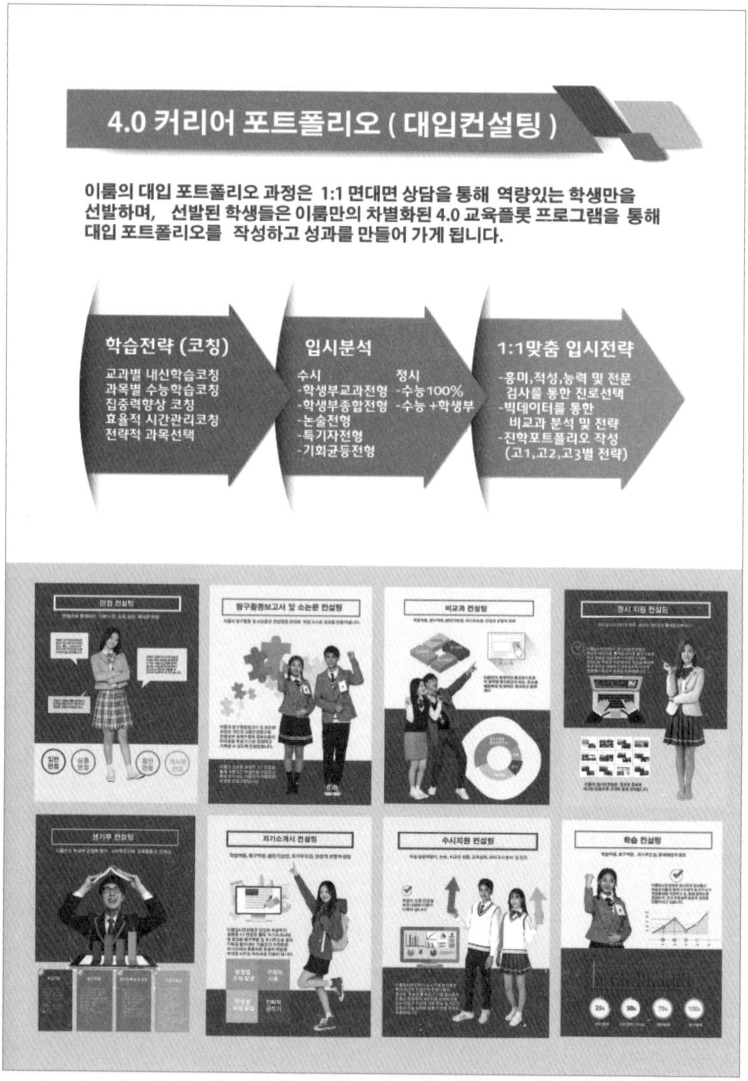
4.0 커리어 포트폴리오 (대입컨설팅)
이룸의 대입 포트폴리오 과정은 1:1 면대면 상담을 통해 역량있는 학생만을 선발하며, 선발된 학생들은 이룸만의 차별화된 4.0 교육플롯 프로그램을 통해 대입 포트폴리오를 작성하고 성과를 만들어 가게 됩니다.
학습전략 (코칭)
교과별 내신학습코칭
과목별 수능학습코칭
집중력향상 코칭
효율적 시간관리코칭
전략적 과목선택
입시분석
수시
-학생부교과전형
-학생부종합전형
-논술전형
-특기자전형
-기회균등전형
정시
-수능100%
-수능 +학생부
1:1맞춤 입시전략
-흥미,적성,능력 및 전문 검사를 통한 진로선택
-빅데이터를 통한 비교과 분석 및 전략
-진학포트폴리오 작성 (고1,고2,고3별 전략)
면접 컨설팅
탐구활동보고서 및 소논문 컨설팅
비교과 컨설팅
정시 지원 컨설팅
생기부 컨설팅
자기소개서 컨설팅
수시지원 컨설팅
학습 컨설팅

| 이룸 입시컨설팅의 '빅데이터를 활용한 대입 포트폴리오' |

주제	일정		과정
고1	1차시	중간고사 이전	1. 학습패턴 및 효율성 점검 (학습현황 점검) 2. 고교 교과서 학습법 코칭 3. 모의고사 과목별 학습법 코칭 및 시간배분 점검 3. 비교과 활동 사전 가이던스 제공 (동아리 활동, 봉사활동, 진로희망사항, 자율활동, 수상 등) 4. 진로희망사항 체크 (계열) 5. 중간고사 학습플랜 점검 및 체크 (주요교과)
	2차시	1학기 중간고사 이후	1. 교과 & 모의고사 성적 분석 및 위치진단 2. 지난 학습플랜 점검 및 문제점 진단 3. 기말고사 학습플랜 작성 및 점검 4. 학교생활기록부 비교과 점검 (창의적 체험활동 중심–동아리, 봉사, 진로, 자율활동) 5. 희망학과 및 계열, 학교 탐색 (직업적성, 흥미, 진로성숙도 ,직업가치관 검사활용) 6. 강점 및 재능 찾기
	3차시	1학기 기말고사 이후	1. 교과 & 모의고사 성적 분석 및 위치진단 2. 2학기 과목별 학습전략 및 목표설정 3. 학생부 창의적 체험활동 점검 및 방학계획 수립 4. 모의고사 패턴 분석 및 학습전략 5. 희망학과 및 계열, 학교 구체화 6. 전공적성탐색 및 직무이해 전공탐색검사/진로역량검사/진로발달검사 실시 7. 학습동기유형 파악 및 학습조절능력 체크 다면적 능력검사/자기조절학습검사/학습동기유형검사/학습흥미검사 실시 8. 여름방학 학습플랜 점검 및 보완사항 체크
	4차시	1학기 여름방학	1. 여름방학 학습플랜 실행여부 및 성취도 체크 2. 2학기 주요교과 성적 목표 및 계획 수립 3. 중간고사 플래너 작성 4. 모의고사 학습진행사항 체크 및 과목별 성취도 파악 5. 학교생활기록부 변화내용 점검 및 보완사항 지도 6. 희망학과 및 학교 범위선정 7. 진로장벽과 진로 제한 및 타협점 파악
	5차시	2학기 중간고사 이후	1. 교과 & 모의고사 성적 분석 및 위치 진단 2. 교과과목 취약점 분석 및 대안마련 3. 희망대학 교과 성적 반영비율 및 등급파악 4. 기말 취약과목 교과 학습전략 5. 모의고사 학습플랜 점검 및 체크 (국, 영, 수 위주) 6. 학교생활기록부 비교과 점검 (창의적 체험활동 중심–동아리, 봉사, 진로, 자율활동) 7. 희망대학 및 학과 전형방법 파악

	6차시	2학기 기말고사 이후	1. 연간 교과 & 모의고사 성적 분석 및 위치진단 2. 학교생활기록부 기록사항 확인 3. 2학년 창의적 체험활동 방향설정 및 계획 수립 4. 방학기간을 활용한 계열별 학습전략(인문, 자연) 5. 희망학과 및 학교 입시분석 6. 정시, 수시 목표설정 7. 나만의 진학포트폴리오 작성 8. 학습패턴 및 취약점 분석 및 코칭

주제	일정		과정
고2	1차시	중간고사 이전	1. 학생부 교과 성적 분석 및 교과 목표설정 2. 학생부전형(교과/종합) 지원 가능성 진단 및 목표설정 3. 학교생활기록부 비교과 점검 및 진로활동 방향 설정 4. 모의고사 성적 분석 및 위치 진단 5. 희망학과 및 학교 탐색 6. 학습패턴 및 효율성 점검 (학습현황 점검) 7. 학습동기유형 파악 및 학습조절능력 체크
	2차시	1학기 중간고사 이후	1. 교과 & 모의고사 성적 분석 및 위치진단 2. 희망학과 및 학교 구체화 3. 희망대학 전형 이해 및 분석 4. 교과/종합 우위분석 5. 주요교과 과목별 학습전략 및 기말고사 목표설정 6. 비교과 활동 점검 7. 모의고사 패턴 분석 및 학습전략
	3차시	1학기 기말고사 이후	1. 교과 & 모의고사 성적 분석 및 위치진단 2. 희망학과 및 계열, 학교 선택 3. 전공적성탐색 및 직무이해 4. 수시 지원방향 설정 (교과/종합) 및 세부 계획 수립 5. 진학 포트폴리오 스토리구성 6. 포트폴리오에 맞춘 여름방학 학습플랜 계획하기 7. 포트폴리오에 맞춘 비교과 활동 계획 수립
	4차시	1학기 여름방학	1. 여름방학 학습플랜 실행여부 및 성취도 체크 2. 2학기 주요교과 성적 목표 및 계획 수립 3. 2학기 중간고사 플랜 작성 과목별 집중전략 4. 모의고사 학습 진행사항 체크 및 과목별 성취도 파악 5. 학교생활기록부 변화내용 점검 및 보완사항 지도 6. 희망학과 및 학교 입시분석 7. 진로장벽과 진로 제한 및 타협점 파악

	5차시	2학기 중간고사 이후	1. 교과 & 모의고사 성적 분석 및 위치진단 2. 교과과목 취약점 분석 및 대안마련 3. 희망대학 교과 성적 반영비율 및 등급파악 및 전략 수립 4. 모의고사 학습플랜 점검 및 체크 (국, 영, 수 위주) 5. 학교생활기록부 비교과 점검
	6차시	2학기 기말고사 이후	1. 연간 교과 & 모의고사 성적 분석 및 위치 진단 2. 학교생활기록부 기록사항 확인 3. 수시지원 방향설정 및 목표대학설정 4. 수능최저등급 유지 및 정시지원전략 수립 5. 맞춤형 학습전략 (계열별, 학교별, 전형별)

주제	일정		과정
고3	1차시	중간고사 이전	1. 학생부 교과 성적 분석 2. 학교생활기록부 비교과 분석 3. 수시지원 가능성파악 및 전략 4. 정시지원 가능여부 파악 및 전략 – 모의고사 성적 분석 및 위치 진단 5. 지원가능 대학 및 학과 선택 6. 대학별 입시전형 분석 및 목표설정
	2차시	1학기 중간고사 이후	1. 전략적 교과선택 및 학습전략 2. 학교생활기록부 맞춤형 코칭 3. 선택적 모의고사 학습전략 및 코칭 4. 효율적 시간관리 및 학습패턴 점검 (학습현황 점검) 5. 희망대학 입시전형 변경사항 파악 및 선택
	3차시	1학기 기말고사 이후	1. 최종 교과 & 모의고사 성적 분석 및 위치진단 2. 진학 포트폴리오 작성 3. 포트폴리오에 맞춘 여름방학 학습플랜 계획 4. 포트폴리오에 맞춘 비교과 활동 계획 수립 5. 수시지원 가능대학 선정 및 준비 6. 자기소개서 및 면접 준비 7. 수능최저등급 유지 및 정시지원전략 수립

진로진학 전문가 양성과정

이룸 입시컨설팅에서는 국,내외 미래 교육의 흐름과 교육정책을 이해하고 초등학교부터 대입까지 우리 아이들의 흩어져 있는 재능과 진학의 연결고리를 찾을 수 있는 진로진학 전문가를 양성합니다.

이룸의 진로진학 전문가 양성과정은 시대변화에 맞춘 학습의 이해, 학년별 진로 진학상담, 진로 진학 프로그램을 연구합니다.

교육에 가치를 두고 계신분들께 추천하는 강좌로 프리랜서로 활동하기를 원하시는 분과 프로그램 개발 및 연구에 관심 있으신 분들의 도전을 기다립니다.

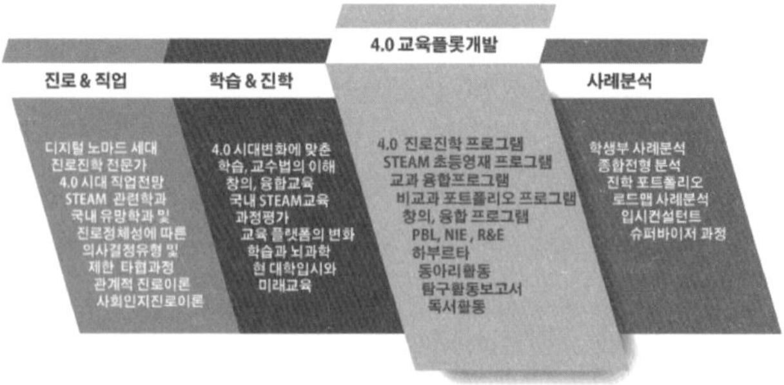

진로진학 전문가 실습 & 사례연구 & 활동

입시컨설턴트 창업과정

이룸의 입시 컨설팅 창업 과정은 80% 이상이 실습 (사례분석, 보고서,상담실습)으로 진행되는 1:1 도제식 수업입니다. 전문 입시 컨설턴트로 성장하실 분에게 적합한 수업으로 창업을 희망하시는 분께 적극 추천해드리는 과정입니다.

A부터 Z까지! 입시 컨설팅을 처음 시작하시는 분도 수강 가능한 강좌로 , 입시용어부터 마케팅까지 창업의 모든 노하우를 공개하고 **과정 중에 유튜브, 블로그, 카페, 홈페이지, 페이스북 등을 개설하고 홍보방법까지 진행합니다. 또한, 관리형 입시학원이나,독학재수학원, 프리미엄 독서실을 운영을 염두해두시는 원장님들께는 원생관리 노하우와 관리 프로그램을 제공합니다.**

미래 교육분석
진로 & 진학& 상담
4차혁명에 따른 세계적 교육흐름 및 교수법
국가인재개발 전략
대학의 인재발굴 전략
발달단계에 따른 진로 상담방법

대입컨설팅
수시+정시컨설팅
비교과 컨설팅 +
학습코칭+자기소개서
+ 탐구보고서 &
소논문+ 면접+논술

창업
쇼셜미디어창업
유튜브, 페이스북,
블로그, 홈페이지
카페, 네이버tv,
인스타그램 등
(선택과정)

슈퍼비전 & 마케팅
광고, 검색어 분석,
동영상촬영, 업로드,
영상편집 등
(선택과정)

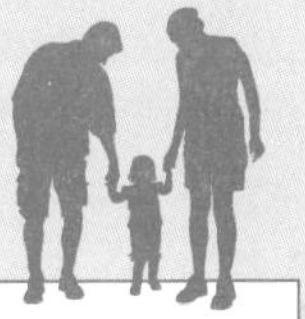

아이가 달라지는 엄마의 말

도미향 지음 | 14,500원

아이의 속마음을 읽고 감정을 다스리는
최고의 코칭 대화법

두 아이를 코칭으로 키우며 18년간 부모 코칭 전문가로 활동한 저자가 부모와 아이 모두 행복해지는 소통의 방법을 제시한다. 저자가 강조하는 해법은 바로 성찰과 코칭의 대화를 실천하는 부모다. 이 책은 아이를 가르치기보다 이끌고, 아이에게 말하기보다 들으며, 간섭하기보다 자율성을 주는 올바른 부모 코칭 대화법을 사례별로 알려준다. 저자가 알려주는 대화법을 따라 하면 성공하는 자녀, 자기 삶을 주도적으로 살아가는 자녀로 키우는 데 큰 도움이 될 것이다.

엄마의 라이프스타일, 아이의 미래가 되다

김은형 지음 | 14,500원

내 아이를 똑소리 나는 인재로 기르는
라이프스타일 에듀 프로젝트

반인반폰, 포노 사피엔스들의 시대에 부모 세대의 성공 방정식은 더 이상 통하지 않는다. 아이들은 비단 학교에서만 배우지 않는다. 새 시대에는 부모의 삶과 라이프스타일 그 자체가 아이의 교과서가 된다. 30년간 교육 현장에서 온몸으로 변화를 이끌어온 '스쿨 혁명의 아이콘' 교사 김은형이 '삶으로서의 교육, 교육으로서의 삶, 일상이 교육이다!'라는 철학 아래 미래형 교육법을 제시한다. 성공하는 사람에게 성공하는 라이프스타일이 있다. 당신의 라이프스타일을 바꾸는 것만으로도 아이와 세상을 변화시킬 수 있다.